Armin Adam • Politische Theologie. Eine kleine Geschichte

T0145650

P V E R
V A L A
E R N G
L A G O

THEOPHIL
Zürcher Beiträge zu Religion und Philosophie
herausgegeben von Helmut Holzhey und Fritz Stolz †

12. Band
Armin Adam
Politische Theologie. Eine kleine Geschichte

Armin Adam

Politische Theologie
Eine kleine Geschichte

P V E R
V A L A
E R N G
L A G O Pano Verlag Zürich

Die Deutsche Bibliothek – Bibliografische Einheitsaufnahme
Die Deutsche Bibliothek verzeichnet diese Publikation in der Deutschen
Nationalbibliografie; detaillierte bibliografische Daten sind im Internet
über http://dnb.ddb.de abrufbar

Umschlaggestaltung:
www.gapa.ch gataric, ackermann und partner, zürich

Druck:
ROSCH-BUCH, Scheßlitz

ISBN-10: 3-907576-76-4
ISBN-13: 978-3-907576-76-2
© 2006 Pano Verlag
www.pano.ch

Inhaltsverzeichnis

Einleitung

Politische Theologie ist im deutschen Sprachraum ein belasteter Begriff.[1] Entweder bezeichnet er eine ganz spezielle Verbindung von Theologie und Politik, die in den sechziger Jahren des 20. Jahrhunderts in Deutschland formuliert wurde und dann durch ihre Verwandlung in die lateinamerikanische Theologie der Befreiung berühmt wurde. Oder aber Politische Theologie bezeichnet eine Methode, mit der theologische Restbestände in der aufgeklärten politischen Moderne sichtbar gemacht werden sollen. Man will damit den Nachweis erbringen, dass die Neuzeit bei allen Absetzungs- und Neugründungsversuchen immer noch durch das bestimmt sei, was sie zu überwinden glaubt: durch theologische Muster nämlich. Der Einfluss dieser beiden Bedeutungen hat die Diskussion über Politische Theologie im 20. Jahrhundert bestimmt. Doch bei aller Fruchtbarkeit dieser Diskussionen über eine politische Wendung des Christentums und über eine Geschichtsphilosophie der Neuzeit ist die enge Verwendung des Begriffs der Politischen Theologie doch auch hinderlich. Eine Einführung in die Politische Theologie wird sich deshalb schnell am beschränkten Charakter dieser beiden Prägungen stossen und stattdessen versuchen, im Rückgriff auf die Botschaft Jesu und auf die Geschichte des Christentums einen breiten Begriff der Politischen Theologie zu entwickeln, der den politischen Gehalt der christlichen Botschaft und ihrer Realisierung entfaltet.

Der christliche Glaube ist durch und durch politisch: Er ist gemeinschaftsbegründend – in diesem Sinne kann die Kirche selbst als *polis* gedeutet werden – und er ist von Anbeginn, in allerdings nicht ganz unproblematischer Weise, auf die politische säkulare Gegenwart bezogen. Diese zwei Aspekte des Christentums bilden den Kern seiner Politischen Theologie. Die Politische Theologie des Christentums entfaltet sich also in einer zweifachen Fragestellung: Erstens stellt sich die Frage nach der Gemeinschaft der Gläubigen, zweitens stellt sich die Frage nach dem Verhältnis zwischen dem Reich Gottes und dem *saeculum*. Die erste Frage umfasst den Komplex der Begründung der Gemeinschaft der Gläubi-

[1]   Ich danke dem Becket Institute at St. Hugh's College, Oxford, das es mir erlaubt hat, in einem ruhigen Jahr dieses Projekt abzuschliessen. Ganz besonders danke ich Raphaela Schmid, Jonathan Rowland, Tomas Halik, Ian Harris und Patrick Nold für die Zeit, die wir in der Woodstock Road miteinander verbracht haben. Die Last dieses Jahres hat meine Frau Maria Kurz-Adam getragen – das ist durch Dank nicht aufzuwiegen. Bei meinen Kindern Maurus und Daria kann ich mich nur für meine Abwesenheit in dieser Zeit entschuldigen.

gen sowie die Frage nach den Strukturen und der Verfassung der Kirche. Die zweite Frage umgreift nicht bloss das Verhältnis zwischen dem von Jesus *ange-kündigten* Reich Gottes und den *gegenwärtigen* Reichen dieser Welt, sie umgreift darauf aufbauend, mit Gelasius zu sprechen, das Verhältnis von geistlicher Autorität und weltlicher Macht. Hier geht es also nicht nur um die theologischen Begründungen, sondern auch um das ganz konkrete Verhältnis von – vereinfacht gesprochen – Kirche und Staat, um Institutionen und Kooperationen, um Konkurrenz und Konflikt, um Freiheit und Unterwerfung.

Diese beiden Fragen sind eng miteinander verschränkt. Ihren gemeinsamen Nenner findet diese Ausfächerung im Eingang des Glaubens in diese Welt, der der Figur der Menschwerdung Gottes folgt. Dass Gott Mensch geworden ist, macht das Christentum so politisch. Denn das Heilsereignis, das im Zentrum des Glaubens steht, vollzieht sich nicht im Abseits, sondern inmitten der Welt. Deshalb ist das Christentum so sehr auf diese Welt bezogen – und das lässt sich noch in den Tendenzen der Weltflüchtigkeit nachweisen, die einen Teil des Christentums bestimmen. Allerdings ist dieser Bezug keineswegs unproblematisch: Tatsächlich entfaltet sich diese ‹politische› Dimension des Christentums zugleich in eine auf die Welt bezogene Ethik und in eine Beurteilung des säkularen Politischen, die ganz wesentlich durch Distanz gekennzeichnet ist. Die Versammlung der Gläubigen, *ecclesia*, bildet eine *polis* eigener Art, die den Geltungs- und Loyalitätsanspruch der säkularen politischen Gebilde – der Reiche dieser Welt – in die Schranken zu weisen in der Lage ist, um ihre religiöse Freiheit zu behaupten. Denn die Kirche ist die entscheidende Gemeinschaft. Allerdings: eine seltsame Gemeinschaft, die gleichsam zwischen die Welten gespannt ist. Von göttlicher Stiftung auf das Reich Gottes ausgerichtet, wird sie doch sichtbar als eine Institution in dieser Welt, von rechtlicher Gestalt und Verfassung. Normativ mag sich die Frage stellen, ob der Eintritt des Christentums in die Welt des Rechts der Botschaft Jesu entspricht, und diese Frage kann mit guten Gründen positiv oder negativ beantwortet werden. Für eine Geschichte der Politischen Theologie ist jedoch entscheidend die Art und Weise, in welcher Gestalt sich dieser Eintritt ins Recht vollzieht, und welche Gestalt die Kirche annimmt, die sich ins Recht begibt.

Politische Theologie bedeutet und thematisiert also die Verwobenheit und Parallelität der – vorläufig gesprochen – theologischen und säkularen Diskussion über die Begründung und die Gestaltung des Zusammenlebens. Diese Verwobenheit kann in beliebigen Kulturkreisen beobachtet werden; doch sie hat eine ganz besondere Gestalt im christlich geprägten Europa. Diese Besonderheit ist allererst die Konsequenz eines Glaubens, der eine paradoxe Erfahrung zum Gegenstand hat: die Menschwerdung eines transzendenten Gottes, der in dieser Welt die

Nächstenliebe predigt und zugleich ein Reich verkündet, das nicht von dieser Welt ist; eines Gottes, der den Tod durch eine politische Macht erleidet, um in der Auferstehung die natürliche und politische Ordnung des Lebens zu überwinden; kurz: der das Gesetz, wie sein grosser Apostel formulieren wird, in der Gnade aufheben wird. Doch dieser Glaube wird nicht mystisch-vereinzelnd gedeutet, sondern gemeinschaftsbegründend; deshalb ist ihm ein neuer politischer Kern inne. Als Leib Christi imaginiert sich die Gemeinde der Gläubigen. Gestalt gewinnt diese Gemeinschaft – gegen immer wieder erscheinende heftige Gegentendenzen – in der als Institution bestimmten Kirche; der Gemeinde Christi, die von Anbeginn durch eine Mischung von Glaubens- und Rechtssätzen bestimmt wird.

Der christliche Glaube ist in politischer Hinsicht in mehrfacher Weise ambivalent: Einerseits gibt die Menschwerdung Gottes einen deutlichen Hinweis auf seine Sorge um und für diese Welt, eine Sorge, in die der Gläubige durch die Forderung nach der *imitatio Christi* selbstverständlich auch berufen ist, andererseits weist die Verkündigung eines Reiches, das nicht von dieser Welt ist, auf die radikale Entwertung aller säkularen Strukturen; einerseits weisen die paradox-mystischen Elemente dieses Glaubens in der Verbindung mit einer – auch im Rahmen der Spätantike einzigartigen – Wertschätzung des Individuums in die Richtung einer Vereinzelung, andererseits jedoch steht von Anbeginn die Gemeinschaft der Gläubigen, zusammengehalten durch das Gebot der Nächstenliebe und den gemeinsamen Glauben an Jesus Christus, im Zentrum der Verkündigung.

Die Institutionalisierung des Glaubens als Kirche mit ihrem Doppelcharakter als einer Institution *in* dieser Welt, doch nicht *von* dieser Welt, bestimmt den speziellen Charakter der christlichen Politischen Theologie ganz wesentlich. Und zwar in mehrfacher Weise: Einerseits bildet die Kirche als Organisation der *christianitas*, des Volkes Christi, ein eigenständiges politisches Modell, das jedoch auf andere Organisationen als Vor- und Nachbild bezogen sein kann. Andrerseits erzwingt der unauflösliche Bezug zur Transzendenz den christlich verfassten Glauben dazu, in Distanz zum Geschehen und den Strukturen dieser Welt zu stehen. Damit ist auch schon der spezifische Doppelcharakter der christlichen Politischen Theologie angedeutet. Sie kreist einerseits um Fragen der Verfassung der religiösen Institutionen in Hinsicht auf ihre Gestaltung und Begründung; sie hat andererseits die konflikthafte Eigenständigkeit und Verflechtung der säkularen und religiösen Organisationen zum Gegenstand, die sowohl ihre Eigenständigkeit als auch ihre Verflechtung der Besonderheit der christlichen Religion verdanken, ihrem Bezug auf das Jenseits und ihrer Sorge um das Diesseits. Denn so viel ist gewiss: Die Botschaft Jesu begründet keine Zivilreligion, sondern eine ungeheure Freiheit gegenüber dem weltlichen Politischen. Doch sie begründet umgekehrt auch keine atheistische Gesellschaft, die das Religiöse und die Religion ausschliessen könnte, weil es in seiner ganzen Heiligkeit nur Privatsache wäre. Die Botschaft Jesu fordert vielmehr zu einer christlichen Ethisierung der Welt ebenso auf wie zur Verkündigung ebendieser Botschaft in der ganzen Welt. Deshalb ist die Forderung nach religiöser Freiheit ebenso wie der Kampf der Kirchen um ihre Eigenständigkeit nicht bloss eine Frucht der Aufklärung, welche Toleranz und die Trennung von Staat und Kirche fordert. Vielmehr gehören diese Forderungen zum politischen Kernbestand der christlichen Religion selbst.

Diese Einführung folgt der geschichtlichen Linie der Entwicklung des Christentums. Genauer gesagt: Die Einführung in die Politische Theologie folgt allererst der Entfaltung seiner Theologie. Das Christentum hat die spezifische Eigenart, alles zu begründen und von allem Rechenschaft abzulegen. Der Glaube an das Wort macht ja nicht beim fleischgewordenen Wort halt; tatsächlich ist die immense theologische Produktivität der christlichen Religion auch auf den Glauben an die Durchsetzungskraft des vernünftigen Wortes im Verhältnis der Menschen untereinander zurückzuführen. In diesem Sinne geht diese Einführung ideengeschichtlich vor. Dass die Ideen nur in ihrem historischen und sozialen Kontext angemessen zu verstehen sind, ist eine oft wiederholte Behauptung. Das gilt für theologische Argumente nicht weniger als für andere Ideen. Es kann kein Zweifel daran bestehen, dass den Diskussionen über Kirchenverfassung und über das Verhältnis des Geistlichen zum Weltlichen ein zeitlicher Index eignet, durch den sie auf bestimmte politische und soziologische Konstellationen verweisen. Dabei ist allerdings die Eigentümlichkeit der christlichen Theologie zu bedenken, die ja nicht nur in ihrer historischen Zeit steht, sondern zugleich sich selbst immer nur als die Auslegung einer Wahrheit versteht, die keine Zeit kennt. Der stete Rückbezug auf die offenbarte Wahrheit rückt das theologische Denken immer auch in eine gewisse Distanz zur politischen oder sozialen Geschichte.

Diese Einführung in die Politische Theologie soll allererst einen Problemhorizont der Politischen Theologie eröffnen. Sie stellt weder alle möglichen Deutungen Politischer Theologie dar, noch kann sie das historische Material auch nur annähernd vollständig präsentieren. Ausgesucht wurden einige wichtige Diskussionen, von denen man mit Fug und Recht sagen kann, dass sie die Politische Theologie des Christentums bestimmt haben und auch heute noch bestimmen. Gesucht wurde nach Zeugen, die erklären können, warum sich das organisierte Christentum so zeigt, wie es sich zeigt. Jeder Leser wird bemerken, dass die Perspektive dieser Einführung katholisch ist; weil – gut tridentinisch – die Bedeutung der Tradition für diese Entfaltung der Politischen Theologie unverkennbar ist.[2] Und diese Tradition ist nicht irgendeine Tradition: Die Geschichte der Politischen Theologie ist allererst die Tradition der Offenbarung. Dass Tradition immer auch Interpretation bedeutet, versteht sich von selbst. Und ebenso von selbst versteht es sich, dass eine solche Interpretation auch einmal aus der Wahrheit fallen kann. Doch darüber masst sich diese Einführung kein Urteil an.

Ein kurzes Wort zum Gebrauch dieses Buches: Diese Einführung ist als Einführung in eine Fragestellung und ein Themenfeld gedacht, das in systematischer und umfassender Weise weitgehend unbearbeitet ist. Natürlich gibt es Spezialuntersuchungen zu allen hier behandelten Themen, doch sie sind für den Leser fürs Erste nicht wirklich wichtig. Ich habe – dem Charakter einer Einführung gehorchend – deshalb versucht, die Zahl der Anmerkungen weit unter dem Niveau der akademischen Üblichkeiten zu halten und im Prinzip nur Zitate nachgewiesen. Das Buch wird jedoch durch eine kommentierte Bibliografie beschlossen, die dem interessierten Leser und der interessierten Leserin weiterhelfen mag und in der auch all jene Werke verzeichnet sind, die herangezogen worden sind.

---

[2] Um jedoch keine falsche Gegensätzlichkeit zu beschwören, sei daran erinnert, dass vor der Verschärfung durch das Konzil von Trient, das der Tradition als der ungeschriebenen Offenbarung die gleiche Verehrung zukommen liess, wie der Heiligen Schrift, und der ebenso scharfen protestantischen Antwort, welche daraufhin die Tradition unter Generalverdacht stellte, dass also vor dieser Verschärfung die Tradition auch im protestantischen Lager hochgehalten wurde. Das gilt ganz besonders für die Kirchenväter, von denen Jan Hus schreibt, dass sie der Kirche zur Lehre nach den Aposteln gegeben worden seien, und dass sie der Kirche von grösserem Nutzen seien als so manche Kardinäle.

I.   Die Botschaft Jesu vom Reich Gottes

Die Evangelisten verkünden die Botschaft vom Wirken eines jüdischen Wan-
derpredigers, der auf grossartige Weise gescheitert ist. So nämlich, dass noch
zweitausend Jahre später dieser Tod als Verheissung erinnert wird. Denn der
gewaltsame Tod, den der Wanderprediger gestorben ist, bedeutet nicht das Ende,
sondern den Anfang einer neuen Geschichte. Einer Geschichte, die von Anbeginn
bis zu ihrem Ausgang als politische Geschichte erzählt wird. Obwohl sie doch
nichts weniger als eine starke und anhaltende, eine zerrüttende Erschütterung des
Politischen darstellt. In zweierlei Hinsicht ist das Wirken Jesu politisch zu deuten: einmal in Bezug auf die existierenden Institutionen und Strukturen des weltlichen Politischen; dann jedoch mit Blick auf eine neue Konstitution des Politischen, die ihren Ausgangspunkt weder an den Institutionen und Strukturen noch
an den natürlichen Gegebenheiten von Völkern hat, sondern an der Allverbun-
denheit der Menschen durch die Tatsache der Gotteskindschaft einerseits, an der
Verbundenheit einer Gruppe von Menschen durch den Glauben an den Gottessohn andererseits.

   Schon die Weihnachtsgeschichte macht in ihren Einzelheiten die politische
Perspektive des Christentums deutlich. Jesu Geburt in Betlehem ist die Frucht
einer heilsgeschichtlichen List: Gott nimmt die römischen Behörden in Anspruch,
um seinen Sohn als Spross Davids in der Stadt Davids Mensch werden zu lassen.
Auf Befehl des Kaisers Augustus nämlich verfügten sich Maria und Josef aus
dem galiläischen Nazaret in die Stadt des Josef. Der römische Kaiser also stellt
sicher, dass der Messias dort das Licht der Welt erblickt, wo er es den jüdischen
Verheissungen zufolge (Mi 5,1) erblicken sollte. Dass damit zugleich ein Beitrag
zur Beglaubigung eines konkurrierenden Herrschers geleistet wird, das ist die
wahre Ironie der Geschichte. Die Volkszählung findet statt, um die Einwohner
der unter römischer Prokuratur stehenden Gebiete auf ihre Steuerleistung hin zu
registrieren. – «Gebt dem Kaiser, was des Kaisers ist», wird Jesus später auf eine
diesbezügliche Frage antworten. – Der römische Kaiser lässt seine Untertanen
feststellen, ohne zu ahnen, dass gerade jetzt und mit seiner Hilfe das Ereignis
geschieht, welches einen Teil der Untertanen Judäa seiner Herrschaft und einen
Teil aller anderen zukünftigen Untertanen nicht nur dieser Herrschaft, sondern
weltlicher Herrschaft überhaupt entfremden wird.

   Die Weisen aus dem Morgenland behaupten, es sei ein neuer König der Juden
geboren worden, und versetzen damit die Machthaber, so berichtet es Matthäus,
in hellen Schrecken: ein Gegenkönig? Welche Gefahr droht der unruhigen Pro-
vinz: der Bürgerkrieg, der bewaffnete Kampf rivalisierender Gruppen um die

Macht, der Aufstand einer Gegenmacht? Keineswegs. Denn Jesus, das stellen die Evangelien klar, verkündet keine politische Revolution und keine völkische Abspaltung. Jesus verheisst ein ganz anderes Reich, das kein Territorium und kein Ethnos kennt, Jesus verkündigt das Reich Gottes, das nicht von dieser Welt ist. Und doch hatte Herodes Recht, als er Gefahr witterte und deshalb Jesus, die Geschichte Israel nachstellend, dazu zwang, die erste Zeit seines Lebens in Ägypten zu verbringen. Den leidenden Menschen verspottend, bringen die Henkersknechte später das ‹INRI›-Schild am Kreuz an: Iesus Nazarenus Rex Judaeorum. «Du sagst es», wird Jesus auf die Frage des Pontius Pilatus antworten, ob er der König der Juden sei – und in seiner meisterhaften Rhetorik alles offen lassen. Jesus ist der König der Juden, doch die Juden sind nicht die Juden, und das Königreich ist kein Stück Land, auf dem ein ethnisch bestimmtes Volk lebt, das bestimmten Institutionen unterworfen wäre. Die spätere Lebensgeschichte Jesu wird zeigen, wie Recht Herodes hatte, als er die Weissagung der drei Weisen fürchtete. Nicht, weil Jesus als ein neuer politischer Führer die Macht des Herodes und sein Arrangement mit den römischen Besatzern bedroht hätte, sondern weil Jesus ein ganz neues politisches Paradigma eröffnet, das die politische Macht gehöriger erschüttern wird als jeder Bürgerkrieg.

Der Engel, welcher den Hirten die Geburt des sehnsüchtig erwarteten Messias verkündigt, ist von einem grossen himmlischen Heer umgeben, doch dieses Heer steht Jesus später nicht kämpfend zur Seite, sondern ergeht sich im Jubel über die Geburt des Herrn und verkündet den grossen Frieden unter den Menschen seines Wohlgefallens. Die Ankündigung des Friedens, des verheissenen ewigen Friedens, verkündigt auch das Ende einer Politik, die durch den Kampf um die Macht geprägt ist, das Ende einer Politik, die in der Sichtbarkeit der gehorsamserzwingenden Institutionen die Garantie des Friedens, die Garantie des Zusammenlebens sieht. Die Botschaft des Evangeliums verkündet eine Revolution über aller Revolution. Ihr geht es weder um den Austausch von Personen in Ämtern, noch um die Verfassung der Ämter; die Botschaft handelt vielmehr davon, dass jenseits dieser Macht- und Ämterordnung, jenseits der Reiche dieser Welt ein ganz anderes Reich, das Reich Gottes angebrochen ist, welches auf radikalste Weise die Loyalitätsansprüche der Reiche dieser Welt und ihre Rechtfertigung in Frage stellt. Das Reich Gottes versammelt im Glauben an Gott und in der rechten Lebensführung all jene in sich, die vor Gott Gnade gefunden haben. Das Volk Gottes, das Volk dieses Reiches, das sind all jene, die den Ruf Gottes vernommen haben. All jene also, die in dem kleinen Zimmermannssohn aus Nazaret den Sohn Gottes erkennen. Dieser Glaube kennt keine Grenzen und er ist auf keine besondere Ethnie bezogen. In diesem Sinne wird die neue Religion auch hervorragend zum ökumenischen Römischen Reich passen. – Dieser Glaube ist hervorgegangen aus der mosaischen Religion, deren Verheissungen fest an das Volk der Juden gebunden waren: Warum bestehen die Evangelien dann mit aller Deutlichkeit darauf, dass Jesus von den Juden abgelehnt worden ist, dass die religiösen Führer ihn als Häretiker verfolgt haben, ja warum erscheinen die Juden dann so schroff als die ‹Mörder› Jesu – unter deutlicher (und historisch verzerrender) Entlastung der römischen Institutionen und Besatzer? Die Ablösung des Christentums vom Judentum, von der auch später noch die Rede sein wird, führte zu einer konfliktbelasteten Dramatisierung der Differenzen. Die Evangelien erzählen nicht einfach einen historischen Sachverhalt; sie deuten ihn im Rahmen ihres heilsgeschichtlichen Projektes. Die Evangelisten bestehen nicht zuletzt deshalb darauf, dass die Juden Jesus verfolgt haben, um die *translatio*, die Übertragung der Verheissung von der Ethnie der Juden auf all jene zu begründen, die sich im Glauben an den einen Gott und seinen eingeborenen Sohn zusammenfinden: die Christen. – Die historischen Konsequenzen dieses Argumentes werden unter dem Begriff des Anti-Judaismus zusammengestellt, der eine wichtige Quelle des Antisemitismus darstellt. Weil sie den Herrn geleugnet hätten, hätten die Juden ihre Existenzberechtigung in der religiösen Geschichte verloren; weil sie ihn gemordet hätten, hätten sie sich Schuld bis ans Ende der Geschichte zugezogen. Doch das ist nicht die Argumentation des Paulus, der konsequent auf den heilsgeschichtlichen Vorrang Israels verweist.

Das Reich, dessen König Herodes so sehr fürchtet, ist mit der Geburt des kleinen Jesus im Stall zu Betlehem schon angebrochen. Es ist nicht die Frucht eines Machtkampfes, ja es kann, das zeigen die Evangelien mit aller Betonung, gar nicht bekämpft werden, weil es sich nicht darstellt wie die anderen Reiche. Dieses Reich hat keine Institutionen und keine Strukturen, es hat kein Land zu erobern oder zu verteidigen und keine Ämter. Der Kreuzestod Jesu erweist das aufs Deutlichste: Man kann den König dieses Reiches hinrichten, das Reich aber wird nicht untergehen. Denn es besteht in der Liebe, vor der alle Macht verblasst. Im Alten Testament erscheint der Gott der Juden immer wieder als ein grosser Herr, der die Herren der Welt durch seine unbegrenzte Macht in den Schatten stellen kann. Macht fasziniert die Menschen – und zwar die Heiden gleicherart wie die Juden. Diese Argumentation fällt im Neuen Testament aus. Hier ist stattdessen eine deutliche Verschiebung der Argumentation festzustellen: Die politische Grösse des Gottesvolkes besteht weder in der irdischen Macht seines Königs, also weder in dem, was Max Weber als Gehorsamserzwingungschance definiert hat, noch in der Zahl seiner ‹Untertanen›. Die Grösse des Gottesvolkes besteht in der Stärke ihres Glaubens, in der rechtschaffenen Lebensführung und in der Nächstenliebe ohne Ansehen der Person.

.

Das Reich Gottes ist den Juden verheissen worden. Auf dieses Reich bezieht sich ihre heilsgeschichtliche Hoffnung, also auf ein Ende des Geschichte, die in einem steten Wechsel von Freiheit und Knechtschaft besteht. Ägypten und Babylon auf der einen Seite, die Hoffnung auf ein verheissenes Land, in dem die Kinder Israel ohne Fremdherrschaft leben könnten, auf der anderen Seite. Das Reich Gottes, so Jesu Botschaft, ist schon angebrochen. Es ist in keiner Zukunft mehr zu erwarten, denn Gott hat sein Volk schon versammelt. Jesus ist der Retter und der Erlöser. Er erlöst die Menschen aus dem Bann der Geschichte – und das heisst für unser Thema natürlich zuallererst: Er erlöst sie aus dem Bann der irdischen Politik. Und weil er sie aus diesem Bann befreit, stehen die Loyalitätskonflikte, die zwischen den Ansprüchen zweier rivalisierender Mächte bestehen könnten, nicht im Zentrum der Botschaft Jesu. Das Heilsversprechen, von dem Jesus sagt, er sei gekommen es einzulösen, bedeutet keine Konfrontation mit den irdischen Mächten. In der Zinsperikope gibt Jesus eine unmissverständliche Antwort auf die Frage nach dem Verhältnis der Christen zur weltlichen Ordnung, zu ihren Regeln und ihrem Gehorsamsanspruch. In dem um das Jahr 7 herum in Judäa und Samarien eingeführten Zensus sahen die Zeloten einen Verrat an Gott. Die Pharisäer versuchen, Jesus politisch zu diskreditieren, indem sie sich bemühen, ihn in die Ecke der Zeloten zu stellen. Sie fragen nach seiner Haltung zu der Steuer, die an den Kaiser zu zahlen ist. Jesu verblüffende Antwort jedoch unterläuft die Konfrontation zwischen Auflehnung und Opportunismus. Er lässt sich die Münze zeigen, mit der die Steuern bezahlt werden, um sie, da sie das Bild und die Aufschrift des Kaisers trägt, als Eigentum des Kaisers zu bestimmen. «So gebt dem Kaiser, was dem Kaiser gehört, und Gott, was Gott gehört!» (Mt 22,21) Die Zeloten mögen das Zinsgebot mit einer religiösen Begründung abgelehnt haben; tatsächlich haben sie die religiöse Frage in das säkular Politische gewendet – und werden, so wird man Jesus wohl deuten können, zum Opfer ihres Engagements. Gerade in ihrer Auflehnung bestätigen sie die Bedeutung der irdischen Institutionen, die sie bekämpfen, sie anerkennen die Macht, gegen die sie rebellieren.

Jesu Antwort wechselt die Perspektive. Dadurch verliert die Frage nach Gehorsam oder Auflehnung, nach Unterwerfung oder Rebellion ihre Bedeutung. Weder rechtfertigt Jesus den Gehorsamsanspruch der weltlichen Behörden noch lehnt er ihn ab. Er erklärt die ganze Diskussion schlicht als überflüssig. Ihr Gegenstand, so könnte man in der Sprache der Stoa sagen, gehört zu den Adiaphora, zu den Dingen also, die ethisch neutral zu bewerten sind. Die Apostel Petrus und Paulus werden sich später an einer – allerdings recht schwachen – ‹theologischen› Begründung der weltlichen Obrigkeit versuchen. In dem Masse, in dem der apokalyptische Horizont der christlichen Heilserwartung ferner sich streckt, lassen ihre Chefideologen die weltlichen Institutionen christlich gerechtfertigt erscheinen. Nicht so der Jesus der Zinsperikope. Seine Antwort hält die Frage nach der Rechtfertigung der Zinszahlung und damit die Frage nach der Legitimation der weltlichen Gewalt offen. Die Antwort ist viel zu ironisch, als dass sich auf ihr eine Zwei-Reiche-Lehre aufbauen liesse, wie das später versucht worden ist. Es ist dies die Antwort des Gottessohnes, der ein Reich verkündet, das nicht von dieser Welt ist. Angesichts dieser Verkündigung erscheint die Frage nach dem Gehorsam gegenüber den weltlichen Institutionen völlig unsinnig. Ja, die Frage selbst bedeutet eine Abkehr von der Verheissung, und das ist der wahre Grund, weshalb die Pharisäer so überrascht von dannen ziehen.

Jesu Antwort auf die Frage nach der kaiserlichen Steuer ist nicht die rhetorische List eines Bedrängten; Jesu Antwort ist der Schwerthieb, mit dem ein gordischer Knoten zerschlagen wird. Der Knoten nämlich, durch den die Fragen des Heils mit dem weltlichen Politischen verstrickt erscheinen. Wer die Rebellion gegen die weltlichen Behörden fordert, der zieht diesen Knoten nur immer fester, anstatt ihn zu lösen. Jesus kann die Frage mit leichter Hand abtun, weil in ihr nichts auf dem Spiel steht. Der Gehorsam gegen die kaiserliche Autorität bedeutet eben nicht, dass der Gläubige vom rechten Pfad des Gottesgehorsams abgekommen wäre. Vor der Grösse der Verheissung, vor der Nähe des Gottesreiches, vor der Liebe Gottes verlieren die Positionen im Streit über die weltlichen Autoritäten ihre Konturen. Ein Tor, wer an diesen Fragen hängt! Denn ihm ist der Blick auf das Gottesreich gerade verstellt. Wer glaubt, die Herrschaft Gottes würde auch nur im Geringsten durch eine politische Frage wie die der Steuerzahlung beeinträchtigt, der hat nicht verstanden, was die verheissene und ersehnte Herrschaft Gottes bedeutet. Denn sie wird ihren Niederschlag nicht in Institutionen finden, sondern – und das ist die wichtigste Botschaft Jesu – sie ist schon in den Herzen der Gläubigen angebrochen.

Das Reich Gottes ist keine Alternative zu den Reichen dieser Welt. Die jüdische Hoffnung, dass Jahwe eines Tages als der wahre König dieses Volkes die politische Herrschaft gleichsam zurückerobert, die er dem unzufriedenen Volke zugestanden hatte, das endlich, wie die anderen Völker auch, von Königen und nicht von Gott regiert werden wollte – 1Sam 8 – diese Hoffnung verkennt, auf welche Weise das Reich Gottes tatsächlich anbrechen wird. Die Rebellion gegen die politischen Behörden – der Besatzer – führt nur das Murren des Volkes fort, das von Samuel einen König verlangt hatte. Als ob nicht die Vorstellung, dass mit der Zahlung einer kaiserlichen Steuer der Herrschaft Gottes Abbruch getan würde, selber eine Beleidigung Gottes darstellte. Jesu Antwort auf die Steuerfrage wird von den Evangelisten in den Zusammenhang der Gleichnisse über das Reich Gottes und über die Auferstehung gestellt, also in einen prominenten, wenn man das so nennen will, ‹theologischen› Kontext. Das Reich Gottes, Kern der apokalyptischen Hoffnungen des Judentums, soll das Ende aller Zeit, das Ende schlechthin markieren. Es bedeutet die Erfüllung der Verheissung, auf die das Volk der Juden wartet. Und zwar nur das Volk der Juden. Denn das Reich Gottes bedeutet die Erfüllung des historischen Bundes, den die Väter am Sinai mit ihrem Gott geschlossen haben. Das Reich Gottes bedeutet den endgültigen Fall der Reiche dieser Welt zugunsten des Imperiums des Einen Gottes.

Die Botschaft der Evangelien aber verkündet etwas anderes. Zwar ist auch den Evangelien die jüdische eschatologische Tradition nicht fremd – und sie kann es auch nicht sein, geht das Christentum doch aus dem Judentum hervor. Doch immer wieder wird deutlich, dass das Reich Gottes, von dem Jesus spricht, eben keine politisch-theologische Vorstellung darstellt. Dass das Reich schon angebrochen ist, diese Behauptung der Evangelien bricht mit der historisch-politischen Deutung der jüdischen Eschatologie. Die Christen behaupten, das Reich Gottes sei schon angebrochen – doch in dieser Welt deutet nichts darauf hin. Weder ist Jahwe im Glanze erschienen, noch haben die himmlischen Heerscharen die weltlichen Reiche zu Staub zermalmt. Es ist weit und breit kein neues Reich zu sehen und kein Herrscher. Entweder lügen die Christen, so müssen die Juden glauben, oder aber sie meinen etwas ganz anderes mit dem Reich Gottes. Und das hiesse, dass sie die politisch-theologischen Vorstellungen des Alten Testamentes hinter sich lassen. Die Vorstellung von Herrschaft ebenso wie die Vorstellung eines auserwählten Volkes, auf das sich diese Herrschaft bezieht.

Das Reich Gottes, dessen Kommen Jesus bezeugt, bedeutet weder die Revolution der politischen Gegenwart noch die letztgültige Machtübernahme am Ende der Geschichte. Zu behaupten, dass das Reich Gottes schon angebrochen sei, macht es deshalb auch möglich, die politischen Strukturen des *saeculums* ignorieren zu können. Und das ist *eine* Bedeutung der christlichen Freiheit: die Lösung aus den politischen Verstrickungen dieser Welt. Das verheissene Reich steht nicht am Ende einer empirischen Geschichte, wie das später Augustinus in die christliche Lehre heben wird: Das Reich ist mitten unter uns. Auf die Geschichte des Volkes Israel bezieht sich die christliche Botschaft fortwährend; nicht zuletzt, um den heilsgeschichtlichen Grund der Existenz Jesu zu erweisen. Jesu Boten werden nicht müde, ihn in die Tradition der jüdischen Geschichte zu stellen, um ihn als den ersehnten Messias zu offenbaren. Und doch verschiebt die Verkündigung den Erwartungshorizont entscheidend. Besonders Johannes und Paulus betonen, dass sich die Verheissungen des Alten Testamentes nicht auf das Volk der Juden beziehen, sondern auf ein neues Volk, das durch den Glauben an Jesus den Gottessohn konstituiert wird. Ein Volk, das kein Territorium, keine Institutionen und vor allem keine Abstammung kennt. Sehr deutlich unterscheidet das

Neue Testament zwischen den natürlichen Kindern Abrahams und den wahren Kindern, zwischen dem Volk Israel und dem wahren Volk Gottes. Doch es findet nicht einfach eine *translatio* der Verheissung von den Juden auf ein neues Volk Gottes statt, weil sich die Juden als harthörig erwiesen hätten. Tatsächlich bedeutet das Wirken Jesu und die Botschaft seines Wirkens eine Transformation der Verheissung, die ihre religiöse Historizität verliert.

Jesus verkündigt jedoch nicht einfach eine Verinnerlichung des Gottesreiches in einem neuzeitlichen Sinne. Indem er den traditionalen Bezug der Verheissung zerstört, begründet er zugleich ein neues Volk, auf das sich diese Verheissung bezieht, ein neues Gottesvolk. In einer ganz besonderen Hinsicht hält Jesus am politischen Charakter der Verheissung des Gottesreiches fest. Zwar wird die Verheissung des schon angebrochenen Gottesreiches unauflöslich an den Glauben des Einzelnen geknüpft; nicht so jedoch, dass dabei der Gedanke der Gemeinschaftlichkeit verloren ginge. Die Abkehr vom Gedanken einer ‹natürlichen› Bestimmung des Gottesvolkes führt gerade nicht in die radikale gnostische Vereinzelung, sondern erzeugt neue Strukturen der Gemeinschaft. Dass diesen Strukturen – vorerst – kein institutionelles Pendant entspricht, muss kein Präjudiz bedeuten. Aus soziologischer Sicht kann die Beinahe-Abwesenheit einer institutionellen Konkretisierung dieser Gemeinschaft in der Zeit der Evangelien nicht überraschen, haben wir es hier doch mit einer Gemeinschaft zu tun, die vorerst ganz aus dem Charisma ihres Begründers lebt. – In diesem Sinne muss die spätere Institutionalisierung des Christentums auch nicht als sein Sündenfall gedeutet werden, wie das in der Geschichte immer wieder geschehen ist. Der Glaube des Einzelnen erweist sich erst dann als wahrer Glaube, wenn er sich mit dem Glauben der anderen verbindet: «Wo zwei in meinem Namen beisammen sind, da bin auch ich.» In der Gemeinschaft des Glaubens selbst, so die Verheissung, ist der Messias präsent. Nicht erst am Ende der Zeit, sondern in einer schon erfüllten Gegenwart bewegen sich die Christen – wenn sich auch diese Welt keinen Deut geändert zu haben scheint.

II. Paulus

1. Die Politik der Ethik

Eingerahmt von zwei Verbrechern wird der grosse Religionsstifter Jesus von Nazaret um das Jahr 30 in Jerusalem hingerichtet. Die Kriegsknechte des römischen Statthalters in Judäa und Samaria, Pontius Pilatus, kreuzigen den Sohn Gottes. Das Neue Testament nennt mehrere Begründungen für diesen Tod. Aus heilsgeschichtlicher Sicht ist er notwendig, um die Prophezeiungen der Schrift zu erfüllen und das Menschengeschlecht von der Erbsünde Adams zu befreien. Die jüdischen Hohepriester sehen die Orthodoxie ihres Glaubens und das hierarchische Ordnungsgefüge bedroht durch die gotteslästerlichen Anmassungen eines kleinen Juden, der vorgibt, der Messias zu sein. Die römische Verwaltung schliesslich dürfte am ehesten noch daran Anstoss nehmen, dass Jesus auf die Frage, ob er der König der Juden sei, nicht verneinend antwortet, sondern mit dem knappen ‹Du sagst es›. An den innerjüdischen Glaubensstreitigkeiten bekundet der Statthalter Roms wenig Interesse; sein Urteil fällt im Namen der Staatsräson, um das durch die Hohepriester aufgestachelte Volk vor den hohen Feiertagen zu besänftigen. Doch nicht die Kreuzigung des Gottessohnes durch die Soldaten der Weltmacht Rom bestimmt die Politische Theologie der Anhänger Jesu zu neutestamentlichen Zeiten, sondern die Frage, welche Bedeutung den politischen Hierarchien und den sozialen Regeln zukommen kann, wenn das Reich Gottes nah bevorsteht. Die Hoffnung auf die glorreiche Wiederkehr des Messias, jetzt als König dieser Welt, diese Hoffnung gefährdet ohne Zweifel die Legitimität der säkularen Ordnungsbemühungen.

Die Politische Theologie des Paulus füllt eine Leerstelle in der Botschaft Christi auf. Jesus hatte das Verhältnis zur weltlichen Obrigkeit mit der Ausnahme des kleinen Lehrstückes vom Zinsgroschen nicht thematisiert. Doch diese Lehre ist nicht nur äusserst zwiespältig; sie ist darüber hinaus nur mit Vorsicht zu geniessen. Jesus erkennt die Versuchung, die in der Frage liegt, ob der Zinsgroschen zu bezahlen sei oder nicht. Diese Versuchung könnte doppelter Natur sein: Gemeint sind damit allererst die Versuche einiger Vertreter der jüdischen Hierarchie, Jesus ‹in seiner Rede zu fangen›, indem sie ihn zu einer Antwort verleiteten, die ihn in den Augen der römischen Besatzungsmacht verurteilte. Aber besteht nicht vielleicht die Verführung selbst gerade darin, Jesus überhaupt zu einer Aussage über die Legitimität der Obrigkeit zu verleiten – ganz abgesehen von dem spezifischen Interesse der jüdischen Hierarchie? Jesu Antwort auf die Frage nach der Steuerpflicht – «So gebt dem Kaiser, was dem Kaiser gehört, und Gott, was Gott gehört!» – ist denn auch völlig formal. Jesu Antwort verweigert tatsächlich die erhoffte klare Antwort auf die gestellte Frage. Der rhetorischer Kniff besteht darin, eine Scheinantwort zu geben, die die Häscher mit leeren Händen dastehen lässt: «Und es gelang ihnen nicht, ihn vor dem Volk auf einem Ausspruch zu behaften, und sie wunderten sich über seine Antwort und schwiegen» (Lk 20,26). Doch nicht bloss die Häscher, auch seine Schüler können ihn bei diesem Wort kaum fassen. Ob der Zinsgroschen bezahlt werden soll oder nicht, diese Frage ist nicht besonders wichtig. Aber wie kann eine Antwort auf diese Frage begründet werden? Spätere Zeiten mögen das Wort vom Zinsgroschen heranziehen, um einen eigenständigen Bereich weltlicher Herrschaft mit womöglich eigener Legitimitätsquelle zu konstruieren. Doch rhetorisch gepanzert kündigt Jesu Antwort wohl allererst vom Desinteresse an politisch-institutionellen Fragen. Die Frage nach dem Zinsgroschen gehört zu den Fragen, auf die Jesus keine Antwort geben möchte. Jesus wirft seine rhetorische Münze den Verfolgern mit verachtungsvoller Ironie zu. Denn in der Frage nach dem Zinsgroschen steht für ihn nichts auf dem Spiel.

Auch für Paulus steht in dieser Frage nicht allzu viel auf dem Spiel. Doch Paulus stellt sich der Aufgabe, die junge jüdische Sekte der Anhänger des Jesus von Nazaret vor religiösem und politischem Anarchismus zu bewahren sowie ihren Fortbestand und ihre Ausbreitung zu sichern, bis dass das Reich Gottes tatsächlich anbricht. Paulus ist im gleichen Masse ein radikaler Ideologe und ein politischer Pragmatiker, der die christlichen Gemeinden zugleich um des ethischen Aspektes der Botschaft der Theologie des Kreuzes und um der ungehinderten Ausbreitung dieses Glaubens willen an die sozialen Regeln und politischen Institutionen erinnert. Seine Mahnung gilt denen, die Jesu Wort von der Erlösung durch den Glauben und die Kritik am Gesetz zu wörtlich nehmen. Seine Mahnung gilt den Müssiggängern und den Unzüchtigen, und zwar zuerst vor dem Hintergrund der eschatologischen Naherwartung. Die Hoffnung auf das Gottesreich soll niemanden dazu verführen, in dieser Welt ein unordentliches Leben zu führen. Dieses Leben ist nicht nichts; der Gläubige ist durch den Herrn zur Heiligung berufen, und damit verbunden ist die Pflicht zum rechten Leben (1 Thess 4). Ganz in der Tradition seines Meisters Jesus betont Paulus eine Ethik der Nächstenliebe und der Barmherzigkeit.

Die Begründung dieser Ethik ist nicht ganz unproblematisch. Problematisch ist die Begründung der von Paulus propagierten Ethik der Heiligung, weil der Glaube an die Erlösungstat des Messias auch so gedeutet werden kann, dass mit dieser Tat schon alles geschehen wäre, was über das Heil entscheidet. Wenn schon der Glaube rechtfertigt, dann sind alle Werke ohne jede Bedeutung für das Heil des Einzelnen. Das ist das Risiko der nachgeschichtlichen Konzeption des christlichen Glaubens: Wenn die Erlösungstat die Heilsgeschichte vollendet, dann hat das Verhalten der Einzelnen nur noch die Bedeutung von nachgeschichtlichem Geplänkel vor dem grossen, einer jeden Ethik unzugänglichen Ereignis der die Gottesherrschaft auf Erden bereitenden Apokalypse. Denn erlöst wären die Christen ja schon durch den Kreuzestod des Gottessohnes, ‹der hinwegnimmt die Sünde der Welt›. In diesem Sinne könnte der christliche Glauben sogar von der Notwendigkeit rechter Lebensführung dispensieren. Diese Deutung des christlichen Glaubens ist keineswegs abwegig; sie ist, so könnte man religionssoziologisch formulieren, der Preis, den das Christentum für die Vergöttlichung seines Stifters zu berappen hat.

Paulus ist sich dieses Problems völlig bewusst. Die zentralen Passagen des Römerbriefes sind dem Verhältnis von Gnade und Gesetz gewidmet. Sie können auch als der Versuch erscheinen, gegen die scheinbare ethische Indifferenz des Erlösungsglaubens das Fundament einer genuin christlichen Ethik zu sichern. Dabei ist es Paulus selbst, der das Gebäude der christlichen Ethik erschüttert mit seiner intellektuellen Theologie der Gnade. «Denn wir halten fest: Gerecht wird ein Mensch durch den Glauben, unabhängig von den Taten, die das Gesetz fordert» (Röm 3,28). Paulus' Distanz gegenüber einer Ethik des Gesetzes ist doppelt begründet: zum einen durch die Ermahnung zur Demut, durch die Warnung vor dem hybriden Glauben an die Selbsterlösung durch Taten der Gerechtigkeit; zum andern jedoch ist die Distanzierung gegenüber dieser Ethik die notwendige Bedingung für die Universalität des christlichen Glaubens. Das Gesetz ist also in doppelter Hinsicht problematisch: einerseits, weil es in universaler Hinsicht die *Rechtfertigung* des Menschen nicht erlaubt, andererseits, weil das mosaische Gesetz, von dem hier die Rede ist, als das partikulare Gesetz eines Volkes die *Ausbreitung* des Christentums auf die gesamte Menschheit verhindert. Vor Gott aber, das ist Paulus' Losung, gibt es nur eine Menschheit. Im Glauben an den Erlöser Jesus von Nazaret wird der volksbezogene Partikularismus aufgehoben, der das Christentum als eine jüdische Sekte bedroht.

Doch mit der Abkehr vom Gesetz wird die Begründung einer Ethik problematisch. Wenn Jesus behauptet, er sei gekommen, das Gesetz zu erfüllen, so deutet Paulus: Jesus ist nicht gekommen, um das Gesetz ausser Kraft zu setzen, sondern damit es ‹aufgerichtet› werde (Röm 3,31). Doch das Gesetz, der *nomos,* wird jetzt neu bestimmt. Aufgerichtet wird nicht das alte Gesetz der Sünde, aufgerichtet wird das Gesetz als Gesetz des Glaubens. Der neue *nomos* bestimmt ein neues Volk. Da das Volk Israel, so Paulus, in seiner Verstockung den Messias nicht erkennen konnte, erwählt und formt Gott das neue Volk derer, die an seine Fleischwerdung in Jesus von Nazaret und an die Erlösung vom Gesetz der Sünde durch Jesus Christus glauben, welches Adam über die Menschheit gebracht hat.

Doch der neue *nomos* des Glaubens soll nicht dazu missbraucht werden, die ethische Indifferenz des christlichen Glaubens zu behaupten. Dass nicht die Werke, sondern der Glaube rechtfertigt, soll nicht so gedeutet werden, als ob die Werke jetzt bedeutungslos wären. Paulus formuliert das Paradox einer christlichen Ethik: «Das Gesetz aber ist hinzugekommen, damit der Fall noch grösser werde; wo aber die Sünde grösser wurde, da strömte die Gnade umso reichlicher. So sollte, wie die Sünde durch den Tod herrschte, die Gnade durch die Gerechtigkeit herrschen, die ins ewige Leben führt, durch Jesus Christus, unsern Herrn. Was folgt nun daraus? Etwa: Lasst uns der Sünde treu bleiben, damit die Gnade umso grösser werde? Gewiss nicht! Wir, die wir für die Sünde tot sind, wie sollten wir noch in ihr leben können? ... Was heisst das nun? Sollen wir sündigen, weil wir nicht unter dem Gesetz stehen, sondern unter der Gnade? Gewiss nicht!» (Röm 5,20ff). Erst die vollständige Deutung der Erlösungstat bewahrt den christlichen Glauben vor der ethischen Indifferenz. Die auf den Namen Jesu Christi Getauften nämlich unterstehen in ihrem neuen Leben nicht mehr der Sünde. Deren Herrschaft ist mit dem Kreuzestod zumindest über all jene gebrochen, die an dieses Ereignis glauben. «Die Sünde wird keine Macht über euch haben, denn ihr steht nicht unter dem Gesetz, sondern unter der Gnade» (Röm 6,14). Der Christ kann und darf kein sündiges Leben führen: Er kann es nicht führen, insofern er der Sünde abgestorben ist, und er darf es nicht führen, insofern sein Glaube ihn zur *imitatio Christi* zwingt.

Paulus warnt also vor einer a-sozialen Deutung des christlichen Glaubens: Die Kritik an der Werkgerechtigkeit bedeutet keine kategorische Entwertung der Werke und deshalb auch keine kategorische Entwertung des Verhaltens in dieser Welt. Er mahnt eine Ethik der Zwischenzeit an, die geradewegs aus der Erlösungstat selbst abgeleitet wird. «Wisst ihr nicht, dass eure Leiber Glieder des Christus sind? Soll ich nun die Glieder des Christus nehmen und sie zu Gliedern einer Dirne machen?» (1Kor 6,15). Zwar nimmt der Kreuzestod hinweg die Sünden der Welt; doch das begründet kein Ethos der Verantwortungslosigkeit. Umgekehrt stellt gerade der Kreuzestod jeden einzelnen Christen in die ungeheure Verantwortung, als Glied des Leibes Christi zu leben. Das individuelle Gewissen wird zur Instanz zentraler Regelung; doch es bewertet die Handlungen des Einzelnen nicht nach einem feststehenden Gesetz, sondern nach dem Glauben. Deshalb kann der Glaube in ethischer Hinsicht das Gesetz aufheben, in dem die sozialen Regeln in heilsgeschichtlicher Hinsicht verdichtet sind.

Paulus kann nicht leugnen, dass auch Christen sündigen. Um zu erklären, warum das Regime der Sünde selbst über Christen noch Herrschaft hat, entfaltet Paulus den Gedanken von der doppelten Natur des Menschen. Das neue Gesetz der Gnade und der Liebe ist geistlich; der Mensch aber ist fleischlich. Zwei Gesetze widerstreiten im Menschen, das Gesetz der Sünde in den Gliedern, das Gesetz Gottes im Herzen (Röm 7,14ff). Die spätere Leibfeindlichkeit des Christentums konnte von solchen Aussagen ihren Ausgang nehmen, obwohl für Paulus nicht der Leib des Menschen, sondern der durch das «Fleisch» bestimmte Leib das Problem, der eigentliche Feind des wahren Menschen ist. Das Gesetz der Sünde besiegen, heisst den fleischlichen Leib besiegen. Das ist der Kern der paulinischen Ethik: nach dem Geiste, nicht nach dem Fleische wandeln. Jesus ist der Erlöser, weil er den Menschen vom Gesetz der Sünde befreit.

2. *Corpus Christi*: Der Kern a-nationaler Gemeinschaftlichkeit

Paulus hat eine glänzende Lösung für ein drängendes Problem gefunden: Indem er die soteriologische Tat als die Herrschaft eines neuen *nomos*, des geistlichen Gesetzes der Gnade, bestimmt, bewahrt er die junge Sekte vor dem Absturz in die ethische Indifferenz der Endzeit. Unter der Hand gelingt es gerade dieser intellektualistischen Theologie des Kreuzes, die für antike Augen von einem Paradoxon ins nächste stolpert, die apokalyptische Deutung der Kreuzigung des Messias in eine ethische und politische zu wenden. Die politische Deutung des christlichen Glaubens durch Paulus erschliesst sich nur vor dem Hintergrund der «Verstockung» des auserwählten Volkes. Nicht Römer 13, die Behauptung, dass alle Obrigkeit von Gott sei, sondern Römer 9–12 bilden den Kern der Politischen Theologie des Paulus. Römer 13 ist ohne Zweifel historisch von grösster Bedeutung für die Politische Theologie des Christentums. Doch Römer 9–12 stellen die genuine Politische Theologie des Paulus dar. Römer 13, ein rätselhafter Text, erscheint wie ein Einschub in den Römerbrief, in dessen Gedankengang er sich kaum einfügt. In Römer 9–12 wird auf der Grundlage des Verständnisses von Gesetz und Gnade die eigenwillige Politische Theologie des Paulus entwickelt, fern von allen ideologisch-legitimatorischen Gedankengängen, die Römer 13 beherrschen.
Es sind endlose prinzipielle Diskussionen über die Möglichkeit christlicher Politischer Theologie geführt worden. Dabei steht eine reiche Tradition gegen die Behauptung, es könne unter christlichen Bedingungen Politische Theologie nicht gedacht werden, weil sich der christliche Glaube aus strukturellen Gründen dem Versuch verweigere, die politische Wirklichkeit religiös zu überhöhen. Das Dogma der Dreieinigkeit erstens verböte jeden Versuch, politische Herrschaftsstrukturen durch den Rekurs auf den christlichen Glauben, also mit der Hilfe der Analogie zu legitimieren. Das war die gegen Carl Schmitt gerichtete These Erik

Petersons.[3] Und zweitens: Die scharfe, beinahe gnostisch zu nennende Trennung zwischen dem Reich Gottes und dieser Welt zielt auf eine Delegitimierung des säkularen politischen Raumes überhaupt. So könnte die Welt im schlimmsten Falle gnostisch als Reich des Demiurgen oder als das Reich Satans gedeutet werden, im besten Falle als bedeutungslos angesichts der erhofften Königsherrschaft Gottes. Eine genuin christliche Politische Theologie wäre also ein Widerspruch in sich. Doch diese Argumente können nur unter der Bedingung entfaltet werden, dass die legitimatorische Funktion Politischer Theologie für das säkulare politische System als deren Kern vorausgesetzt wird. Dass es keine christliche Politische Theologie in dem Sinne gibt, wie man sie in Ägypten beobachten kann, steht ausser Zweifel. Einen Gott-Kaiser kann es unter christlichen Bedingungen sicherlich nicht geben. Und alle Versuche, die säkularen Strukturen heilsgeschichtlich aufzuladen, tragen mythische Züge und bleiben hinter dem Christentum zurück. Doch der Vergleich zwischen den beiden Passagen im Römerbrief 9–12 und 13 macht deutlich, dass die christliche wie jede andere Politische Theologie zwei grundverschiedene, wenngleich unter Umständen komplementäre Bedeutungen haben kann. Politische Theologie kann einerseits den theologischen Diskurs über die säkularen Institutionen des Zusammenlebens, über die Legitimitätsquellen der weltlichen Macht bedeuten. Politische Theologie kann aber auch eine andere politische Wendung der theologischen Reflexion bedeuten: Sie thematisiert dann die Vergesellschaftung der Menschen unter Gott. Der transzendentale Monotheismus tendiert zur Unterscheidung zwischen einer weltlichen und einer geistlichen *civitas*. Römer 13 bezieht sich auf die weltliche, Römer 9–11 auf die geistliche *civitas*. Die Reduzierung der Politischen Theologie auf ihre legitimatorische Funktion für die machtvollen weltlichen Institutionen des Politischen übersieht, dass auch der christliche Glaube *religio* ist; dafür hat Paulus das Bild vom Körper Christi gefunden.

Das *corpus Christi* ist der erste Gegenstand einer genuin christlichen Politischen Theologie, nicht die weltlichen politischen Strukturen. Denn an der Obrigkeit ist, wie Luther in der Predigt vom 4. Mai 1522 formuliert, «nit vil gelegen». Obwohl die weltliche Macht ihren Erlöser gekreuzigt hat, bedeckt die frohe Botschaft der Christen das Problem des Verhaltens gegen ebendiese Macht mit einem seltsamen Schweigen. Römer 13, 1Petrus 2 und Titus 3 gehören zu den wenigen Stellen, an denen nach dem Tod Jesu die Stellung des Christen zur weltliche Obrigkeit thematisiert wird. Mit der politischen Indifferenz Jesu, so viel wird man vorwegnehmen können, bricht keine dieser Passagen. Das ist umso

---

[3] Erik Peterson: Monotheismus als politisches Problem. Ein Beitrag zur Geschichte der politischen Theologie im Imperium Romanum. Leipzig 1935, S. 99f.

erstaunlicher, als man nach der Erfahrung des Kreuzestodes durchaus etwas anderes hätte erwarten können: eine grundsätzliche Opposition nämlich. Dann hätte die weltliche Obrigkeit als ein Werkzeug des Teufels gedeutet werden müssen. Aus der Enttäuschung über den Tod ihres Meisters wäre eine solche Deutung nicht bloss verständlich, sondern sogar zu erwarten. Tatsächlich erlangt diese Deutung in der politischen Geschichte des Christentums auch immer wieder Geltung. Doch nie erhält sie kanonischen Charakter, immer bleibt sie eine Deutung von Aussenseitern, über die die Geschichte hinweggeht. Kanonisch werden stattdessen die Unterordnung und der Gehorsam gegenüber der weltlichen Obrigkeit. Nicht, weil die Obrigkeit eine Wahrheit verkörpert, wird sie von den Christen anerkannt. Es ist gerade eine spezifische Mischung aus Indifferenz gegenüber den Qualitäten der Obrigkeit einerseits, missionarisch-strategischen Erwägungen anderseits und schliesslich die Einsicht, dass der Glaube nur normativ, nicht aber empirisch die Herrschaft der Sünde beendet, die Paulus und Petrus die Untertänigkeit gegen die Obrigkeit fordern lässt. Der letzte Gesichtspunkt besonders wird die politische Theologie des Christentums durch die Jahrtausende bestimmen.

«Jedermann ordne sich den staatlichen Behörden unter, die Macht über ihn haben. Denn es gibt keine staatliche Behörde, die nicht von Gott gegeben wäre; die jetzt bestehen, sind von Gott eingesetzt. Also gilt: Wer sich gegen die Autorität des Staates auflehnt, der widersetzt sich der Anordnung Gottes; die sich aber widersetzen, werden ihr Urteil empfangen. Denn nicht die gute Tat muss die Machthaber fürchten sondern die böse. Willst du die Autorität des Staates nicht fürchten müssen? Dann tue das Gute, und du wirst bei ihr Anerkennung finden! Denn Gottes Dienerin ist sie, zu deinem Besten …. im Dienst Gottes steht sie, beauftragt, den zu bestrafen, der das Böse tut … Gebt allen, was ihr ihnen schuldig seid: Steuern, wem ihr Steuern schuldet, Zoll, wem ihr Zoll schuldet, Respekt, wem ihr Respekt schuldet, Ehre, wem ihr Ehre schuldet.» (Röm 13,1ff). Am Ende der Aufklärung scheinen solche Worte nur noch dazu dienen zu können, den sowieso suspekten christlichen Glauben zu desavouieren. Gerade im Rückblick auf die historische Situation des frühen und frühesten Christentums erscheinen Paulus' Worte zur Rechtfertigung der politischen Hierarchie vollends unverständlich. Der Messias durch die politischen Behörden gekreuzigt, seine Anhänger werden später im Römischen Reich den Löwen zum Frass vorgeworfen – und da kann Paulus davon reden, dass alle Obrigkeit von Gott ist? Römer 13 hat politische Geschichte insofern gemacht, als dieser Abschnitt den legitimatorischen Kern einer christlichen Politischen Theologie scheint prägen zu können. Doch tatsächlich stellt diese Deutung eine Überbelastung des Textbefundes dar: Der Abschnitt mahnt zur Untertänigkeit gegen die Obrigkeit ohne eine genuin christliche Begründung. Nicht dass die Obrigkeit Dienerin Gottes wäre, rechtfertigt sie, sondern die Tatsache, dass sie bei den bösen Werken zu fürchten ist. Ganz säkular also werden die politischen Hierarchien durch die Notwendigkeit begründet, den ungerechten Taten zu wehren. Der Hinweis auf die Herkunft der Obrigkeit ‹von Gott› ist allererst rhetorische Floskel in einer Ermahnungsrede, die sich an ‹jedermann› richtet. Der Christ, das ist der dürftige ‹theologische› Kern dieser Ermahnung, ist von der Pflicht, der Obrigkeit zu gehorchen nicht ausgenommen. Aus Römer 13,1–7 lässt sich keine christliche Politische Theologie gewinnen, ja in dieser Passage findet sich nicht ein christlicher Gedanke.[4] Erst Luthers Hervorhebung dieses Abschnittes im Kontext der politischen Wirren der Reformation kann dazu verführen, dieser neutralen und fremden Passage der Theologie des Paulus einen normativen Kern abzugewinnen, um sie als christliche Politische Theologie zu deuten.

Mit dem Namen *ecclesia* bezeichnet sich nach dem Tod Christi die Gemeinschaft derer, die Christus als den Messias, als den Gottessohn glauben. Cyprian wird im frühen 3. Jahrhundert die harsche Behauptung formulieren: Es gibt kein Heil ausserhalb der Kirche. Im kritischen Rückblick wird man auf die institutionelle Verengung abheben, die dem Heilsversprechen durch diese Behauptung widerfährt. Doch tatsächlich ist diese Behauptung nur möglich, weil die Botschaft Jesu und ihre Deutung durch die kanonischen Schriften auf dem gemeinschaftskonstituierenden Wesen des christlichen Glaubens besteht. Glauben heisst den Ruf Gottes hören. Und diesen Ruf hört, wem die Gnade die Ohren geöffnet hat. Doch diesen Ruf hört niemand nur für sich. Auf die Frage, welches das wichtigste Gesetz sei, antwortet Jesus: die Gottesliebe und die Nächstenliebe. Es gibt keine Gottesliebe ohne Nächstenliebe. Das bedeutet nicht nur, dass der christlichen Botschaft selbstverständlich eine ethische Tendenz eigen ist, die das Verhältnis des Einzelnen zum Anderen fasst. Sondern das bedeutet auch, dass die Gottesliebe nicht vereinzelt, sondern in Gemeinschaft setzt. Gnostisch gedacht ergeht ein Ruf des Erlösers an den Einzelnen; und dieser Ruf bewirkt, dass der Einzelne sich als Einzelnen, und das heisst auch: als Vereinsamten erfährt. Nicht so die christliche Botschaft: Hier bewirkt das Hören des Rufes ja gerade die Erfahrung einer Gotteskindschaft, in die alle Menschen berufen sind – auch wenn sie diesen Ruf noch nicht vernommen haben. Dem Christentum ist in diesem Sinne jeder esoterische Zug fremd. Jesu Wirken wird von den Evangelisten denn auch mit aller Deutlichkeit ins Licht der Öffentlichkeit gestellt. Die Lehre Jesu,

---

[4] Darauf hat in aller Deutlichkeit Otto Dibelius hingewiesen (Obrigkeit. Stuttgart, Berlin 1963).

von der die Evangelisten berichten, ist keine Geheimlehre, sondern im Gegenteil eine Lehre, die verbreitet werden soll.

Paulus wird das Wesen dieser Gemeinschaft nur kurze Zeit später in aller Deutlichkeit zu fassen versuchen. Nach seinen Worten ist *ecclesia*, die Versammlung der Gläubigen, als der Leib Christi zu verstehen (Röm 12,3ff; 1Kor 12,12ff). Nur indem sie sich in die Gemeinschaft des Glaubens begeben, haben die Gläubigen Anteil am Leib des Herrn, in den sie durch die Taufe aufgenommen sind. Erstaunlicherweise kann das Christentum zugleich als der Agent eines weltgeschichtlichen Individualisierungsprozesses erscheinen – wie Hegel das hervorheben wird – und ein neues Pathos der Gemeinschaftlichkeit begründen. Tatsächlich, das zeigt Paulus sehr deutlich, gehört beides zusammen. Die starke Gemeinschaftlichkeit der Gläubigen, stärker als jede andere Gemeinschaft, lässt die Einzelnen in ihrer Besonderheit stehen. Möglich wird das, weil die Körperschaftlichkeit organisch als Körperlichkeit gedacht wird: Zum Leib versammeln sich viele Glieder in ihrer Unterschiedlichkeit, mit ihren verschiedenen Fähigkeiten und infolgedessen mit unterschiedlichen Funktionen für ebendiesen Körper. Die Einheit dieser Individuen aber wird garantiert durch die Herrschaft des einen Geistes, der alle Glieder beseelt.

Indem er die Versammlung der Gläubigen als Körper Christi bestimmt, begründet Paulus den politischen Status des Christentums. Denn jetzt wird die Gemeinschaftlichkeit selbst zum genuinen Gegenstand christlicher Reflexion. Was in der Botschaft Jesu noch rein ethisch gedeutet werden könnte – die Konsequenzen nämlich der Gotteskindschaft, das Gebot der Nächstenliebe –, wird von Paulus, ohne dass ebendieser ethische Aspekt dabei eskamotiert würde, auf eine Weise gedeutet, die einen dogmatischen Raum eröffnet. Zur Kirche wird der christliche Glaube erst im Zusammenhang mit dieser paulinischen Interpretationsleistung. Die Auseinandersetzung des Paulus mit der Jerusalemer Urgemeinde um die Behandlung der nicht-jüdischen Christen stellt dabei das Eingangstor der katholischen Kirche dar. Im Kern geht es dabei um zwei Fragen: erstens um die Frage nach dem Personenkreis, für den eine Nachfolge in der Jüngerschaft Christi in Frage käme, dann um die Frage nach dem soziologischen Gesetz, nach dem sich diese Gruppe konstituiert.

Im Streit um die Beschneidung, wie wir ihn aus der Apostelgeschichte kennen, steht nicht weniger als die Frage nach der heilsgeschichtlichen Bedeutung des historischen Ursprungs des christlichen Glaubens zur Debatte. Die Jerusalemer Gemeinde um Petrus scheint den christlichen Glauben als die Erfüllung des jüdischen Gesetzes zu deuten. Nur in dem Masse, in dem der christliche Glaube in der Tradition dieses Gesetzes gedeutet wird, kann er auch an der Verheissung des Bundes teilhaben. Zwischen einem Alten und einem Neuen Bund kann kaum unterschieden werden: Die Menschwerdung Gottes stellt nicht so sehr einen Bruch in der Heilsgeschichte dar als vielmehr deren seit je im jüdischen Glauben erwartete Erfüllung. Umso wichtiger ist es, das Band zu erkennen, welches den Menschen seit je mit Gott verbindet. Diese Erkenntnis nun garantiert der jüdische Glaube – und zwar nur der jüdische Glaube. Es kann kein Zweifel daran bestehen, dass der Gott Abrahams und Mose in Jesus Mensch geworden ist. Und aus diesem Grunde gelten die Gesetze der Heiligung und Reinigung weiterhin als Bedingungen der Verheissung. Paulus, dessen Geschäft die Mission unter den Völkern war, anerkennt, ja er betont die heilsgeschichtliche Bedeutung dieses Ursprungs des christlichen Glaubens aus dem Judentum nicht anders als die Jerusalemer Gemeinde. Doch sein Problem besteht in einer Deutung dieses Sachverhaltes, der den christlichen Glauben nicht abschliesst gegen die Völker, um dem Missionsbefehl und dem Pfingstereignis gerecht zu werden.

Deutlicher als die Jerusalemer Gemeinde setzt Paulus auf die Universalität des Heilsversprechens, das an alle Menschen gerichtet ist. Wenn sich das Versprechen Gottes an alle Menschen richtet, dann wird das jüdische Gesetz in seiner Partikularität offenbar. Das Gesetz umschliesst eine Gemeinschaft, die sich zum Gehorsam gegen dieses und kein anderes Gesetz verpflichtet. Das Gesetz zieht eine Grenze, es konstituiert das Volk, dessen Gesetz es ist. Das Gesetz ist partikular: Es gilt hier und nicht dort, es gilt für diese Menschen und nicht für jene. Und obgleich es das Gesetz Gottes ist, so bleibt doch ebendiese Partikularität erhalten. Denn der gesetzgebende Gott mag zwar der einzige und wahre Gott sein; er bleibt doch allererst der Gott eines Volkes. Des Volkes nämlich, das sich seinen Gesetzen unterwirft. In der Konsequenz bedeutet die Haltung der Jerusalemer Gemeinde nichts anderes, als dass, wer immer Christ in der Gemeinschaft mit den anderen Christen sein möchte, erst Jude werden muss. Das Judentum, die Anerkennung des Gesetzes erscheint als die enge Pforte, durch die hindurch muss, wer in der Gemeinschaft mit den anderen an Jesus als den Messias Glaubenden an der Verheissung teilhaben möchte. Es ist nicht nur ein pragmatisches Argument, welches Paulus in die Auseinandersetzung mit der Jerusalemer Gemeinde zwingt, die verständliche Befürchtung, dass die Forderung nach der Beschneidung die Mission behindert und die Beobachtung, dass die Forderung nach der Einhaltung des Gesetzes eben jene Gemeinschaftlichkeit verhindert, die Jesus zum Thema seines letzten Gebetes gemacht hatte. Aus dieser pragmatischen Ebene heraus hebt Paulus das grundsätzliche Problem der heilsgeschichtlichen Verortung des christlichen Glaubens einerseits und der universalen Deutung der Verheissung andererseits hervor.

Paulus' Antwort auf diese Probleme lassen sich nicht nur in der Apostelgeschichte nachlesen. Tatsächlich stellt der Römerbrief mit seiner Theologie der

Gnade nichts anderes dar als den Versuch, den christlichen Glauben auf der Grundlage der Verheissung an das jüdische Volk für die Völker zu öffnen – und so dem ethischen Kern der Botschaft Jesu, nämlich der Gotteskindschaft aller Menschen jenseits aller ethnischen und politischen Grenzen, gerecht zu werden. Die Fixierung auf die Begründung der Obrigkeit in Römer 13 verstellt den Augen der späteren Leser den Blick auf die eigentliche Politische Theologie des Paulus. Diese ist um den Begriff des auserwählten Volkes gelagert, um das alte und das wahre, *vetus et verus* Israel, um den Leib Christi, den die Gläubigen bilden. Paulus' Trauer über die «Verstockung» des empirischen Israel kennt keine Grenzen: «Ja, ich wünschte, selber verflucht und von Christus getrennt zu sein, anstelle meiner Brüder, die zum gleichen Volk gehören, die Israeliten sind, die das Recht der Kindschaft und die Herrlichkeit und die Bundesschlüsse und die Gabe des Gesetzes und die Gottesdienstordnung und die Verheissungen haben, die die Väter haben und aus deren Mitte seiner irdischen Herkunft nach der Christus stammt» (Röm 9,3ff). Der politische Kern der Theologie des Kreuzes erschliesst sich nur, wenn die heilsgeschichtliche Bedeutung der von Paulus so genannten «Verstockung» Israels gesehen wird. Oftmals wird Paulus als der erste Anti-Judaist des Christentums angesehen. Für die kritische Geschichte des Verhältnisses von Juden und Christen von den Pogromen des Mittelalters bis zur Shoa trage Paulus als grosser Ideologe des Christentums die theoretische Verantwortung. Doch Paulus' heilsgeschichtliche Erörterungen sind ungleich differenzierter – und seine zitierten Tränen um das Volk Israel sind keine Krokodilstränen. Paulus' Position ist nur verständlich, wenn man seinen Glauben an den menschgewordenen und gekreuzigten Gott in Rechnung stellt. Israel, so Paulus, ist und bleibt das auserwählte Volk, das erste Volk Gottes. Und dies noch in seiner Weigerung, im gekreuzigten Juden Jesus von Nazaret den Messias anzuerkennen. Für und mit Paulus besteht kein Zweifel daran, dass erst diese Weigerung der Juden die partikularistischen Fesseln der Religion des einzigen Gottes, der ist, sprengt. Israels «Verstockung» öffnet die Zeit, bedeutet einen heilsgeschichtlichen *kairos*, in dem die Botschaft Gottes auch für andere hörbar wird als für das erste auserwählte Volk der Juden. Israel, so Paulus, ist um der Völker willen gestrauchelt (Röm 11,11). Mit auffälligem philologischem Aufwand rekonstruiert Paulus die Spuren des zukünftigen Falles Israels aus den Schriften des Alten Testamentes. Immer geht es dort um das Volk Gottes und um ein neues Volk. «Ich will», zitiert Paulus den Propheten Hosea, «das mein Volk heissen, das nicht mein Volk war, und meine Liebste, die nicht meine Liebste war». Fern allem Anti-Judaismus und noch ferner allem Antisemitismus zeichnet Paulus eine Geschichte des Heils, in der der gekreuzigte Christus zum Kern des Glaubens wird. Die Beziehung der Autoren des Neuen Testaments zum Judentum ist zwischen Ein- und Ausschluss gespannt – und die Auseinandersetzung zwischen Paulus und Petrus auf dem Apostelkonzil ist nur der deutlichste Ausdruck dieser Spannung. Gemein ist allen diesen Positionen der Glaube, dass Gott in Jesus Mensch geworden ist. Anders als Petrus baut Paulus auf diesen Glauben – und mit Blick auf die Pragmatik der Heidenmission – auf eine heilsgeschichtliche Spekulation, die das Volk Israel in den Blick nimmt. Dass der Antisemitismus gleichsam auf diese Spekulation aufspringt, um sie in ein verdammendes Urteil über das Judentum zu wenden, gehört zum Unglück des geschichtlichen Verhältnisses von Christen und Juden. Theologisch möglich ist dieser Antisemitismus allerdings nur unter der Bedingung einer gewollten Verkürzung und Verzerrung der Argumentation des Paulus, für den der Bund Gottes mit dem Volk Israel den Beginn und das Ende der ‹politischen› Heilsgeschichte markiert.

Die Theologie des Kreuzes bricht mit der ethnischen Partikularität des Glaubens, der das Volk Israel auszeichnet, zugunsten eines universalen Glaubens, der allen Menschen offen steht. Dieser Bruch kennzeichnet die Politische Theologie des Paulus. Und in genau diesem Sinne ist die Theologie des Paulus in ihrem Kern politisch. Denn die zentrale Botschaft seiner Theologie ist politisch: Sie verkündet einen neuen Bund, der aller Partikularität enträt. Das ist auch der Hintergrund der ‹Rechtfertigung durch den Glauben›: Rhetorisch begründet durch die Kritik am vorgeblich hohlen Legalismus der jüdischen Zeitgenossen, zielt die Kritik an der Rechtfertigung durch die Werke doch auf etwas anderes. Die Bindung des Heils an die Gesetzlichkeit nämlich stellt einen Riegel dar gegen die universale Ausbreitung des Glaubens an den einen Gott, weil das Gesetz immer das Gesetz eines bestimmten Volkes ist. Erst die Rechtfertigung aus dem Glauben verwischt den Unterschied zwischen den Völkern, die doch alle der Sünde unterstehen und nur einen Herrn haben (Röm 3,9; 10,12).

Nach Paulus ist das neue auserwählte Volk derer, die an den Messias, an seine Kreuzigung und Auferstehung glauben, kein natürliches Volk mehr. Das Volk der erst später so genannten Christen ist frei von territorialen und frei von ethnischen Beschränkungen. Die Zugehörigkeit zum erneuerten Volk Gottes, zu dem Volk, das von ihm in heilsgeschichtlicher Perspektive als das universale wahre Israel bezeichnet wird, wird nur durch den Glauben bestimmt. Die natürliche Abstammung aus dem Geschlecht Abrahams, an die die Verheissungen des Bundes geknüpft waren, wird belanglos angesichts der Teilhabe am Leib Christi durch den Glauben (Röm 9,6ff). – Mit Blick auf die spätere Geschichte erst wird das Unheil deutlich, welches für die Juden aus dieser Konstruktion entsteht. Dabei darf jedoch nicht vergessen werden, aus welcher Position der Ohnmacht und der Verzweiflung Paulus schreibt. Denn die frohe Botschaft von der Auferstehung, die ja wesentlich zur Theologie des Kreuzes gehört, kann nicht darüber hinwegtäuschen, dass die ersten Christen von der Erfahrung gesellschaftlichen Scheiterns getragen werden. Das ‹wahre Israel› ist allererst eine Chiffre der Hoffnung, die es ermöglicht, in einer Welt von Widerständen am überlieferten Gedanken der Heilsgeschichte festzuhalten. Paulus' Begründung des christlichen Glaubens, die politische Theologie des ‹Apostels unter den Völkern› bricht nicht mit dem Judentum. Tatsächlich, so könnte man sagen, stellt das paulinische Christentum den Versuch dar, das Judentum selbst zu universalisieren. Die Auseinandersetzung über das Gesetz beschäftigt die junge Sekte in ihrem Innersten als die Frage nach den Grenzen der Mission. Gestritten wird über die Notwendigkeit der Beschneidung, die den Körper als jüdisch bezeichnet. Die Jerusalemer Gemeinde scheint ein genealogisches Modell des Christentums favorisiert zu haben, das der historischen und theologischen Ableitung des christlichen Glaubens aus dem jüdischen Rechnung trägt: Man muss Jude sein, um Christ zu werden. Diese Position kann Paulus nicht gelten lassen, da sie die Legitimität seiner Mission in Frage stellt. Doch der Jude Paulus bricht nicht einfach um seiner bekehrten Heiden willen mit dem Judentum – und dies nicht zuletzt, weil die Verheissungen der Schrift auch den Glauben an Christus bestimmen. Paulus findet eine Lösung, die den Buchstaben des Gesetzes von seiner Erfüllung unterscheidet und es so ermöglicht, den Kern des jüdischen Glaubens zu universalisieren: «Wenn nun der Unbeschnittene hält, was nach dem Gesetz recht ist, meinst du nicht, dass dann der Unbeschnittene wird dem Beschnittenen gleichgeachtet?» (Röm 2,26ff; vgl. 1Kor 7,18f).

Die Ausbreitung des wahren Judentums durch das Christentum ist der Kern der missionarischen Theologie des Paulus. In einer Art *translatio*, so der Kern der politischen Theologie des Paulus, kann das neue Volk der Christen mit den Verheissungen Gottes begabt werden, die dem Volk Israel galten. Volk sind sowohl die Christen als auch die Juden nur, weil sie Volk Gottes sind. Das Volk der Juden jedoch hat eine Geschichte, es wird geprägt durch den Glauben der Väter und seine Institutionalisierung im Gesetz. Das neue Volk der Christen ist bei Paulus noch ganz geschichtslos. Deshalb betont er immer wieder das pneumatische Element: Gegen das von Paulus wieder und wieder hervorgehobene, dem Judentum eignende historische Moment steht deshalb das ‹Dogma› von der Rechtfertigung durch den Glauben, welche das neue Volk als das wahre Israel konstituiert. Dass es dem ‹Apostel der Völker› gelingt, das historische Erbe des Judentums in eine universale Geschichte des Heils zu verwandeln, ist unübersehbar. Indem er den Glauben der Väter so deutet, als ob er teleologisch auf die Erscheinung des Messias in dem Juden Jesus von Nazaret angelegt wäre, löst er den jüdischen Glauben von seiner ethnischen Partikularität. Die missionarische Abstinenz des Judentums ist unübersehbar. Sie ist, so mag man es deuten, eine Folge der unauflöslichen Bindung des einen Gottes an das Ethnos Israel. Erst die Ablösung vom Ethnos erlaubt es dem Judentum, in neuer Gestalt, zu missionieren. Und zwar gerade ohne den Verzicht auf die Wurzeln dieses Glaubens. Mit der Fleischwerdung Gottes in dem Menschensohn Jesus scheinen für Paulus die partikularen Beschränkungen des Glaubens an den einen Gott hinfällig zu werden. Deshalb kann das wahre Israel mit der Ökumene identisch werden.

Das Volk der Christen ist das erste universale Volk der Menschheit, denn der neue Glauben kennt keine sozialen, keine historischen und keine ethnischen Vorbedingungen; er nennt nur die Taufe, durch die der Gläubige zum Sohn Gottes wird. «Da ist weder Jude noch Grieche, da ist weder Sklave noch Freier, da ist nicht Mann und Frau. Denn ihr seid alle eins in Christus Jesus» (Gal 3,28). Die Politische Theologie des Völkerapostels hat die Konstituierung eines neuen Gottesvolkes zum Gegenstand, eines Volkes jedoch, das aller Partikularität enträt. Von hier aus erschliesst sich die Problematik einer christlichen Politischen Theologie. Paulus' Volk der Christen wird eschatologisch bestimmt, durch den Bezug auf die letzten Dinge also. Nicht das Bewohnen eines Gebietes, bestimmte Sitten, eine gewisse Geschichte oder Verwandtschaft, nur das Ethos der Liebe und der Glaube daran, dass der gekreuzigte Jesus von Nazaret Gottes Sohn gewesen und die Sünde von der Welt genommen hat, begrenzen das Volk der Christen, den Leib Christi. Die paulinische Politische Theologie kann keine Theologie von Institutionen sein, weil sie pneumatologisch um die Herrschaft des Glaubens aus dem Geiste zentriert ist. Die Institutionalisierung des christlichen Glaubens als Religion ist für Paulus noch kein Problem. Doch dieses Problem wird später immer wieder das paulinische Problem der pneumatologischen Konstituierung des Gottesvolkes überlagern – und eine neue Politische Theologie erzwingen. Nach Paulus wird sich die christliche Politische Theologie ausdifferenzieren – oder aufspalten. Es wird dann das Verhältnis des Christen zu dieser Welt ebenso sehr ein eigenständiges Problem wie die juridische Verfassung der christlichen Religion als Kirche. Doch wie gesagt: Beide Probleme beherrschen die paulinische Politische Theologie in keiner prinzipiellen Weise. Die heilsgeschichtliche, die eschatologische Ausrichtung der Politischen Theologie des Völkerapostels zwingt zu einer ganz neuen Form Politischer Theologie, die gerade wegen ihrer Distanz zum säkularen Paradigma des Politischen und wegen ihrer institutionellen Indifferenz weder mit Ägypten noch mit Rom verglichen werden kann.

3. Paulus zwischen den Zeiten

Die Politische Theologie des Paulus ist durch und durch messianisch. Die spätere institutionelle Indienstnahme kann nicht darüber hinwegtäuschen, dass das politische Denken des Paulus keinen Bezugspunkt in dieser Welt hat. Wenn Paulus die

Kirche als *corpus Christi*, als *soma*, Leib, bestimmt, dann ist das nicht metaphorisch gemeint – und hat auch noch keinen Bezug zum römischen Korporationsdenken. Die Kirche ist bei Paulus der auferstandene Leib des Messias, und Christus ist das Haupt eines jeden und der Kirche im Ganzen nicht in metaphorischer Weise, sondern er ist der Kopf seines auferstandenen Körpers, in den die Christen aufgenommen sind. Die ganze Politische Theologie des Paulus dreht sich um Jesus den Christus, um die Tatsache, dass Jesus als der Messias geglaubt wird: als der Sohn Gottes am Ende der Zeiten. Und Kirche ist nichts anderes als die Vergemeinschaftung der Glaubenden in dem auferstandenen Messias, wartend auf seine ganze Wiederkunft. Von hier aus führt kein Weg zu den späteren Institutionalisierungen. Gerade die Bestimmung der *ecclesia* als des Leibes des Messias richtet die Gemeinde ganz und gar auf das Heilsgeschehen aus und lässt in der Gegenwart nur die eucharistische Versammlung gelten. Man hat in polemischer Gegenübersetzung nur zu gerne den Unterschied zwischen Jesus und Paulus hervorgehoben; Paulus, so eine Tendenz der – in ihrem Kern antisemitischen – Deutung, habe die reine Lehre Jesu verfälscht und an ihrer Stelle eine Religion entworfen mit all ihrem Aberglauben, ihren Hierarchien und Unterwerfungen. Nichts ist abwegiger. Natürlich gibt es bei Paulus Elemente, die es bei Jesus nicht gab; doch es gab sie nicht, weil es sie nicht geben konnte. Wenn Jesus das Reich Gottes verkündet und die Ethik der Nächstenliebe, dann fehlt natürlich noch jenes Element der christlichen Religion, das Paulus so deutlich hervorgehoben hat. Und es ist genau jenes Element, welches den Kern des Glaubens ausmacht: der Glaube nämlich, dass Jesus der Messias ist. Nur unter dem Eindruck der Kreuzigung und dem Ereignis der Auferstehung kann die eschatologische Ausrichtung einer Gemeinde statthaben, die sich nicht nur durch eine Ethik und nicht nur durch den Glauben an Gott und sein kommendes Reich auszeichnet, sondern eben gerade im Glauben, dass Jesus der erwartete Messias ist. In diesem Sinne mag Paulus als der Begründer der Religion gelten; doch fern von einer Verfälschung des wahren Ursprunges realisiert Paulus in seinen Briefen den wahren Grund des Glaubens.

Paulus schenkt den institutionell-politischen Bedingungen des säkularen Lebens kaum Aufmerksamkeit. Man mag seine institutionelle Indifferenz, von der Römer 13,1–7 in einem gewissen Sinne Zeugnis ablegt, mit der Parusieerwartung des frühen Christentums erklären: Angesichts der unmittelbar bevorstehenden Königsherrschaft Gottes haben die politischen Institutionen dieser Welt keine Bedeutung. Man wird jedoch sehen, dass diese Indifferenz zu einer Tendenz des Christentums auch nach dem Abkühlen der Parusieerwartung wird. Die politische Indifferenz des Christentums kann also nicht apokalyptisch, sie muss eschatologisch gedeutet werden. Die politisch-institutionelle Indifferenz des Christentums legt Zeugnis ab von der strengen Scheidung zwischen dieser und jener Welt, zwischen dem Fleisch und dem Geist. Es kann keine legitimatorische Politische Theologie der säkularen Institutionen geben, solange der eschatologische Geist das Christentum beherrscht. Erst die Verkümmerung der eschatologischen Perspektive erlaubt den Übergang von einer negativen Politischen Theologie, wie sie Augustinus in der Nachfolge des Paulus zeichnet, zu einer positiven Politischen Theologie, die die säkularen Institutionen nach einem theo-logischen Muster begründet. Ebendiese Begründung verbietet sich für Paulus; und dies nicht zuletzt, weil ihm institutionelles Denken überhaupt fremd ist. Zwar begründet der gemeinsame Glaube der vielen Einzelnen den Leib Christi in dieser Welt, doch eine institutionelle Deutung dieses *corpus* liegt für Paulus – noch – nicht auf der Hand. Denn der Glaube des Christen ist in einem eminenten Sinne individueller Glaube, geschenkt aus der Gnade Gottes. Tatsächlich verbietet die radikale Theologie der Gnade ebenso wie die individualistische Ethik des Gewissens im strengen Sinne eine institutionelle Deutung des christlichen Glaubens. Andererseits jedoch kann nicht daran gezweifelt werden, dass gerade die Theologie der Gnade gemeinschaftsstiftenden Charakter hat – und dass diese Gemeinschaft Einrichtungen hat, die ihr Sichtbarkeit und Halt verschaffen. «Der Kelch des Segens, über den wir den Lobpreis sprechen, ist er nicht Teilhabe am Blut Christi? Das Brot, das wir brechen, ist es nicht Teilhabe am Leib Christi? Weil es ein Brot ist, sind wir, die vielen, ein Leib. Denn wir alle haben teil an dem einen Brot!» (1Kor 10,16f).

Im Abendmahl erschliesst sich die Politische Theologie des Paulus: Es ist dies, wie oben schon gezeigt wurde, eine Politische Theologie des Leibes Christi, keine Politische Theologie der säkularen Institutionen. Getragen wird diese Politische Theologie durch den einen Geist, der alle Christen beseelt. Indem sie ihnen den Glauben an den Erlöser Jesus Christus ermöglicht, stiftet die Gnade die Gemeinde als den Körper Christi, einen Körper, der aus vielen Gliedern besteht, die jedoch durch den Geist, durch den Glauben also, zusammengehalten werden. Das Abendmahl ist das sichtbare Zeichen dieser Gemeinschaft, indem es an den Kreuzestod Jesu als an die Erlösung von der Sünde erinnert. Doch diese Gemeinschaft ist eine prekäre Gemeinschaft, weil sie nur im und aus dem Glauben der vielen Einzelnen ist. Da die Gemeinschaft der Christen eine Gemeinschaft des Geistes ist, ist ihre Institutionalisierung höchst problematisch. Paulus bietet denn auch nur die Anknüpfungspunkte einer möglichen Institutionalisierung des christlichen Glaubens, nicht die Institutionalisierung selbst. Tatsächlich muss gerade die pneumatische Deutung der Gemeinde der Christen als ein Bollwerk gegen eine Institutionalisierung des christlichen Glaubens gedeutet werden. Von einer Politischen Theologie wird man dennoch sprechen können, insofern Paulus' Theologie des Kreuzes eine Theologie der Gemeinschaft ist. Das ist der Sinn der Rede vom Körper Christi. Doch die Politik des paulinischen Christentums ist eine

Politik des Glaubens. Die Gemeinde wird durch den Glauben an Jesus den Christus getragen, den die Gnade schenkt – und nicht durch sichtbare Hierarchien und Machtstrukturen.

Die Institutionalisierung des christlichen Glaubens selbst thematisieren die deuteropaulinischen Briefe des Neuen Testamentes, ganz besonders der Epheserbrief, der die Verfassung der Kirche beschreibt, «aufgebaut auf dem Fundament der Apostel und Propheten – der Schlussstein ist Christus Jesus selbst» (Eph 2,20). Der Autor des Epheserbriefes denkt im Abstand zur apokalyptischen Naherwartung die Ämterstruktur der Kirche, in der der Glaube die Zwischenzeit zwischen der Kreuzigung und Auferstehung Jesu und seiner Wiederkunft überbrückt: «Und er selbst hat die einen als Apostel eingesetzt, die anderen als Propheten, andere als Verkündiger des Evangeliums und wieder andere als Hirten und Lehrer, um die Heiligen auszurüsten für die Ausübung ihres Dienstes. So wird der Leib Christi aufgebaut, bis wir alle zur Einheit des Glaubens und der Erkenntnis des Sohnes Gottes gelangen und zu einem vollkommenen Menschen heranwachsen und die volle Reife in der Fülle Christi erlangen ... wir wollen aufrichtig sein in der Liebe und in allen Stücken hinanwachsen zu ihm, der das Haupt ist, Christus. Von ihm aus wird der ganze Leib zusammengefügt und gehalten durch jedes Band, das ihn stützt mit der Kraft, die jedem einzelnen Teil zugemessen ist. So wird der Leib in seinem Wachstum gefördert, damit er aufgebaut werde in Liebe» (Eph 4,11ff).

Der Epheserbrief geht über die paulinische Politische Theologie des *corpus Christi*, das, von Gott gnadenvollerweise gestiftet, in der Liebe zum Nächsten und im gemeinsamen Glauben an Jesus Christus seinen menschlichen Grund hat, deutlich hinaus. Hatte Paulus allererst die Einzelgemeinde im Auge, so ist *ecclesia* im Epheserbrief eindeutig die universale und potenziell ökumenische Kirche. Und dieser Leib Christi ist nicht mehr bloss ein Leib der Liebe, sondern ein *corpus*, das durch klare Ämter strukturiert wird. Diese Verrechtlichung aber steht, wie aus dem Zitat deutlich hervorgeht, im Dienste der Bewahrung und Ausbreitung des Glaubens in einer Zwischenzeit, die ihren drängenden Charakter verloren hat. Paulus ist sicher kein Apokalyptiker, doch er erwartet die Wiederkunft des Herrn in naher Zukunft: «Denn jetzt ist unsere Rettung näher als zu der Zeit, da wir zum Glauben kamen. Die Nacht ist vorgerückt, bald wird es Tag» (Röm 13,11f; vgl. 1Thess 4,15f). Jetzt aber wird die Ausbreitung und Bewahrung des einigenden Glaubens zu einer Aufgabe, die zwar noch auf einen apokalyptischen Horizont bezogen ist – das volle Mass der Fülle Christi –, die aber nur dann verständlich wird, wenn man voraussetzt, dass diejenigen, denen diese Aufgabe Pflicht ist, sich mit der Fortdauer des Säkulums abgefunden haben. Tatsächlich kann die Formulierung dieser Aufgabe die Fortdauer des Säkulums sogar begründen: Dann hätte die christliche Nachgeschichte die heilsgeschichtliche Funktion, allen Menschen den Weg zum wahren Heil zu weisen. Und erst wenn der Glaube an den Erlöser Jesus Christus wirklich universal geworden ist, ist das Ende der Geschichte erreicht – und die Königsherrschaft Gottes auf Erden bricht an. Diese Argumentation ist unverwundbar gegen die Enttäuschung über die ausbleibende Parusie.

Indem sie die sichtbaren Hierarchien und Machtstrukturen hervorgekehrt hat, konnte die katholische Kirche selber als Muster einer Politischen Theologie gedeutet werden. Die nach Paulus beginnende und gegen Ende des 3. Jahrhunderts im Prinzip abgeschlossene Institutionalisierung des christlichen Glaubens darf ohne Zweifel als Unterwerfung unter das Gesetz dieser Welt gedeutet werden. Die Herausbildung eines differenzierten Ämterwesens mit hierarchischer Struktur im nachapostolischen Zeitalter panzert den christlichen Glauben gegen die Enttäuschungen der unerfüllten Naherwartung – und bewahrt so den Körper Christi durch die Zeiten. In den neunziger Jahren des 1. Jahrhunderts wird Klemens den Körper Christi nach dem Modell des römischen Militärs deuten und die hierarchische Struktur der christlichen Gemeinden und ihre Ämterordnung als «schöne Ordnung nach Gottes Willen» begründen (Klem 37 und 41ff). Damit ist der grosse Schritt zur Einrichtung des christlichen Glaubens in dieser Welt vollzogen. Wie auch immer man die Institutionalisierung des christlichen Glaubens deuten mag, fest steht, dass sie zu einer Abschattung der Erinnerung an die eschatologische Begründung des *corpus Christi* tendiert. Man mag das als Vergesslichkeit deuten, als den Preis der Einrichtung in dieser Welt. Der Übergang von der eschatologischen Gemeinde zur Heilsanstalt Kirche kennzeichnet den Prozess des nach-paulinischen Christentums. Paulus jedenfalls kann für diese Tendenz nicht als Kronzeuge angeführt werden. Auch dann nicht, wenn man mit Rudolf Bultmann behauptet: «In der sakramentalen Kirche ist die Eschatologie nicht preisgegeben, aber neutralisiert worden, weil in ihr die Kräfte der Zukunft schon wirksam sind.»[5] Die eschatologische Deutung der *ecclesia* als des Leibes des auferstandenen Messias zielt hier noch keineswegs in die Richtung einer institutionellen Kirche, die das Vermächtnis des Herrn bewahrt, indem sie es neutralisiert. Paulus ist der treueste Apostel, der im Gegenteil der Lehre Jesu eine Schärfe gibt, die sie bei Jesus noch gar nicht haben konnte.

---

[5] Rudolf Bultmann: Geschichte und Eschatologie. Tübingen 1958, S. 62.

III. Kirche: Die Institutionalisierung des Glaubens

Seit dem ausgehenden 2. Jahrhundert wird intensiv über den Charakter der christlichen Gemeinschaft nachgedacht, über ihre Begründung, die Art ihres Zusammenhaltes und dann auch über ihre Institutionen, also über ihre feste Gestalt. Jesus hatte den Jüngern versprochen: Wo zwei oder drei in meinem Namen versammelt sind, da bin ich mitten unter ihnen. Diese Hoffnung wurde im griechischen Begriff der *ecclesia* gefasst, der versammelten Gemeinde, und von Paulus auf die Metaphorik des *corpus Christi* bezogen. Dies zu Beginn noch ohne jede konkretere institutionelle Fassung. Doch mit der Ausbreitung des christlichen Glaubens einerseits, mit dem Verschwinden der Naherwartung andererseits, beginnt der Prozess der Dogmatisierung des Gemeindecharakters. Immer mehr wird jetzt gefragt, was *ecclesia* sei, welche Bedeutung sie für den Glauben des Einzelnen habe, und welche institutionelle Fassung ihr angemessen sei.

Den frühesten Christen ist *ecclesia* nichts anderes als die Versammlung der Gläubigen im Namen Christi. Jenseits ebendieser tatsächlichen Versammlung, jenseits der Präsenz der versammelten Gläubigen hat *ecclesia* keine Existenz. Seit dem 2. Jahrhundert jedoch wird dieser Rahmen der Präsenz aufgegeben: *Ecclesia* kann ab jetzt als eine eigenständige Grösse erscheinen, die ihre Existenz, das wird später immer deutlicher, nicht einfach aus der tatsächlichen Versammlung von Gläubigen ableitet. In der späteren Unterscheidung von sichtbarer und unsichtbarer Kirche wird die Aufhebung des Präsenzparadigmas noch deutlicher. Aus der Perspektive der Religionsphilosophie mag man von einer Hypostasierung sprechen: Aus einer Handlung, nämlich der Versammlung der Gläubigen, wird eine eigenständige Grösse mit selbstständiger Existenz. Möglich ist diese Hypostasierung, theologisch betrachtet, weil Paulus die Kirche mit dem *corpus Christi* in Verbindung gebracht hat. Notwendig ist diese Hypostasierung, soziologisch betrachtet, um nach dem Tod ihres grossen Verkünders und jenseits individueller Fährnisse die Überlieferung der Frohen Botschaft zu sichern.

Die Diskussion über die Gestalt der Kirche ist die Diskussion über die Gestalt einer Gemeinschaft, die ihre Wahrheit von Christus hat. Die Diskussion über die Gestaltung und Verfassung der Kirche bezieht sich auf eine vorgegebene Wahrheit, die selber nicht zur Debatte stehen kann. Die Verfassung der Kirche ist nicht einfach das Ergebnis einer Entscheidung der Menschen, wie man das von einer weltlichen Verfassung mit gutem Recht behaupten mag; die Verfassung der Kirche ist bei den frühen Kirchenvätern allererst der Versuch, dem Willen Gottes nachzuspüren, wie er sich in der Schrift offenbart. Dazu gesellt sich später, in einem durchaus problematischen Verhältnis, die Tradition. – In diesem Sinne ist die Verfassung der Kirche allererst das Ergebnis der Schriftauslegung. Nur in dem Masse, in dem die Strukturen der Kirche aus der Heiligen Schrift abgeleitet werden können, können sie Legitimität beanspruchen. In diesem Kontext kann die Übereinstimmung oder Nicht-Übereinstimmung mit dem dogmatischen Gehalt weltlicher Verfassungen keine Rolle spielen. Denn während diese als die Frucht eines Entscheidungsprozesses der Menschen gelten mögen, müssen jene immer aus dem göttlichen Willen abgeleitet werden.

Die christliche Bildung der Kirche hat sich nicht zuletzt im Angesicht der gnostischen Herausforderung vollzogen. Gnosis, das Wissen um die Erlösung, das Wissen um die Verbundenheit des Einzelnen mit dem Gott der Erlösung und das Wissen um die Fremdheit ebendieses Wissenden in dieser Welt, Gnosis also bedeutet die radikale Vereinzelung angesichts der Verheissung. Der Einzelne wird als ebendieser Einzelne von Gott angerufen; er vernimmt den Ruf in grosser Einsamkeit – und dieser Ruf gilt dem Angerufenen und zwar nur dem Angerufenen. Während im Zentrum der Botschaft Jesu die Nächstenliebe stand, welche dann eben auch den Missionsbefehl begründete, erscheint das, was uns als gnostisch bekannt ist (nicht zuletzt, das muss erwähnt werden, aus der polemischen Literatur gegen sie), als prinzipiell abgeschlossen, in keiner Weise auf Gemeinschaftlichkeit ausgelegt. Während die Botschaft Jesu das Liebesdreieck aus der Beziehung des Menschen zu Gott und zu den anderen Menschen entfaltet, scheint diese Dimension in den gnostischen Systemen auszufallen. Nun ist unverkennbar, in welcher Weise der christliche Glaube Voraussetzungen der Gnosis teilt, oder – zu teilen scheint. Gerade die Betonung der Individualität einerseits, deren ‹Entdeckung› Hegel dem Christentum zuschreibt, die Betonung der Unmittelbarkeit des Einzelnen im Glauben an Gott andererseits, teilt die christliche Botschaft mit der Gnosis. Doch während Individualität und Unmittelbarkeit gnostisch zu einer wohlbegründeten Ablehnung einer jeden vermittelnden Instanz führen – und damit zu einer scharfen Attacke auf jede Priesterreligion –, wird der ‹mainstream› des christlichen Glaubens eine solche Institutionalisierung des Glaubens in der Gestalt von Kirche und Religion fördern.

Die ersten Jahrhunderte der Kirchengeschichte prägen das Bild der westlichen Kirche(n), sowohl ihre Verfassung als auch ihre Beziehung zur Welt bis heute. In einer relativ kurzen Zeitspanne prägen sich die kirchlichen Institutionen heraus, in einer relativ kurzen Zeitspanne werden die grundlegenden Konflikte sichtbar, die die Kirche bis heute heimsuchen. Die institutionelle Fassung des Glaubens daran, dass der kleine jüdische Wanderprediger, dessen Leben auf so schauderhafte Weise endete, der ersehnte Messias ist, lässt eine Religion entstehen, deren Fortbestand nicht mehr auf Gedeih und Verderb vom individuellen Glauben abhängt. Die Institutionalisierung des Glaubens bedeutet jedoch auf der anderen

Seite eine Bedrohung ebendieses Glaubens, weil sie die individuelle Erfahrung ins Schema der Institutionen und des Dogmas einfügen muss.

1. Einheit und apostolische Tradition

Die apostolischen Väter und die frühen Kirchenväter sind vom Gedanken der Einheit der Kirche besessen. Die Einheit der Kirche erscheint als der Ausweis ihrer Wahrheit. Hintergrund dieser Besessenheit ist nicht nur der Versuch, die mystische Reflexion über das *corpus Christi* in die Wirklichkeit zu übersetzen, sondern auch ein ganz und gar empirisches Anliegen: die eine Kirche zu sichern gegen die gnostische Herausforderung. Gegen die Zerstrittenheit der unter dem Begriff ‹Gnostiker› zusammengefassten Personen wird die Einheit der wahren Kirche beschworen.

«In ihr (der Kirche) ist niedergelegt die Gemeinschaft mit Christus, d. h. der Heilige Geist, die unverwesliche Arche, die Befestigung unseres Glaubens, die Himmelsleiter zu Gott ... Wo die Kirche ist, da ist auch der Geist Gottes; und wo der Geist Gottes, da ist auch die Kirche und alle Gnade; der Geist aber ist die Wahrheit.»[6] Im Kampf gegen die als Häretiker bestimmten Gnostiker wird die Kirche als die heilsverbürgende Institution bestimmt. Gegen den Geistglauben der Gnostiker und ihre Institutionenfeindlichkeit wird die Anwesenheit Gottes in der Kirche, wird die Kirche als der Ort der Anwesenheit Gottes bestimmt. Mit der schroffen Formel «salus extra ecclesiam non est»[7] stellt Cyprian (gest. 258) diese einzigartige Bedeutung der Kirche fest: Nur wer in der Kirche ist, darf sich der Verheissung gewiss fühlen. Mit dieser Formel wird – obwohl das hier noch nicht in dieser Schärfe gemeint ist – das Heilsversprechen Christi an die Existenz einer sichtbaren Institution gebunden. Cyprians Begründung ist klassisch geworden: weil die Kirche die Sakramente der Taufe und der Busse ‹verwaltet›, kann sie als der Weg erscheinen, der einzig zum Heil führt. Ihre volle Wirkkraft entfaltet dieser Topos in der späteren Tradition; dergestalt nämlich, dass die Mitgliedschaft in der sichtbaren Institution Kirche, die Unterwerfung unter die Disziplin, das bedingungslose Akzeptieren des Dogmas als die enge Pforte erscheint, durch die das Heil zu erlangen wäre.[8] Bei Cyprian ist diese Entfaltung des Institutionel-

---

[6] Irenäus, adv haer III,24,1 (Bibliothek der Kirchenväter – im Folgenden abgekürzt als BKV, gefolgt von Band- und Seitenzahl – 3, 316f).

[7] Cyprian, ep 73,21 (BKV 60, 352).

[8] Es soll der Kontext nicht vergessen werden, in dem die monopolistische Heilsverwaltung der Kirche durch Cyprian hervorgehoben wird: Hier geht es um nicht weni-

len, und damit auch die Formel vom Heil, das nur in der Kirche zu erlangen wäre, in einer schroffen Dichotomie von Innen und Aussen, nämlich von Gewissen und Gehorsam, von Glaube und Verwaltung, von Unsichtbarem und Sichtbarem zu interpretieren.

Die Kirche Cyprians ist nicht der Leib Christi; doch durch das Sakrament der Eucharistie gewährleistet sie die *incorporatio* der Gläubigen in den Leib Christi. Die Kirche ist Einheit: Cyprians gesamte Ekklesiologie kreist um die Frage, wie die Einheit der Kirche zu begründen und wie sie in dieser Welt zu haben ist. Jesus hatte in der letzten grossen Rede die Einheit der Glaubenden von Gott erbeten: «Dass sie alle eins seien, so wie du, Vater, in mir bist und ich in dir, damit auch sie in uns seien, und so die Welt glaubt, dass du mich gesandt hast ... damit sie eins seien, so wie wir eins sind: ich in ihnen und du in mir. So sollen sie vollendet sein in der Einheit, damit die Welt erkennt, dass du mich gesandt und sie geliebt hast, so wie du mich geliebt hast» (Joh 17,21ff). An der Kirche hängt das Heil, doch Kirche ist nur Kirche als Einheit. Die Einheit der Kirche ist Bedingung und Zeichen ihres heilsverbürgenden Charakters: Indem die Kirche einig ist, so Jesus, legt sie Zeugnis von der Liebe Gottes für sie ab. Indem die Kirche einig ist, legt sie Zeugnis von der Menschwerdung Gottes ab. Wäre sie nicht einig, dann wäre nicht Gott in ihr, wäre sie nicht einig, dann wäre sie nicht das Zeichen der Liebe, sondern eine Institution des Streits, der Zerrissenheit, der Feindschaft. Cyprian entfaltet seine Lehre von der Einheit der Kirche nicht nur als Ausdeutung von Jesu Gebet, sondern allererst vor dem Hintergrund einer im Entstehen begriffenen Institution, die gerade entsteht, indem sie Differenzen reduziert, indem sie Auseinandersetzungen dämpft, indem sie ein- und ausschliesst – und eben die Regeln dieses Ein- und Ausschlusses als die Regeln ihrer Existenz bestimmt.

«Deus unus est et Christus et una ecclesia et cathedra una super Petrum Domini voce fundata.»[9] Cyprian greift das Johannes-Evangelium im Wortlaut auf: Die Kirche ist eine, wie Gott und Christus einer sind. Die Einheit der Kirche ist sakramentalen Charakters; sie bestätigt sich im sonntäglichen Opfer, das die in untrennbarer Liebe vereinigten Gläubigen begehen. Die vielen Einzelnen sind so «in unum coactum»[10], in Eins verschmolzen durch Liebe. Die Einheit der Kirche

---

ger als um die Frage der Wirksamkeit einer Ketzertaufe. Um die Frage also, ob diejenigen welche schon getauft sind, die Taufe jedoch durch ‹Unwürdige› empfangen haben, noch einmal getauft werden. Diese Frage, für die Kirche des frühen 3. Jahrhunderts von grosser Bedeutung, beantwortet Cyprian mit einer klaren institutionalistischen Wendung.

[9] Cyprian, ep 55,24 (ed. Hartelli 642,12) (BKV 60, 189).

[10] Cyprian, ep 69,5 (ed. Hartelli 754,4) (BKV 60, 311).

hat zwei Aspekte: Sie spiegelt in zweierlei Hinsicht die Liebe Gottes und sie führt auf ein Amtsverständnis zu, in dem die Einheit institutionelle Gestalt gewinnt. Das Einheitsdenken Cyprians führt zum Geheimnis der Trinität. Weil der Vater und der Sohn eins sind, muss auch die Kirche, so sie in dieser Wahrheit steht, eine sein. Weil jedoch zugleich Jesus der Christus die Gläubigen in sich aufnimmt und so eins mit ihnen wird, ist die Einheit der Kirche auch ein Beweis der Liebe Gottes zu den Menschen.

Für die Herausbildung der Institution Kirche ist die Umsetzung dieser Einheit in die Einheit der *cathedra* von höchster Bedeutung, also des Amtes, das, mit den Worten Cyprians, durch Gottes Stimme auf Petrus gegründet ist. Diese institutionelle Umsetzung des Einheitsgedankens ist für die Tradition des Kirchenbegriffes entscheidend – und auch sie verdankt sich, wie ein Blick auf Irenäus (ca. 130–200) erweist, nicht zuletzt dem Kampf gegen die Gnosis. Die Kontinuität der Kirche nämlich wird durch die apostolische Tradition der Bischöfe garantiert: «Die von den Aposteln in der ganzen Welt verkündete Tradition kann in jeder Kirche jeder finden, der die Wahrheit sehen will, und wir können die von den Aposteln eingesetzten Bischöfe der einzelnen Kirchen aufzählen bis auf unsere Tage.»[11] Die Wahrheit der Kirche ist in diesem Sinne nicht einfach eine Frage der Anwesenheit des Geistes; sie wird sichtbar in der apostolischen Tradition der Bischöfe. Dass zwischen den zerstreuten Ortskirchen Einheit besteht, verdanken sie den in der apostolischen Tradition stehenden Bischöfen. Das hat zweierlei Konsequenzen: zum einen die herausragende Bedeutung des Bischofsamtes in der sich bildenden Hierarchie, dann die Unterscheidung von Laien und Klerikern.

Die Betonung der Apostolizität der Bischöfe als der Garanten der Wahrheit der Kirche ist der entscheidende Schritt auf dem Weg zur Amtskirche. Jesus hatte seinen Jüngern versprochen, dass er immer dort sei, wo zwei in seinem Namen versammelt seien (Mt 18,20). Die Notwendigkeit einer institutionellen Sicherung seiner Anwesenheit kann aus dem Evangelium nicht abgeleitet werden. Diese Sicherung kann erst dort nötig erscheinen, wo die Wahrheit der Versammlung bezweifelt wird. Die Argumentation der apostolischen Väter ist eindeutig: In der Geschichte kann der wahre Glaube verloren gehen. Weil der Mensch in der Geschichte steht, muss es ein Band geben, welches ihn mit der Wahrheit des Ursprungs verbindet. Das ist die Funktion der apostolischen Tradition der Bischöfe. Und ebendieser Tradition verdankt die Institution werdende Kirche ihre Wahrheit und ihre Exklusivität als Heilsvermittlerin: «In dieser Ordnung und Reihenfolge ist die kirchliche apostolische Überlieferung auf uns gekommen, und vollkommen schlüssig ist der Beweis, dass es derselbe Leben spendende Glaube sei, den

---

[11] Irenäus, adv haer III,3,1 (BKV 3, 211).

43

die Kirche von den Aposteln empfangen, bis jetzt bewahrt und in Wahrheit uns überliefert hat.»[12] Den gnostischen Lehrern wird die Selbstbezüglichkeit vorgeworfen: Sie schöpfen ihre Lehre aus sich und können sich nicht auf den Strom der Wahrheit berufen, der von Jesus über die Apostel zu den Bischöfen fliesst, um so die Kirche zu nähren. Und eben weil sie die Lehre nur aus sich selbst schöpfen, sind die Gnostiker heillos zerstritten, während das in der apostolischen Tradition stehende Episkopat der wahren Kirche eins und einig ist, da es nur eine Lehre, nämlich die aus dem Munde Jesu entspringende vertritt.

Weil die in der apostolischen Tradition stehenden Bischöfe die Wahrheit der Kirche garantieren, werden sie zum entscheidenden Glied ebendieser Kirche. Der Glaube der Laien kann immer irren, nicht so die Lehre der Bischöfe. Deshalb kann Ignatius von Antiochien um das Jahr 100 herum behaupten: «Wo der Bischof erscheint, dort soll die Gemeinde sein, wie da, wo Christus Jesus ist, die katholische Kirche ist.»[13] Das ist die erste Fundstelle für den Begriff der katholischen Kirche, und es ist kein Zufall, dass dieser Begriff an die Bischofsverfassung gebunden ist. Katholisch ist die ökumenische Kirche, welche sich aus den durch einen Bischof regierten Einzelkirchen zusammensetzt. Anders als alle anderen Mitglieder der Gemeinde erscheint der Bischof als gesandt, durch Jesus Christus nämlich, und deshalb muss er angesehen werden wie der Herr, der *kyrios* selbst.[14] Das ist der Legitimationsgrund der monarchisch-episkopalen Verfassung der Kirche, den Ignatius als Erster formuliert hat, und der sich auf wundersame Weise innerhalb eines halben Jahrhunderts in den christlichen Gemeinden der Ökumene durchgesetzt zu haben scheint. Während Irenäus später die Bedeutung der Tradition, d. h. der historischen Kontinuität zur Sicherung der wahren Kirche hervorhebt, steht bei Ignatius das mystische Element der Einheit der Bischöfe mit dem sie aussendenden Jesus Christus im Vordergrund. Irenäus antwortet auf die Probleme der sichtbaren Kirche mit einem Argument der Sichtbarkeit. Ignatius entfaltet eine Theologie des Bischofsamtes, welche zwar auch auf eine juridische Fassung der Kirche zielt, doch in ungleich stärkerer Weise die gesamte Mystik der *Corpus-Christi*-Argumentation und des Geheimnisses des Verhältnis von Vater und Sohn, von Gott und Jesus Christus ins Spiel bringt.

«Den Leib Christi erkennt man an der Nachfolge der Bischöfe, denen die Apostel die gesamte Kirche übergeben haben.»[15] Das ist die Geburtsstunde der

---

[12] Irenäus, adv haer III,3,3 (BKV 3, 213).

[13] Ignatius, Smyrn. 8,2 (Die apostolischen Väter, hrsg. von Joseph A. Fischer. Darmstadt 1956, S. 211).

[14] Ignatius, Eph 6,1 (Die apostolischen Väter, S. 147).

[15] Irenäus, adv haer IV,33,8 (BKV 4, 109).

hierarchisch verfassten Amtskirche. Im Kampf um die Selbstbehauptung gegen die Gnosis erfindet sich die Kirche. Diese Erfindung rüstet die Kirche. Indem sie sich im Kampf gegen die gnostischen Häretiker behauptet, erfindet sie auch die Möglichkeit ihres Fortbestandes. Ein einzigartiges Zusammenspiel von Personalisierung und Ämterverfassung ist das Kennzeichen dieser Rüstung, welche die Wahrheit einer jeden Lehre an die Notwendigkeit ihrer Übereinstimmung mit dem Episkopat bindet. Damit ist ein einfaches Kriterium gefunden, mit dem die katholische Kirche Häresien bestimmen kann: Als Kirche nämlich gilt «nur das mit dem Bischof geeinte Volk und die ihrem Hirten anhängende Herde»[16]. Und als katholische Kirche eben jene eine «durch das Band der miteinander aufs Engste zusammenhängenden Bischöfe fest verkittet[e]»[17].

Ganz abgesehen von der Frage, wie diese Erfindung bewertet werden mag: Unverkennbar ist, dass hier etwas ganz Neues erscheint. Unverkennbar ist, dass die grossen Theologen eine institutionelle Fassung der Kirche im Kampf gegen den pneumatischen Glauben der Gnosis favorisierten. Und dadurch nun allerdings das pneumatische Element des Christentums selbst in schwere Bedrängnis brachten. Die institutionelle Festlegung des Kirchenbegriffes ist auf die Sichtbarkeit einer Autorität angewiesen, um an dieser einen Anhalt für die Wahrheit der Kirche zu gewinnen. In der Konsequenz jedoch bedeutet dies die Identifizierung des Bischofs mit der Kirche nach dem Muster des Cyprian: «Der Bischof ist in der Kirche und die Kirche ist im Bischof, und wenn einer nicht mit dem Bischof ist, ist er auch nicht in der Kirche.»[18] Die grosse Formel des Cyprian, wonach ausserhalb der Kirche kein Heil ist, erhält ihren tatsächlichen Sinn nicht einfach aus der Reflexion über die Bedeutung der christlichen Gemeinschaft im Sinne der paulinischen *Corpus-Christi*-These. Tatsächlich bedeutet diese Formel, dass das Heil nur in einer präzis juridisch bestimmten Institution zu erlangen sei. Das heisst dann aber auch, dass das Heil nur im Gehorsam gegen eine sichtbare Autorität zu erlangen wäre.

2. Laien und Klerus

Die Betonung des Bischofsamtes als Garantie der Reinheit der Kirche im Kampf gegen die Gnosis kennzeichnet einen Begriff der Kirche, der zwischen Laien und Klerus, zwischen dem Volk (*laos, plethos, plebs*) und einer besonderen Gruppe

---

[16] Cyprian, ep. 66,8 (BKV 60, 288).
[17] Cyprian, ep. 66,8 (BKV 60, 288).
[18] Cyprian, ep. 66,8 (BKV 60, 288).

des Gottesvolkes, dem Klerus (*kleros, ordo*) unterscheidet. Seit Tertullian (ca. 160–225) und Hippolyt, seit dem ausgehenden 2. Jahrhundert, erscheinen die Presbyter und Bischöfe als *sacerdotes*. Nach dem Vorbild der heidnischen Umwelt einerseits, nach dem alttestamentarischen Vorbild andererseits wird eine ‹Kaste› der Kultbeamten besonders hervorgehoben – obwohl Jesus ausdrücklich einer solchen Unterscheidung begegnet war. Tatsächlich zeichnet sich die früheste christliche Gemeindestruktur durch eine gewisse Distanz gegenüber dem Ämterwesen aus. An seiner Stelle, so mag es scheinen, herrscht der Geist, das *pneuma*, das sich über die ganze Gemeinde ergiesst. Die Einführung des Christentums in die historische Existenz bedeutete jedoch zugleich das Aufkommen einer mehr oder weniger streng gefassten Ämterverfassung, welche in der Konsequenz zur Unterscheidung von Klerus und Laien führte.

Diese Unterscheidung zwischen Laien und Klerus lässt nur eine positive Bestimmung des Klerus zu. Unter diesem Begriff werden die durch Weihe ausgezeichneten Amtsträger der einen Kirche verstanden. Laien sind Nicht-Kleriker. Die Problematik dieser Unterscheidung liegt auf der Hand: Sie ist im Rückgriff auf das Evangelium nur schwer zu rechtfertigen. Dass schon frühe Gemeinden Vorsteher gehabt haben, *episkopoi*, davon berichten die Pastoralbriefe, die insofern von den frühesten organisatorischen Versuchen der christlichen Gemeinden Zeugnis ablegen. Doch vor diesen organisatorischen Bemühungen steht die Botschaft des Evangeliums, welche einer hierarchischen Gliederung des Gottesvolkes nicht das Wort redet. Im Gegenteil, es ist die Rede davon, dass alle diejenigen, die an Jesus den Christus glauben, ein auserwähltes Volk von Priestern bilden. Die Herausbildung einer hierarchischen Struktur, welche die Kirche Christi gliedert, wird dagegen von einer Theologie des Bischofsamtes – wie bei Irenäus – bzw. einer Theologie des Priestertums – wie bei Hippolyt, in der «Traditio Apostolica» oder bei Tertullian – befördert. Die hierarchische Gliederung der Kirche mit ihrer scharfen Unterscheidung von Laien und Klerus kann als die Frucht eines grossangelegten Ordnungsversuches gedeutet werden. Dafür spricht nicht zuletzt die zeitliche Verortung der Heraufkunft der Begriffe zu den Krisenzeiten im Übergang vom 1. zum 2. Jahrhundert und vom 2. zum 3. Jahrhundert.

Gegen die Unterscheidung von Laien und Klerikern, die auch im Kontext einer Anpassung an die kultischen Organisationsstrukturen des Römischen Reiches gedeutet werden mag, spricht es, dass im Ursprung die ganze Gemeinde als Kirche betrachtet wird, und dass ebendieser ganzen Gemeinde die wesentlichen Gewalten zukamen. Dass sich eine Organisation der christlichen Gemeinden um die Gestalt der Vorsteher entwickelt, bedeutet, dass in ebendiesen Gemeinden der Kult in den Vordergrund tritt. Als ‹Kultbeamte› erscheinen die Episkopen, als Kultbeamte, die die Reinheit und die Wahrheit des Kultes verbürgen. Und in einem ganz und gar soziologischen Sinne als die Ordnungshüter ihrer Gemeinden.

Ignatius behauptet, dass nur die von einem Bischof gefeierte Eucharistie gültig sei und bringt damit sowohl die Betonung des Kultus als auch die besondere Autorität eines Amtes zur Rede. Vor dem Hintergrund der Bedrohung der kirchlichen Einheit mag diese Argumentation verständlich sein, doch das Problem liegt tiefer als es die historische Verortung und soziologische Deutung des Vorgangs nahe legen: Mit der scharfen Unterscheidung von Laien und Klerikern, die ab dem ausgehenden 2. Jahrhundert die organisatorische Wirklichkeit der christlichen Kirche kennzeichnet, wird das allgemeine Priestertum, welches doch als Gegenstand der Verheissung erscheint, in Frage gestellt. «Denn alle Gerechten haben priesterlichen Rang», schreibt Irenäus, mit Blick auf David.[19] Doch die Argumentation wird von Irenäus mit gutem Grund nicht weitergeführt. Weitergeführt wird sie jedoch von Tertullian: «Sind wir Laien denn nicht auch Priester?», fragt er.[20] Die Ausführungen des Tertullian stehen im Kontext einer Ausdehnung der Keuschheitsregeln von der institutionellen Priesterschaft auf die ganze Christenheit. Die Argumentation ist mehr als befremdlich, denn nach dem fragenden Ausruf betont Tertullian die Unterscheidung zwischen Ordinierten und Volk, welche «durch die Autorität der Kirche festgestellt» ist. Doch dann wieder: «Aber wo nur drei sind, da ist eine Gemeinde, wenn es auch nur Laien sind.» Dass jedem Christen im Notfall der Vollzug der Taufe zusteht, wird nie bestritten. Daraus kann man ein allgemeines Priestertum ableiten. Doch Tertullian entfaltet diese Argumentation nur, um die Lebensführung der Laien nach dem Modell der Priester zu gestalten – und das Gebot der Monogamie für alle verbindlich zu machen.

Die schönsten Passagen hat Gregor von Nyssa (ca. 330–395) dem allgemeinen Priestertum der Kappadozier gewidmet in seiner Auslegung des Vaterunsers. Mit Blick auf den Schmuck der levitischen Priesterschaft entfaltet er eine Deutung des allgemeinen Priestertums, das ganz von aller Sinnlichkeit befreit wäre: «Der Gesetzgeber des Geistes jedoch, unser Herr Jesus Christus … hat erstens nicht einen einzelnen Mann von der Gesamtheit abgesondert, um ihn allein zum Verkehr mit Gott zu führen, sondern er verleiht diese Würde ganz gleichmässig, da er die Gnade des Priestertums für alle, die sie wünschen, bereit hält.[21] Die Tugend ist der Schmuck dieses allgemeinen Priestertums, das reine Gewissen, die Keuschheit, das «wohltönende Wort des Glaubens». Der Tempel vor allem ist

[19] Irenäus, adv haer IV,8 (BKV 4, 23).
[20] Tertullian, Über die Aufforderung zur Keuschheit, 7 (BKV 7, 337).
[21] Gregor von Nyssa, Das Gebet des Herrn, Dritte Rede (BKV 56, 113).

kein Gebäude, er ist «die Geheimkammer unseres Herzens, wenn es in Wahrheit keiner Sünde, ja keinem sündhaften Gedanken Zutritt gewährt»[22]. Die Ausführungen des Gregor von Nyssa stellen das allgemeine Priestertum der Botschaft Christi gegen die vorgebliche Sinnlichkeit des Levitentums. Dass jedem der Verkehr mit Gott ohne jede institutionelle Vermittlung offen steht, das ist für Gregor von Nyssa die bemerkenswerte Entwicklung des Christentums. Verbunden damit ist im Prinzip eine ethische Wendung: Nicht der Kult der Gemeinde, sondern das Leben und der Glaube des Einzelnen wird hier ins Auge gefasst. Man könnte diese Passage nun als eine Absage an ein institutionelles Priestertum deuten, aber ob diese Deutung der Intention Gregors gerecht wird? Tatsächlich geht es Gregor vor allem um die Bedingungen des Gebetes, nicht um eine Kritik an der Institution des Priestertums. Der Christ tritt Gott im Gebet unmittelbar gegenüber, er bringt sich Gott zum Opfer dar, deshalb muss er sich reinigen. Diese anti-sensualistische Deutung des allgemeinen Priestertums lässt letztlich, wie die Argumentation des Irenäus, die Frage des institutionellen Priestertums unberührt. Hier wie dort geht es nicht um die Frage, ob ein Amtspriestertum gerechtfertigt ist, sondern um die Bedingung der Möglichkeit, das Leben der Christen durchdringend zu ethisieren, letztlich also um Fragen der Disziplin.

Zum dritten Jahrestag seiner Erhebung auf den Stuhl Petri hält Leo I. im Jahre 443 eine bemerkenswerte Predigt. Bemerkenswert ist diese Predigt vor allem, insofern sie eine ausgeklügelte Begründung des römischen Primats mit einer Eloge des allgemeinen Priestertums verbindet: «Mag auch die gesamte Kirche Gottes in bestimmte Rangstufen gegliedert sein, so dass die Einheit ihres Leibes verschiedene Teile umfasst, ‹so sind wir doch›, wie der Apostel sagt (Röm 12,5), ‹alle eins in Christus› ... In der Einheit des Glaubens und in der Taufe geniessen wir, Geliebteste, unterschiedslose Gleichheit und gemeinsame Würde.» Alle, so Leo I. mit Blick auf den Petrusbrief, «die in Christus wiedergeboren sind, macht also das Zeichen des Kreuzes zu Königen, während sie die Salbung des Heiligen Geistes zu Priestern weiht. Darum sollen sich auch alle, die im Geiste und in ihren Grundsätzen Christen sind, bewusst sein, dass sie – abgesehen von den besonderen Aufgaben unseres Amtes – von königlichem Geschlecht stammen und an den Pflichten des Priesters Anteil haben.»[23] Diese Ausführungen des grossen Papalisten können nicht wirklich erstaunen. Tatsächlich bleibt die Ämterverfassung der Kirche, deren Dachfirst Leo I. sozusagen emporzieht, durch diese Bemerkungen unberührt. Die Rede vom allgemeinen Priestertum dient erstens der Absetzung der christlichen Religion von den anderen spätantiken

---

[22] Gregor von Nyssa, Das Gebet des Herrn, Dritte Rede (BKV 56, 114).
[23] Leo I., sermo IV,1 (BKV 54, 11f).

Kult- und Religionsgemeinschaften. Das allgemeine Priestertum kann die christliche Kirche nicht preisgeben, weil sie zum Kern der christlichen Botschaft gehört: der Gleichheit der Gotteskinder. Allein, sie kann das allgemeine Priestertum sozusagen entpolitisieren, indem sie seine Geltung ins Innere des Herzens verlegt und die Ämterherrschaft als Äusserlichkeit erklärt. Zugleich gehört die Proklamation des allgemeinen Priestertums aus dem Munde eines so machtbewussten Papstes natürlich zur Demutsrhetorik. Und schliesslich kann das allgemeine Priestertum, wie bei Tertullian zu sehen war, in den Dienst einer Herrschaft über die christliche Lebensführung gestellt werden. Bei Leo I. jedenfalls ist die Spaltung von institutioneller und allgemeiner Priesterschaft deutlich zu sehen. Die Geschichte der Kirche hat so einen Weg gefunden, der institutionenfeindlichen Konsequenz des allgemeinen Priestertums – Anknüpfungspunkt der Gnosis – zu begegnen durch eine nicht anti-, sondern institutionenfremde Deutung.

3. Römischer Primat

Vor dem Hintergrund der ständigen schismatischen Bedrohung, die die Situation der frühen Kirche kennzeichnet, betont Cyprian die Einheit des Episkopates: «Episcopatus unus est ... ecclesia una est.»[24] Das Episkopat ist eines, wie die Kirche eine ist. Jetzt wird die Einheit der Kirche in aller Strenge an die institutionelle Einheit ihrer Führer gebunden. Dass das Episkopat eines sei, bedeutet zweierlei: Es bedeutet erstens ein Gebot an die Bischöfe, sich nicht vom Zwist übermannen zu lassen; es bedeutet zweitens, dass es nur *ein* Bischofsamt gibt, an dem alle Bischöfe in gleicher Weise Anteil haben.[25] Nur der Bischof, der in der Einheit steht, kann als in der apostolischen Tradition stehend gelten. Der Zwist, der Disput, der die Einheit der Bischöfe bedroht, ist ein Zeichen des Abfalls von der Wahrheit. Die Betonung des einen Bischofsamtes, an dem alle Bischöfe Anteil haben, beschränkt die institutionelle Hierarchie der Kirche. Einen Primat im heutigen Sinne kann es in dieser Kirche gerade aufgrund der Einheit des Bischofsamtes nicht geben. Deswegen kann es auch kein Eingriffsrecht welchen Bischofs auch immer in den Kompetenzbereich eines anderen Ortsbischofs geben.

---

[24] Cyprian, De unitate 5 (Hartelli 214,1; dt. BKV 34, 137).
[25] «Episcopus unus est cuius a singulis in solidum pars tenetur» (Cyprian, De unitate 5, Hartelli 214,1; BKV 34, 137).

Das Episkopat ist durch Kollegialität gekennzeichnet.[26] Dass der römischen Kirche allerdings eine Sonderstellung zukommt, ist unverkennbar: Aus der *cathedra Petri*, aus der *ecclesia principalis* geht, wie es einmal heisst, die Einheit der Priester hervor.[27] Die Sonderstellung der römischen Kirche wird in der Geschichte immer hervorgehoben, um personelle und dogmatische Differenzen, die schismatisches Potenzial enthalten, zu bekämpfen. In diesem Sinne wird bei Cyprian der römische Bischof als Zeuge der Einheit und die römische Kirche als «sakramentale Vergegenwärtigung des Ursprungs dieser Einheit» angerufen.[28] Dass diese Sonderstellung angeführt wird, bedeutet umgekehrt nicht, jedenfalls nicht bei Cyprian, dass damit das Prinzip der Kollegialität der Bischöfe geopfert wäre. In der späteren Geschichte der Kirche wird allerdings der Gegensatz dieser beiden Prinzipien hervorgehoben – und zwar bis zu den harschen Gegenüberstellungen von konziliaristischen und kurialistischen Argumentationen zwischen dem 13. und dem 15. Jahrhundert. Für Cyprian ist diese Gegensätzlichkeit noch kein Thema, hier fügt sich die Sonderstellung der römischen Kirche in das Prinzip der Kollegialität des Episkopates.

Calixt I. (221–227) hat dann einen neuen Ton angeschlagen, als er den römischen Bischof als «episcopus episcoporum», als Bischof der Bischöfe bestimmte. Diese Vorstellung war bis zu diesem Zeitpunkt völlig unbekannt. Stephan von Rom wird sie in der Auseinandersetzung mit Cyprian über die Wirksamkeit einer durch Ketzer gespendeten Taufe unterfüttern mit einer ganz neuen Lesart von Matthäus 16,18,[29] also der Verleihung der Löse- und Bindegewalt an die Apostel. Diese Lesart wird erst wirksam, als Damasus im Jahre 382 im so genannten «Decretum Gelasianum» den *primatus* des römischen Bischofs auf ebendiese Textstelle zurückführt, so dass der Primat als gleichsam göttlichen Rechts erscheinen kann. Auf die Anmassung Calixts hatte Tertullian schon reagiert: «So gibt es denn der Kirchen viele und zahlreiche, und doch sind sie nur eine, jene apostolische, ursprüngliche, aus der sie alle stammen. Sie sind alle in dieser Weise ursprünglich und apostolisch, indem sie alle zusammen eine sind.»[30] Damit ist der eigentliche Skandal des römischen Primats schon benannt: die Aneignung des

---

[26] Vgl. Cyprian, Sent. Episc., prol. (BKV 34, 353f) sowie ep 72,3 (Hartelli 778,1ff; BKV 60, 335).

[27] Cyprian, ep 59,14 (BKV 60, 234).

[28] Anneliese Adolph: Die Theologie der Einheit der Kirche bei Cyprian. FfM u.a. 1993, S. 63.

[29] Vgl. Brief von Firmlian an Cyprian, abgedruckt als Cyprian, ep. 75,17 (BKV 60, 385).

[30] Tertullian, Prozesseinreden gegen die Häretiker 20 (BKV 24, 325).

50

Attributes des Apostolischen gegen alle anderen Kirchen, hatten doch die frühen Theologen im Kampf gegen die Gnosis gerade die Apostolizität der vielen Kirchen hervorgehoben. In der Auseinandersetzung um die Ketzertaufe wird Cyprian, der sich hier im Konflikt mit dem Bischof von Rom befindet, die organisationspragmatischen Konsequenzen des römischen Primats herausstellen: «Denn unter uns ist keiner, der sich als Bischof der Bischöfe aufstellt oder seine Amtsgenossen durch tyrannischen Schrecken zu unbedingtem Gehorsam zwingt, da ja jeder Bischof kraft der Selbstständigkeit seiner Freiheit und Macht seine eigene Meinung hat und ebenso wenig, wie er selbst einen anderen zu richten vermag, von einem anderen gerichtet werden kann.»[31] Man sieht an dieser Äusserung Cyprians sehr schön, in welchem Masse er in der Tradition der frühesten Kirche steht – ohne die Motivation für die Zurückweisung eines römischen Primats verkennen zu wollen. Der Einheitsgedanke des Cyprian weist eben noch nicht in die Richtung ihrer Sicherstellung durch eine hierarchische Ordnung des Episkopates hin auf den römischen Primat. Umgekehrt wird hier das Prinzip der Kollegialität beschworen vor dem Hintergrund der Hoffnung, dass sich die eine Wahrheit der Kirche – gesichert durch die Apostolizität aller Bischöfe und gleichsam in frühchristlichem Optimismus über die Durchsetzungsfähigkeit des Heiligen Geistes – in der ‹herrschaftsfreien Kommunikation› erweisen wird.

Die Einheit der Kirche wird institutionell betrachtet durch die Einheit des Episkopates garantiert. Cyprian kann die Sonderstellung der römischen Kirche höchstens als Zeichen ebendieser Einheit erscheinen, nicht, wie das die späteren Theoretiker von Leo I. (gest. 461) an besonders betonen, als die Bedingung dieser Einheit. Erst vor dem Hintergrund der Herausbildung festerer institutioneller Strukturen können die römische Kirche und der römische Bischof als die Garanten der Einheit der universalen Kirche erscheinen. Das durch die Stimme des Herrn auf Petrus begründete Amt (*cathedra*) ist für Cyprian eines – und wie die Einheit von Gott und Christus eine hierarchische Gliederung verbietet, so auch die Einheit des Episkopates. Eine kritische Betrachtung der frühen Kirchengeschichte wird die Ambivalenz der Position Cyprians schnell deutlich machen. Die personale Zuspitzung der Kirche, ihre weitgehende Identifizierung mit dem monarchischen Episkopat, die Tendenz, in einem die Charismen gleichsam verknappenden Amt die Rettung der Kirche vor dem Pluralismus der Gnosis auszumachen: Diese Position bildet den grossen Damm gegen eine pneumatisch bestimmte Gemeinschaft und setzt ein institutionelles Programm in Gang, das dann letztlich einer römischen Monarchie zu Lasten der Bischöfe das Wort spricht.

---

[31] Cyprian, Sent. Episc., prol. (BKV 34, 354).

«Mit grösster Sorge für alle, die den Namen Gottes anrufen, wacht die römische Kirche.» So grüsst ein römischer Anonymus den karthagischen Klerus und beklagt sich darüber, dass Cyprian im Gegensatz zum römischen Bischof seine Herde anlässlich einer Christenverfolgung im Stich gelassen habe.[32] Cyprian schickt diesen Brief zurück, damit der römische Klerus die Echtheit bestätige, an die Cyprian nicht glauben mag. Nicht nur, weil ihm die berechtigte Klage peinlich sein muss, sondern auch, so möchte man meinen, weil die höchste Sorge der römischen Kirche für alle, die Gottes Namen anrufen, den Weg in die Richtung eines römischen Primats weisen, den Cyprian nicht akzeptieren kann. Die Herausbildung des römischen Primats wird seltsamerweise genau diese Begriffe verwenden. In einem berühmten, die Kirchenverfassung dann bestimmenden Brief über das Verhältnis des römischen Bischofs zu seinen Mitbrüdern schreibt Leo I., dass der Bischof von Rom, in der Nachfolge Petri in die Fülle der Gewalt über die gesamte Kirche berufen sei, die anderen Bischöfe jedoch nur in je einen Teil der Sorge.[33] Das Neue Testament ist in dieser Hinsicht ja durchaus auslegungsbedürftig: Nach dem Matthäusevangelium stattet Jesus zweimal mit der Binde- und Lösegewalt aus; im 16. Kapitel gilt diese Ausstattung allerdings nur Petrus, der dort zugleich im Wortspiel als der Fels bezeichnet wird, auf den Jesus seine Kirche bauen wird; in Kapitel 18 gilt diese Ausstattung allen Jüngern in gleicher Weise.

Der römische Bischof kann sich bei dem Versuch, seine besondere Stellung zu begründen, nicht nur auf die Tatsache berufen, dass Petrus zweimal mit der Macht zu binden und zu lösen ausgestattet worden ist, die anderen Jünger jedoch nur einmal. Der römische Bischof wird vor allem die Tatsache hervorheben, dass ebendiese Macht – dort noch metaphorisch überhöht durch die Schlüsselgewalt, die den Weg zum Himmelreich öffnet – in Matthäus 16 Petrus allein übertragen worden sei – und dass die spätere Übertragung in Matthäus 18 folglich etwas anderes bedeutet. Leo I. hat in seinem berühmten Brief ein Musterbeispiel politischer Theologie geliefert. Er rechtfertigt dort seinen Eingriff in die Machtsphäre eines Bischofs durch den Hinweis auf die *plenitudo potestatis*, in die Petrus zuerst berufen worden sei. Ebendieser Brief wird für das Kirchenrecht zu einem

---

[32] «Cum summa sollicitudinis pro omnes qui invocant nomen Deus.» Brief des römischen Klerus an den karthagischen Klerus, abgedruckt als Cyprian, ep. 8,3 (BKV 60, 26).

[33] «Vices nostra ita tuae credidimus charitati, ut in partem sis vocatus sollicitudinis, non in plenitudinem potestatis.» Leo I., Epist. 14 (Migne PL 54, 671. Dass der Adressat des Briefes sich in einer besonderen Abhängigkeit gegenüber Leo befindet, ist in der späteren Verwendung dieser Formel unterschlagen worden.

entscheidenden Baustein, um das Wesen der Kirche durch die Repräsentation ihres einen Oberhauptes zu bestimmen. Der Papst ist, wie noch Papst Paul VI. das im «Motuproprio über die Aufgaben der Legaten des römischen Papstes» in Anlehnung an 2Kor 11,28 in einer 1500 Jahre alten Tradition formulieren wird, in die *sollicitudo omnium ecclesiarum*, d. h. in die Sorge um alle Kirchen berufen.[34] *Plenitudo potestatis* bedeutet, dass das päpstliche Handeln in der Sorge um das Heil aller Kirchen, d. h. in der Sorge um die Einheit der Kirche, die Strukturen der kirchlichen Hierarchie, die abgestufte Ordnung von Kompetenzen vernachlässigen kann.

Die Entstehung des römischen Primats bedeutet den Abschied vom Prinzip der Kollegialität der Bischöfe, das auf dem Gedanken der apostolischen Sukzession aller Bischöfe beruht. Dagegen bildet sich seit dem ausgehenden 4. Jahrhundert ein politisch-theologischer Diskurs heraus, der die besondere Stellung des römischen Bischofs institutionell zu fassen versucht. Um diese Stellung zu begründen wird die besondere Position des Petrus, in dessen Nachfolge der römische Bischof ja steht, im Kollegium der Apostel hervorgehoben. Leo I., der grosse Theoretiker des römischen Primats, formuliert das auf eine Weise, deren Originalität – und deren skandalöser Charakter – nur deutlich wird, wenn man sich die kollegialistischen Positionen des 2. und 3. Jahrhunderts vor Augen hält, in der die Kirche Form gefunden hat. «Freilich», so Leo I. grossmütig, «ging auch auf die anderen Apostel das Recht über, von dieser Macht Gebrauch zu machen» – gemeint ist die *potestas ligandi et solvendi*. Wenn dennoch das, «woran alle Anteil haben, einem ... gesondert übertragen» wird, dann nicht bloss, weil dieser über allen «Leitern der Kirche» steht, sondern weil sich deren Stärke und Standhaftigkeit selbst der des Petrus verdankt.[35] In dieser Doktrin verliert das Bischofsamt, der Kern der rechtlich verfassten Kirche, seine eigenständige Legitimation. Jetzt erscheinen die Bischöfe nicht mehr durch Jesus Christus, vermittelt durch die apostolische Sukzession, in ihr Amt eingesetzt und mit Vollmacht ausgestattet. Jetzt wird Petrus zwischen Jesus und die Bischöfe geschoben, und das Amt des Petrus – und das heisst in der Sukzession: das Amt des römischen Bischofs – garantiert die Stellung der Bischöfe.

Die frühen Kirchenväter hatten die besondere Stellung des römischen Bischofs oft genug hervorgehoben. Doch die Gründe für diese Hervorhebung waren nicht eigenständig institutioneller Art. Es ging um die Ehrwürdigkeit der Gemeinde, es ging um die zwei Apostelgräber, die Rom beherbergt, es ging sicher

---

[34] In: Akten Papst Paul VI., Trier 1970 (= Nachkonziliare Dokumentation Bd. 21).
[35] «Ut firmitas, quae per Christum Petro tribuitur, per Petru apostolis conferatur.» Leo I., Sermo IV,3. (BKV 54, 13ff).

auch um die ökonomische Potenz der Gemeinde. Doch erst Papst Damasus (360–384) wird die institutionelle Sonderstellung des römischen Bischofs wirklich festschreiben, indem er die Geltung einer jeden Konzilsentscheidungen von ihrer Bestätigung durch den römischen Bischof ableitet. Damit ist der Abschied vom Prinzip der Kollegialität vollzogen. Um diesen Abschied zu legitimieren, nennt Damasus Rom immer wieder den ‹Apostolischen Stuhl› – und drängt damit in eine Position vor, in der die Apostolizität der anderen Bischofssitze ignoriert wird. Diese Stellung des römischen Bischofs, das wird in der Geschichte auch später immer wieder hervorgehoben, verdankt sich keiner menschlichen Gesetzgebung: Sie ist ein Ausfluss göttlichen Willens, dem es gefallen hat, Petrus auf besondere Weise auszuzeichnen. Mit Damasus beginnt die päpstliche Rechtssprechung, die von seinem Nachfolger Siricius (384–399) dann ihre Form bekommt. Auf eine Anfrage des Bischofs Himerius antwortet er im Stil der kaiserlichen Dekretale. Das Schreiben bietet keinen Rat, es befiehlt, es setzt Recht und es befiehlt die Befolgung ebendieses Rechtes. Diese Rechtsetzungskompetenz kommt dem römischen Bischof zu, «weil uns mehr als Allen der Eifer für die christliche Religion auferlegt ist. Wir tragen die Lasten Aller, die bedrückt sind, vielmehr trägt sie in uns der selige Apostel Petrus, der uns, wie wir vertrauen, als Erben seines Amtes in allem bewacht und beschützt.»[36] Bemerkenswert ist nicht nur der Ton dieser Dekretalen, bemerkenswert ist auch der Umschwung in der Legitimitätsdiskussion.

Hier geht es nicht mehr um eine sozusagen pneumatisch bestimmte *auctoritas*, hier geht es, auch wenn natürlich immer der vorige Begriff benutzt wird, um *potestas*. Dass eine jede Macht der Legitimation bedarf, ist unbestreitbar; deshalb kleidet sie sich ins Gewand der Autorität, der Geltungsmacht. Doch der Blick auf die ‹Geschichte› des römischen Primats erweist auch den Unterschied zwischen *auctoritas* und *potestas*: *Auctoritas* erscheint als der gute Grund einer Macht, welche zur Durchsetzung ihrer Position auf einen symbolischen Einsatz angewiesen ist. *Auctoritas* ist die Sprache und das Zeichensystem der Macht, die nicht als Unrecht erscheinen will und erscheinen kann. Die Durchsetzung des römischen Primates ist selber nicht einfach eine Frage der nackten Macht, sondern allererst eine Frage der Akzeptanz. Und Akzeptanz findet eine institutionelle Revolution, wie sie hier zu beobachten ist, nur dann, wenn sie einerseits eine Tradition beschwören kann und wenn sie sich andererseits auf eine bestimmte charismatische Potenz berufen kann. Die Durchsetzung des römischen Primats versucht nur zu deutlich beides: Sie bringt erstens eine neue Deutung bekannter Gründungstexte

---

[36] Siricius, ep. 1,1. (dt. Die Briefe der Päpste, hrsg. Von Severin Wenzlowski, Bd. 2, Kempten 1876, S. 412).

vor und sie verbindet mit dieser neuen Deutung die Hervorhebung des römischen Amtscharismas gegenüber dem der anderen Bischöfe. Zugleich jedoch ist die Durchsetzung des römischen Primates gezwungen, die Position des römischen Bischofs in der Gestalt des Rechts zu formulieren – und so die pneumatische Dimension des Charismas in den Hintergrund zu drängen.

Der Versuch des Siricius, die Bedeutung der römischen *cathedra* zu erweisen, lässt diese Ambivalenz deutlich hervortreten. Leo I., der grosse Theoretiker des päpstlichen Primats, wird das Erbschaftsargument aufgreifen und damit die episkopal-kollegiale Deutung der apostolischen Nachfolge in einen engen Rahmen stellen. Der römischen Kirche gebührt das ‹Prinzipat› über die Kirchen der ganzen Welt. Denn der Papst ist der Erbe Petri, ihn unterscheidet in rechtlicher Hinsicht nichts von Petrus. Der römische Bischof mag ein unwürdiger Erbe sein – es bleibt dabei, dass er an der Stelle Petri der Prinz der Bischöfe ist, wie dieser der Prinz der Apostel war. Allein, diese Deutung, die die römischen Bischöfe im Westen durchsetzen konnten, diese Deutung wurde im Osten nie akzeptiert. Was immer die Motive dieser Deutung gewesen sein mögen, – ohne Zweifel nicht zuletzt die solide Konstruktion einer Ordnungsreihe, deren Verfassung dem menschlichen Recht, und damit den Verfügungen der Kaiser entzogen ist –, sie bedeuten auch ein grosses Risiko für die Institution des Papsttums. «A nomen iurisdictionis, no more and no less», nennt Walter Ullmann dieses durch Leo begründete Papsttum[37], das immer in Gefahr ist, durch den juridischen Aufwand, dessen es bedarf, um den Primat zu behaupten, aufgesogen zu werden.

Die Geschichte des römischen Primats ist nicht zuletzt in der Fortsetzung der Einheitsbesessenheit der frühen Kirchenväter zu deuten. Doch während diese die Einheit der Kirche aus der Einheit der Bischöfe der (Orts-)Kirchen ableiteten, welche sich zugleich als durchaus selbstständige Kirchen verstanden, schreibt die Durchsetzung des römischen Primats genau jene personale Zuspitzung fort, die das episkopale Prinzip ja auch schon bedeutete. Wenn die Einheit der Kirche nicht aus der pneumatischen Einheit der Gläubigen abgeleitet wird, dann ist nicht einzusehen, weshalb ebendiese personalistische Zuspitzung bei einem aristokratischen Gremium, der Versammlung der Bischöfe, Halt machen sollte. Mit der Hervorhebung des episkopalen Prinzips als der Grundlage der Einheit der Kirche – legitimiert durch den Gedanken der apostolischen Sukzession – ist auch schon der Weg bereitet für die ekklesiologischen Zuspitzungen, die letztlich im Ersten Vatikanum in der papalistischen Formulierung des Unfehlbarkeitsprinzips gipfelten.

---

[37] Walter Ullmann: Leo I and the Theme of Papal Primacy, in: Journal of Theological Studies, NS 11 (1960), S. 49.

IV. Christentum und Politik: Die Grundlagen

«Im zwölften Jahr des Kaisers Augustus wurde der Herr geboren. Von Augustus an entfaltete sich das Reich der Römer – durch die Apostel aber rief der Herr alle Nationen und alle Zungen und schuf das Volk der gläubigen Christen, das Herrenvolk, das Volk derer, die einen neuen Namen tragen. Und so ahmte das Reich dieser Welt, das da herrscht nach der Kraftwirkung des Satans, dies genau nach und sammelte seinerseits aus allen Völkern die Edelsten, die es ausrüstete zum Kampf und Römer nannte. Und darum war die erste Zählung der römischen Bürger unter Augustus, als der Herr in Betlehem geboren ward, damit die Menschen dieser Welt, für den irdischen Kaiser aufgeschrieben, Römer genannt würden – die aber an den himmlischen Kaiser glauben, Christen hiessen, das Zeichen des Sieges über den Tod an der Stirn tragend.»[38] (Hyppolit von Rom)

1. Distanz und Gehorsam

Nicht nur die unübersehbare Abtrennung aus dem Judentum, sondern vor allem die Wahrnehmung, dass die Christen einem Herrn unterstehen, dessen Reich nicht von dieser Welt ist, haben dazu geführt, dass sich die Gemeinschaft derer, die an Jesus den Christus glauben, von Anbeginn als eine *societas sui generis*, als eine Gesellschaft besonderer Art empfindet. Die heilsgeschichtliche Deutung der Kreuzigung Jesu lässt die besondere Art der Gemeinschaftlichkeit zu einem Glaubenssatz ebendieser Gemeinschaft werden. Als *ecclesia* wird diese Gemeinschaft gedeutet, als eine Gemeinde neben und jenseits der anderen Gemeinden. Das Verhältnis zu ebendiesen anderen – säkularen – Gemeinden wird denn auch zu einem zentralen Thema der Selbstvergewisserung des Christentums. Jenseits der pragmatischen Perspektive steht in dieser Frage das Verhältnis der Christen zu Gott selbst auf dem Spiel. Der Glaube und die Hoffnung auf die Wiederkehr des auferstandenen Messias in der Gestalt eines Königs lässt den eschatologischen Untergrund der Bestimmung des Verhältnisses zur Welt deutlich hervortreten. Und mit ebendiesem Begriff der Welt ist auch schon der Tenor der gesamten späteren Diskussion vorgegeben. Der Glaube an Jesus den Christus konstituiert eine Gemeinschaft, die in der Distanz zu den Strukturen und Institutionen dessen lebt, was als Welt bestimmt wird.

---

[38] Hyppolit von Rom, Danielkommentar IV,9 (GCS Hyppolit I,1, S. 206f). Zitiert nach Hugo Rahner: Kirche und Staat im frühen Christentum. München 1961, S. 25.

Die Christen sind Bürger des Himmels, sie haben ihre Heimat im Himmel (Phil 3,20). Doch wie sollen sie sich zu dem Reich verhalten, das unübersehbar auf Erden Gehorsam beansprucht? Wenn der Christ seine Heimat im Himmel hat, welche Pflicht schuldet er dann der weltlichen Politie? Die Antwort des Christentums auf diese Frage muss immer auf Jesu Antwort zur Steuerfrage zurückgehen. Doch diese Antwort ist nicht eindeutig; ihre Deutung kann sowohl in die Richtung der Verachtung der Welt als auch in die einer Eigenständigkeit der Welt zielen. Das – im wahrsten Sinne – entscheidende Element der christlichen Doktrin ist in dieser Hinsicht die Scheidung von *saeculum*, dieser Welt, und Jenseits. Sie scheidet nicht bloss auf einer Ebene, sondern auf mehreren zugleich: Die Scheidung zwischen dem *saeculum* und dem Reich, das nicht von dieser Welt ist, ist ja nicht nur die Scheidung zwischen zwei ansonsten vergleichbaren Herrschaftssphären, sondern sie ist allererst die Scheidung zwischen zwei Arten von Gemeinschaft und Herrschaft. Dass *ecclesia* die entscheidende Gemeinschaft ist, daran kann für einen Christen kein Zweifel bestehen. Denn die paulinisch als *corpus Christi* bestimmte Kirche ist der Weg zum Heil – und damit zu einem Leben jenseits der nackten Körperlichkeit.

Der Gehorsamsanspruch, den eine jede andere Gemeinschaft den Christen gegenüber geltend machen möchte, steht immer unter dem petrinischen Vorbehalt, dass man Gott mehr gehorchen müsse als den Menschen. Dabei geht es im Evangelium nicht um eine Diabolisierung der weltlichen Obrigkeit; sie wird allerdings möglich, insofern es die weltliche Macht gewesen ist, die Jesus gekreuzigt hat – und insofern ebendiese Macht in einer Deutung der Johannes-Apokalypse als das Werk des Satans, als die Hure Babylon erscheinen kann. Doch diese Deutung, obwohl immer virulent, hat sich nie wirklich durchgesetzt. Sie hat sich vor allem deshalb nicht durchgesetzt, weil die grossen christlichen Schriftsteller die weltliche Obrigkeit immer in das Netz ihrer ethischen Argumentation einbezogen haben. Von Paulus' merkwürdiger Römerbrief-Interpolation – «alle Obrigkeit ist von Gott» – über Petrus – «Seid untertan der Obrigkeit um Gottes Willen» – bis zum letzten Kirchenvater Isidor von Sevilla, der die weltliche Obrigkeit als das Schwert deutet, dessen die geistliche Obrigkeit enträt, immer dient die weltliche Obrigkeit dazu, den bösen Taten zu wehren durch den körperlichen Zwang. Damit ist aber umgekehrt auch schon gesagt, was die weltliche Obrigkeit nicht kann und nicht darf, nämlich den Glauben bestimmen. Die Fragen des Glaubens, also das, was man später die *causae fidei* nennen wird, sind dem Einfluss der weltlichen Gewalt entzogen. «Die menschlichen Gesetze können den Furchtsamen einen Gesinnungswechsel aufzwingen, aber einen Glauben einflössen können sie nicht.»[39] Deshalb kommt der weltlichen Gewalt keine heilsgeschichtliche Funktion zu.

Dieser Komplex des Gehorsams gegen die menschlichen Gesetze hat eine im engeren Sinne ethische Dimension und eine im weiteren Sinne politische. Dabei ist immer von der rechten Obrigkeit die Rede – was die falsche, die anmassende Obrigkeit betrifft, so steht ausser Zweifel, dass sie keinen Gehorsam beanspruchen kann. Sonst zwingt sie den Christen dazu, in radikaler Weise ihr gegenüber ein Zeugnis seines Glaubens abzulegen, also zum Märtyrer zu werden. Es hat keinen Sinn, den rechtfertigenden Gehalt des Paulus-Wortes auf alle Obrigkeit auszudehnen: Eine solche starre Deutung ist mit dem Geist des Christentums kaum in Einklang zu bringen. Tatsächlich hat es solche Deutungsversuche jedoch später immer wieder gegeben; sie sind nicht sozialkonservativen, sondern sozialreaktionären Charakters. In diesem apokalyptisch aufgeladenen Sinne kann jede Obrigkeit als gerechtfertigt gelten, da sie ein Bollwerk gegen die gottlose Anarchie darstellt. Doch diese Deutung von Paulus' Worten missachtet den Geist der Freiheit, den Paulus so grandios entfaltet. Die christliche Rechtfertigung der Obrigkeit geschieht vor dem Hintergrund der ethischen Schwäche des Menschen. Angesichts dieser Schwäche muss die Theologie der Gnade, die die Aufhebung des Gesetzes verkündet, um ein Mittel ergänzt werden, welches den bösen Taten wehrt, die aus ebendieser ethischen Schwäche entspringen. Der ‹Neue Mensch›, den Paulus verkündet, ist nicht vollendet; er findet sich in einer Freiheit, der er nicht gewachsen ist. Das Gesetz hat seine heilsgeschichtliche Funktion verloren – und damit hat sowohl das Individuum einen Halt als auch die Gesellschaft eine Ordnungsfunktion verloren. Gott setzt den Menschen durch die Botschaft Jesu einer Freiheit aus, in der der Mensch unterzugehen droht. Die Legitimation der rechten Obrigkeit hat keine andere Funktion, als dem Menschen über die Zwischenzeit bis zum Anbruch der Königsherrschaft Gottes hinwegzuhelfen. Die Legitimation der politischen Institutionen aus Gottes Willen bedeutet in diesem Sinne, den Menschen vor den ethischen und politischen Verheerungen zu beschützen, die von der Herausforderung des Menschen durch die christliche Botschaft der Freiheit ausgehen können.

In einer politischen Wendung bedeutet der Legitimationskomplex die Öffnung einer Pforte zur Akzeptanz der weltlichen Institutionen von Herrschaft. Diese Pforte wird entscheidend in dem Masse, in dem die Naherwartung zurücktritt, die Hoffnung auf die baldige Wiederkehr Jesu im Gewand des Weltenkönigs. Mit der Abschwächung der apokalyptischen Erregung, die jedoch im späte-

---

[39] Humanae leges «extorque solent timidis commutationem, fidem inspirare non possunt.» (Ambrosius, Brief an Kaiser Valentinian II., März 386, Migne PL 16,1005).

ren Verlauf der Geschichte immer wieder virulent wird, wird die Position der Christen zur weltlichen Gewalt einer Prüfung unterzogen werden. Jetzt tritt die politische Bedeutung des Problems hervor. Spätestens seit dem 3. Jahrhundert stellt sich die Frage nach dem Verhältnis zu den weltlichen Institutionen der Herrschaft nicht nur aus individueller Perspektive; jetzt ist nicht mehr unbedingt der einzelne Christ im Visier der Frage, jetzt stellt sich vor allem und immer dringlicher die Frage nach dem Verhältnis der *ecclesia* zu den Ordnungsstrukturen des *saeculums*. Für diese Frage bieten die Schriften des Neuen Testaments natürlich keine Lösung, da in ihnen *ecclesia* als institutionelle Grösse noch nicht fassbar ist. Die kanonischen Schriften bieten lediglich Schlüssel für eine mögliche Deutung dessen, was jetzt als das Verhältnis zweier Institutionen gedacht werden muss – allerdings aus der eben erwähnten Individualperspektive.

Die entscheidende Frage bleibt, wie mit der eindeutigen Aufforderung des Petrus umzugehen ist: Man soll Gott mehr gehorchen als den Menschen. Dieser Vorbehalt stellt die Christen in ein problematisches Verhältnis zum weltlichen Gemeinwesen, dessen Lösung jedoch durch den Glauben vorgeschrieben ist. Mögliche Loyalitätskonflikte nämlich angesichts der Gehorsamserwartung des weltlichen Gemeinwesens werden durch eine Hierarchie der Loyalitäten gelöst. Es kann kein Zweifel am Preis dieser Lösung bestehen, die vom Christen den unbedingten Gehorsam gegen Gott und den bedingten Gehorsam gegen die weltliche Gewalt erwartet. Diese Lösung zwingt den Christen im Konfliktfall zum öffentlichen Bekenntnis für den Herrn der Welten – und zwar unter Gefahr für Leib und Leben. Märtyrer hat die Kirche die Helden ihrer frühen Geschichte genannt; denn sie legen mit ihrer Haltung ein Zeugnis davon ab, dass Gott der Herr ist, und dass kein weltlicher Fürst von ihnen verlangen kann, diesen Glauben zu leugnen. Durch den Tod wird dieser Glaube bezeugt – und durch den Tod, in einer *imitatio Christi*, dienen sie dem *corpus Christi*. Die Selbstbehauptung der *ecclesia* hat nicht zuletzt im Opfer der Märtyrer statt, die durch ihren Tod die Königsherrschaft Jesu beglaubigen. In und durch diese Märtyrerschaft wird auch ein Zeugnis von der unüberwindbaren Differenz abgelegt, die die Gewalten des *saeculums* von der Herrschaft Gottes trennt. Die Märtyrerschaft ist nicht einfach eine mehr oder weniger kurze Episode in der Geschichte der *ecclesia*. Die Märtyrerschaft offenbart vielmehr – nach dem Muster der Ausnahme, die die Regel offenbart – das Verhältnis des Christen zu den weltlichen Institutionen. An den Märtyrern hat die *ecclesia* den Massstab ihres Verhältnisses zum *saeculum*.

«Die Republik ist nämlich nicht in der Kirche, sondern die Kirche in der Republik, das heisst im Römischen Reich.»[40] Mit diesen Worten wehrt der nordafri-

---

[40] Optatus, CSEL 26,74, 3–5.

kanische Bischof Optatus die Klagen der Donatisten über die staatliche Gewaltanwendung gegen sie ab. Den starken Arm der weltlichen Gewalt bekommen seit dem 4. Jahrhundert die Häretiker zu spüren. Als Quasi-Staatsreligion nimmt die geistliche Gewalt weltliche Ordnungsfunktionen in Anspruch, um in ihren Reihen den rechten Glauben zu verteidigen. Diese Verbindung der hierarchischinstitutionalisierten Kirche mit der weltlichen Gewalt fügt sich in das Bild eines Wandels der Kirche von der eschatologischen Gemeinschaft zu einer Amtskirche, der selber Ordnungsfunktionen im weltlichen Gemeinwesen zukommen. Das ist nicht mehr die Kirche, die auf ihrem Glauben gegen das heidnische Imperium beharrt, das ist eine Kirche, die sich in einer neuen Normalität einzurichten beginnt: in der Vorstellung nämlich eines weltlichen Gemeinwesens von Christen. Doch der hier zitierte Optatus geht noch weiter. In seiner Argumentation erscheint die christliche Kirche als das, was sie nach dem römischen *jus publicum* zu Beginn gewesen ist, als ein privater Verein nämlich. – Als ein Verein, dem übrigens wie jedem anderen Verein seit der Ermordung Cäsars jede politische Betätigung untersagt war – das mag auch ein Hintergrund des Römerbriefes sein. – Dass ein solcher Verein durch die politische Wirklichkeit, das heisst durch den Gehorsamsanspruch des Reiches umfasst wird, versteht sich von selbst. Nicht von selbst versteht sich das von der Kirche, die ihrem Selbstverständnis nach nie in der Vereinsdefinition aufgehen kann. Die eschatologische Perspektive auch der sakramentalen Kirche darf nie verloren gehen – es sei denn, die Kirche wird darauf reduziert, im Auftrag des weltlichen Gemeinwesens schlicht moralische Fragen zu verwalten, um so im Rahmen des weltlichen Gemeinwesens eine Ordnungsfunktion zu erfüllen. Die Behauptung des Optatus dagegen stellt, um die Argumentation fortzuführen, eine verdrehte Hierarchie auf, in der die gewonnene feste Position der christlichen Kirche im Römischen Reich dankbar mit dem Verlust ihrer Exklusivität bezahlt wird. In diesem Zitat, fern aller christlichen Argumentation, kann der Staat als der grosse Heilsbringer erscheinen, der es der Kirche erlaubt, ihr kleines Geschäft der Seelsorge zu betreiben.

Seit dem 2. Jahrhundert wird in den christlichen Gemeinden für das Wohl der weltlichen Obrigkeit gebetet. Dafür gibt es zwei Gründe: erstens den Versuch, den politischen Verdacht abzuwenden, der über der seltsamen neuen Sekte liegt; zweitens jedoch die Einsicht in die natürliche Notwendigkeit weltlicher Obrigkeit. Die klassische christliche Politische Theologie gibt eine ganz und gar natürliche Begründung der weltlichen Herrschaft, die an die des Thomas Hobbes erinnert. Der Mensch ist Institutionen von Herrschaft unterworfen, weil anders ein friedliches Zusammenleben nicht denkbar ist. Dass den Christen wie allen anderen Menschen am Frieden gelegen ist, stellt sozusagen ein einigendes politisches Band der Menschheit dar. Allein, eine spezifisch christliche oder religiöse Perspektive fehlt hier völlig. Sie muss fehlen, weil der weltlichen Gewalt im heilsgeschichtlichen Prozess keine Funktion zukommt. Die Schriften des Neuen Testaments jedenfalls sind an dieser Stelle auffällig stumm – und das gilt auch für Paulus' Verteidigung der Obrigkeit im Römerbrief.

Dass der Christ den weltlichen Gewalten Gehorsam schuldet, fügt sich allererst in den Rahmen einer allgemeinen Ethik, aus dem der Christ durch den befreienden Kreuzestod Jesu noch nicht entlassen ist. Doch in welchem Sinne und in welchem Masse ist der Christ tatsächlich den weltlichen Gewalten unterworfen? Paulus hat im 1. Brief an die Korinther eine ganz besondere Ausnahme dargestellt, die einerseits als der *locus classicus* einer Begründung des Kirchenrechts angesehen werden kann, die andererseits in ihrer dezidiert eschatologischen Argumentation den Rahmen der allgemein ethischen Argumentation verlässt, die sonst das Thema bestimmt. Es geht dort um die Frage, ob Christen ihre Streitigkeiten vor nicht-christlichen Richtern austragen dürfen, um die entscheidende Frage also, inwiefern das allgemeine Rechtssystem für Christen gilt. In scharfem Ton verurteilt Paulus jene Mitglieder der Gemeinde von Korinth, die eine Lösung ihrer Streitigkeiten von heidnischen Richtern erhoffen. Sein Urteil ist doppelt begründet: Mit Blick auf die Leidensethik der Bergpredigt wird den Brüdern vorgeworfen, dass sie überhaupt Recht suchen in einer Situation, in der ihnen tatsächlich oder vermeintlich Unrecht geschehen ist: «Es ist an sich schon ein schweres Versagen, dass ihr Prozesse miteinander führt. Weshalb lasst ihr euch nicht lieber Unrecht zufügen?» (1Kor 6,7). Es steht dem Christen weder zu, nach der Logik der Vergeltung noch nach der Logik der Wiederherstellung Recht zu suchen, urteilt Paulus mit dem Jesus der Bergpredigt. Nicht zuletzt, weil gerade das Erleiden von Unrecht die Möglichkeit der *imitatio Christi* bedeutet, dann aber auch, weil das Recht-Suchen den Zwist in der Gemeinde fortschreibt.

Doch viel wichtiger noch ist die andere, die erste Begründung: «Da wagt es doch einer von euch, der mit einem anderen einen Rechtsstreit hat, sein Recht vor den Ungerechten zu suchen statt vor den Heiligen? Wisst ihr nicht, dass die Heiligen die Welt richten werden? Und wenn sogar die Welt durch euch gerichtet wird, wie solltet ihr da nicht zuständig sein für die geringfügigen Fälle? Wisst ihr nicht, dass wir über Engel richten werden, und darum erst recht über Alltägliches? Wenn ihr nun alltägliche Streitfälle habt, setzt ihr da ausgerechnet diejenigen als Richter ein, die in der Gemeinde nichts gelten? Zu eurer Beschämung sage ich dies. Gibt es denn keinen Verständigen unter euch, der zwischen Bruder und Bruder Recht sprechen könnte?» (1Kor 6,1ff). Hier tritt der ethische Aspekt vorerst völlig zugunsten einer strukturellen Perspektive zurück, in der die Besonderheit der christlichen Gemeinde betont wird. Nicht, dass die Christen durch das allgemeine Rechtssystem nicht ergriffen wären: doch nur als Objekte. Als Subjekten ist ihnen der Zugang zum Rechtssystem verwehrt![41] Denn das weltliche Rechtssystem kann vor dem eschatologischen Vorbehalt nicht bestehen. In überschäumender Argumentation macht Paulus deutlich, dass die christliche Gemeinde am Ende der Zeiten selber zu Gericht sitzen werde über die Welt. Der scharfe Dualismus, in dem die Mitglieder der Gemeinde als Heilige erscheinen, die Nicht-Christen jedoch als Ungerechte, macht deutlich, in welchem Masse der ethische Rahmen verlassen worden ist. Ungerechte werden die Nicht-Christen nicht wegen ethischer Verfehlungen genannt, sondern weil sie nicht an Jesus Christus glauben, d. h. an Jesus als den Messias. Heilig ist dagegen die Gemeinde, wie der Fortgang des Briefes deutlich macht, weil die Christen Glieder des Leibes Christi sind (1Kor 6,15). Nur mit Blick auf die Letzten Dinge ist dieser Dualismus verständlich, und nur mit Blick auf die Letzten Dinge, auf das Gericht am Ende der Zeiten ist das Verbot verständlich, die weltliche Gerichtsbarkeit in Anspruch zu nehmen. In die eschatologische Perspektive gerückt, zerfällt das weltliche System des Rechts. Genau diese eschatologische Perspektive grenzt die christliche *ecclesia* aus dem System weltlicher Gewalt aus. Der Glaube, am Jüngsten Tage mit Jesus über die Welt zu Gericht zu sitzen, verbietet es, die rechtssprechenden Institutionen dieser Welt in der Zwischenzeit, also zwischen der Auferstehung, die Jesus als den Christus offenbart hat, und seiner Wiederkunft in Anspruch zu nehmen.

Die Kirche mag diesen Absatz in Anspruch nehmen, um ein autonomes Kirchenrecht gegen das weltliche Recht zu begründen; doch davon spricht Paulus an keiner Stelle. Paulus' Argumentation zielt vielmehr in die Richtung einer Abwehr des Rechtes für Christen. In der Gemeinschaft der Heiligen, welche die Gemeinde Christi darstellt, kann das Recht nur eine schwach legitimierte Institution darstellen, da sie nur menschlich begründet werden kann – und für das Heil im besten Fall keine und im schlimmsten Fall eine hindernde Rolle spielt. Vor aller Wiederbegründung des Rechts im christlichen Kontext steht Jesu Mahnung aus der Bergpredigt, die leidende Demut als Zeichen der Liebe gebietet (Mt 5,25; 5,38ff). Der Christ, der seinen Feind liebt, der den Weg zum Richter scheut, der dem Bösen keinen Widerstand leistet: Dieser Christ bricht die Kraft des Unrechts, indem er die Geltung des Paradigmas von Recht und Unrecht zugunsten der allverzeihenden Liebe aufhebt. Mit der Ethik der Bergpredigt ist kein Staat zu

---

[41] Genauso wird später Luther in der Schrift über die Obrigkeit argumentieren. Die weltliche Obrigkeit besteht um der Nicht-Christen willen. Den Christen jedoch sei es untersagt, vor dem weltlichen Richter Recht zu suchen, ihnen ist in der *imitatio Christi* das Erleiden des Unrechts aufgegeben und untereinander können sie, da der Heilige Geist in ihren Herzen ist, nur das Gute tun (vgl. WA 11,249ff).

machen – und in genau diesem Sinne ist die Botschaft der Bergpredigt mehr als nur der Versuch, Normen sittlicher Lebensführung zusammenzufassen. Mehr nämlich als ein ethisches System, das die politischen und rechtlichen Rahmenbedingungen unangetastet liesse, sondern eine absolute Ethik, die gerade die Geltung und den Geltungsgrund, also die Legitimität des politischen Systems in Frage stellt.

Die frühe römische Kritik an der politischen Sperrigkeit der christlichen Religion entzündet sich an genau diesem Abstand zum politischen Paradigma. Und die politische Ideengeschichte der christlichen Religion im Römischen Reich zwischen dem beginnenden 3. und dem frühen 5. Jahrhundert besteht in dem Versuch, mit der Herausforderung dieser fundamentalen Distanz zu leben, welche die Religion des Weltüberwinders (Joh 16,33) von der Welt trennt. Wenn Jesus die Welt überwunden hat, welcher Platz kann dann den Christen in dieser Welt zukommen? Der römische Generalverdacht besteht in der Angst, dass der christliche Glaube, weil er sich einer zivilreligiösen Indienstnahme versperrt, die römischen Institutionen des Rechts und der Ordnung destabilisieren könnte. Wenn das Römische Reich den Eid auf das Glück des Kaisers forderte, dann konnte kein Christ diesen Eid leisten. Denn ein solcher Eid, der die Vergottung des Kaisers verfestigt, steht im deutlichen Widerspruch zum christlichen Monotheismus. Und wenn dagegen eingewendet wird, dass die Menschen alles, was sie in diesem Leben empfangen, dem Kaiser verdanken, so muss der Christ einwenden: «Keineswegs.» Denn der Christ empfängt, was er empfängt, von Gott.[42] Gegen die Furcht vor den politisch destabilisierenden Wirkungen des Christentum stellt die frühe Apologetik noch die Utopie der vollendeten Ökumene. Wenn alle Römer Christen würden, dann würde Gott ihnen in einer Weise beistehen, dass das Römische Reich ohne einen Soldaten in Frieden und Sicherheit leben könnte. Denn entweder würden sie «durch ihr Gebet über ihre Feinde gewinnen oder überhaupt keine Feinde zu bekämpfen haben»[43]. Das ist die Vision des ewigen Friedens, der Traum des Origenes. In einer Welt voller Christen wird es keine Feindschaft mehr geben. Und sollten nicht alle Menschen Christen werden, dann wird Gott den Christen auf eine Weise beistehen, die letztlich jede säkulare politische Institution von Herrschaft unnötig werden lässt. Die Vereinigung im Gebet allein nämlich versetzt diese Gemeinschaft in die Lage, jedem potenziellen Feind zu widerstehen.

Wie attraktiv diese Vision auch sein mag, sie wird kaum einem Römer wirklichkeitsangemessen erscheinen. Dieses Modell einer frühen Verteidigung des

---

[42] Vgl. Origenes, Gegen Celsus VIII, 67 (BKV 53,383).
[43] Origenes, Gegen Celsus VIII, 70 (BKV 53,387).

Christentums macht jedoch auf etwas aufmerksam, das später verschüttet zu werden droht: auf den Paradigmenwechsel nämlich, zu dem das Christentum *in politicis* zwingt. Die späteren Versuche, geboren aus dem Geist eines mehr oder weniger deutlichen Arrangements einer institutionellen Kirche mit einem fassbaren ‹Staat›, übersetzen diese Distanz in ein Problem der Hierarchie oder der Moralisierung. Doch mit dem Gespür für das Einzigartige der christlichen Botschaft kommt eine solche Lösung für Origenes (noch) nicht in Betracht. Das Gebet ist das Amt des Christen und zwar auch mit Blick auf diese Welt. Das Gebet hat also eine doppelte Funktion: Indem es sich an Gott richtet, in dessen Reich der Christ steht, dient es zugleich den Geschäften dieser Welt. Und mehr, so scheint es, ist vorerst nicht zu erwarten. Vorerst, wohlgemerkt. Denn die Politik eines radikalen Abstandes zum Politischen stösst sich natürlich zugleich an der Sorge um die Welt, in die der Christ in der Nachfolge Christi auch berufen ist. Die Position des Origenes ist noch ganz und gar apologetisch bestimmt, durchdrungen vom eschatologischen Geist der frühen christlichen Botschaft. In dem Masse jedoch, in dem sowohl der fundamentale politische Druck auf die christliche Religion schwindet als auch die Hoffnung auf das nahe Ende, beginnen die grossen christlichen Denker das Verhältnis der christlichen Gemeinschaft zu den weltlichen Institutionen der Herrschaft neu zu bestimmen.

2. Die zwei Bürgerschaften des Augustinus

Gegen die Begeisterung über die Bekehrung Konstantins und den politischen Aufstieg der christlichen Religion zur Staatsreligion, gegen die Identifizierung des Römischen Reiches mit dem verkündeten Reich formuliert Augustinus seine grosse Theorie von den zwei Bürgerschaften, die später, um ihren eschatologischen Horizont gekappt, zur Lehre von den zwei Reichen wird. «... denn wir haben hier keine bleibende Stadt, sondern die zukünftige suchen wir» (Hebr 13,14). Beinahe zwanzig Jahre lang schreibt Augustinus, Schüler des Ambrosius, Bischof der nordafrikanischen Stadt Hippo, an seinem grossen Werk «De civitate Die», «Von der Bürgerschaft Gottes». Es war den Christen gelungen, eine Statue der Viktoria, der Göttin des Sieges, aus dem Senat entfernen zu lassen – und nicht wenige Nicht-Christen nahmen das zum Anlass, um den Christen die Schuld an der Plünderung Roms durch Alarichs Goten in die Schuhe zu schieben. Mit seinem grossen Werk versucht Augustinus einerseits diesen Vorwurf zu entkräften, andererseits die Reichseuphorie der Christen, die bei Eusebius (ca. 260–340) sichtbar wurde, zu berichtigen, indem er ein für allemal zwei Vaterländer scheidet. Was später die Gestalt zweier Gewalten annehmen sollte, durch die die Welt hauptsächlich regiert wird, erscheint bei Augustinus im Rahmen einer grossangelegten Geschichtstheologie als die Lehre von den zwei Bürgerschaften: als die irdische Bürgerschaft und die Bürgerschaft Gottes. In dieser Welt existieren die beiden Bürgerschaften vermischt. Menschen sind zugleich Bürger der irdischen Bürgerschaft und der Bürgerschaft Gottes. Eine Entmischung wird erst am Ende der Zeiten stattfinden, wenn der Herr des letzten Gerichtes die Menschen scheidet. Die zwei Bürgerschaften sind von Augustinus nicht institutionell gedacht. Wir haben es nicht mit der Kirche und dem Imperium zu tun, die beiden Bürgerschaften haben allererst einen geistlichen, einen spirituellen Sinn. Augustinus' politische Theologie hat also eine eschatologische Perspektive.

Unterscheidbar sind die zwei Bürgerschaften durch die Gesinnung ihrer Bürger: «Denn die Guten gebrauchen die Welt zu dem Zweck, um die Welt zu geniessen, die Bösen dagegen wollen Gott gebrauchen, um die Welt zu geniessen.»[44] Gott ist das Ziel der göttlichen Bürgerschaft, in der irdischen Bürgerschaft sind die Menschen mit ihren Interessen und Begierden sich selber das Ziel. Allein, die irdische Bürgerschaft ist nicht einfach diabolischer Natur, es ist nicht die Bürgerschaft des Satans, die Augustinus beschreibt. Die Dämonisierung der Welt ist Augustinus so fern wie deren Vergöttlichung. Doch da die irdische Bürgerschaft nicht auf Gott ausgerichtet ist, steht der Christ in einer unüberwindbaren Distanz zu ihr. Sie kann, und das ist der grosse Angriff gegen die römische Zivilreligion, weder selbst Zweck sein, noch kann sie göttlich gestützt werden. Heilsgeschichtlich betrachtet, und das ist natürlich die entscheidende christliche Perspektive, liegt an der irdischen Bürgerschaft nichts.

Dennoch kann auch die irdische Bürgerschaft benutzt werden. Zwar verliert Augustinus nie die eschatologische Perspektive seiner Konstruktion aus dem Auge. Immer bleibt die *civitas Dei* eine Gemeinschaft, deren Vollendung nicht in dieser Welt zu erwarten ist. Nie wird der irdische Staat Gegenstand eines genuin christlichen Engagements. Weil die *civitas Dei* jedoch eine zusammengesetzte Gemeinschaft ist – bestehend aus den Heiligen im Himmel und jenen, die im Sinne des Briefes an die Hebräer als Fremde in sterblicher Hülle noch auf dieser Erde pilgern –, bekommt die *civitas terrena* doch noch eine Bedeutung. Da «das sterbliche Leben beiden Staaten gemeinsam ist, kann zwischen ihnen in allen darauf bezüglichen Angelegenheiten Eintracht bestehen»[45]. Die Bedingungen des sterblichen Lebens liegen im Kompetenzbereich des irdischen Gemeinwesens, es stiftet irdischen Frieden. Solange das irdische Gemeinwesen sich nur um diese Dinge kümmert, kann seinen Gesetzen gehorcht werden. Es ist sogar eine, wie

---

[44] Augustinus: Der Gottesstaat, übers. und hrsg. von W. Thimme. München 1977. XV,7, S. 223.
[45] Augustinus, Gottesstaat, XIX,17, S. 561.

vorsichtig auch immer formulierte Kooperation denkbar: Die *civitas Dei* «sichert und befördert in allen Angelegenheiten, die die sterbliche Natur der Menschen betreffen, die menschliche Willensübereinstimmung, soweit es unbeschadet der Frömmigkeit und Religion möglich ist»[46]. Wer den Vorbehalt dieses Satzes übersieht, der verkennt Augustinus' Intention. Diese *reservatio mentalis* ist entscheidend: Alles Irdische steht für den Christen unter dem Vorbehalt einer Übereinstimmung mit seinem Glauben. Wann immer der Glaube gefährdet ist, kann es für ihn nach dem zitierten Motto des Petrus, dass man Gott mehr gehorchen müsse als den Menschen, nur die Gehorsamsverweigerung geben.

Gerecht sind die irdischen Institutionen, die den irdischen Frieden, die äussere Eintracht befördern. Ihre Ausgestaltung, also die Verfassung der Institutionen bleibt gegenüber diesem Ziel zweitrangig. Denn die himmlische Bürgerschaft «fragt nicht nach Unterschieden in Sitten, Gesetzen und Einrichtungen, wodurch der irdische Friede begründet oder aufrechterhalten wird, lehnt und schafft nichts davon ab, bewahrt oder befolgt es vielmehr, mag es auch in verschiedenen Völkern verschieden sein»[47]. Politischer Pluralismus aus Indifferenz ist ein Kennzeichen wahren christlichen Fundamentalismus. Der Staat kann für den Christen auch deswegen kein eigenes Gewicht bekommen, weil er nur über die schwache Legitimation der irdischen Friedenssicherung verfügt. Die spätere Deutung des Paulus-Wortes «es ist keine Obrigkeit denn von Gott», welche die irdischen Institutionen selber im Willen Gottes gründen, ist Augustinus fern.

Doch die negative Politische Theologie des Augustinus hat noch einen zweiten Aspekt. Sie thematisiert nur in zweiter Linie das Verhältnis des Christen zu den säkularen Institutionen, in erster Linie thematisiert sie die Frage der Gemeinschaftlichkeit selbst. Zwei Liebesweisen begründen die zwei *civitates*. Die irdische Bürgerschaft wird durch Selbstliebe, die *civitas Dei* durch Gottesliebe bestimmt. Die Selbstbezüglichkeit ist der konstituierende Faktor der irdischen Bürgerschaft, jeder ist sich selbst der Nächste und der Höchste. Gegen die sündhafte Selbstbezüglichkeit der irdischen Bürgerschaft stellt Augustinus die «Selbstverachtung» der Mitglieder der *civitas Dei*. Sie gehören nicht sich selbst an, sondern dem, der sie geschaffen hat. Die Wahl des höchsten Gutes zeitigt soziologische Effekte. Während die Selbstliebe soziologisch zur Zerstreuung und Vereinzelung führt, macht die andere Liebe «ex multis unum cor», macht die Liebe nach den Worten der Apostelgeschichte aus den vielen ein Herz und eine Seele.

Die politische Formenlehre der augustinischen Theorie beschränkt sich auf die Gegenüberstellung von hochmütiger *libido dominandi*, Herrschsucht also,

---

[46] Augustinus, Gottesstaat, XIX,17, S. 562.
[47] Augustinus, Gottesstaat, XIX,17, S. 562.

und liebender Fürsorge.[48] Herrschsucht ist die Ausweitung der Selbstliebe, ihre politische Gestalt. Herrschsucht ist die nach aussen gewendete perverse Selbstbezogenheit der Eigenliebe. In der *civitas Dei* dagegen gibt es Herrschaft nur in der Gestalt des liebenden Dienens, der *caritas*. Augustinus' Annäherung an das Problem des Politischen ignoriert die Institutionen, um stattdessen den Blick auf die Handlungsmotive der Individuen zu richten. Denn nur diese sind vor Gottes Angesicht bedeutsam. Durch ihre Handlungsmotive unterscheiden sich die beiden Bürgerschaften – und damit ist nicht weniger verbunden als die Frage der Erlösung. Die beiden Bürgerschaften sind auf das Ende der Geschichte hin konstruiert, sie haben ihr Wesen in der Zuwendung zu oder der Abwendung von Gott. Augustinus' Gedanken über die zwei Bürgerschaften rücken den Blick von einer vordergründigen Beschäftigung mit den säkularen Institutionen und ihrer Bewertung durch die christliche Theologie hin zu einer neuen Begründung des Politischen, die das Institutionelle ignoriert, weil sie auf den eschatologischen Fixpunkt, die Erlösung ausgerichtet ist. Augustinus' Lehre von den zwei Bürgerschaften stellt in diesem Sinne kein politisches Traktat dar, sondern eine neue Lehre von der Theo-Politik.

Die späteren Denker werden die Lehre von den zwei Bürgerschaften zwar rezipieren, wie gleich zu sehen sein wird, doch diese Rezeption ignoriert weitgehend den eschatologischen Rahmen der augustinischen Argumentation. Aufgegriffen wird die dualistische Struktur, doch abgedunkelt wird der geschichtstheologische Horizont, vor dem dieser Dualismus überhaupt erst entfaltet wird. Nur um diesen Preis scheint es für die grossen Politiker unter den Theologen in den nächsten Jahrhunderten möglich zu sein, ein Verhältnis zwischen irdischer Politik und *civitas Dei* zu denken. Und vielleicht ist der Vorwurf, den man ihnen für diese Abdunkelung machen kann, letztlich ungerecht. Denn tatsächlich ist auch mit Augustinus keine Politik zu machen.

3. Zwei Gewalten / Zwei Schwerter

Die Gewalt der Kirche ist allererst diskursiver Natur: Sie kann beten und predigen, Dekretalen aufsetzen und Konzilsbeschlüsse fassen, doch ihr stehen keine Mittel physischer Gewalt zur Verfügung, mit denen sie ihre Entscheidungen unbedingt durchsetzen könnte. In diesem Sinne ist sie gezwungen, die königliche Gewalt zu instrumentalisieren. Auf der anderen Seite kann kein Zweifel daran bestehen, dass umgekehrt die weltliche Gewalt die geistliche Gewalt in den

---

[48] Vgl. Augustinus, Gottesstaat XIV,28, S. 211; XV,7, S. 223.

Dienst ihrer zentralen Aufgabe, der Friedenssicherung, nimmt. Diese enge Abhängigkeit von weltlicher und geistlicher Gewalt führt in der westlichen Kirche seit Konstantin zu einer produktiven Auseinandersetzung, die um das Problem der Selbstbestimmung und der Identitätsstiftung kreist.

Die Zeugnisse dieser Auseinandersetzung finden wir allererst in den Briefen der Päpste, die aus verschiedenen Anlässen an die jeweiligen Kaiser adressiert sind. Die für unseren Zusammenhang entscheidenden Briefe folgen immer dem gleichen Muster: Sie heben die Christlichkeit des Kaisers hervor, um ihn zum Dienst an der Kirche aufzufordern und ihn zugleich vor Übergriffen in Kirchendingen abzuhalten. Wenn der Kaiser als Sohn der Kirche bezeichnet wird,[49] dann allererst, um ihm den Respekt gegenüber den geistlichen Entscheidungen und der Selbstständigkeit der Kirche abzuringen. Denn, wie Gelasius schreibt, als Sohn der Kirche kann er nicht ihr Herr sein. Er ist ihren Entscheidungen unterworfen, er kann der Kirche beistehen, aber er kann sich nicht in Glaubensdinge einmischen. Wenn die zivile Gewalt christlich ist, dann ist sie der Kirche und ihren Bischöfen unterworfen: Um Ambrosius zu zitieren: Der Kaiser ist in, nicht über der Kirche. – Welch scharfer Gegensatz zu der oben zitierten Formel des Optatus, wonach die Kirche im Reich und nicht das Reich in der Kirche sei. – Das Nicht-Einmischungsgebot ebenso wie die Untertänigkeit des Kaisers unter die Kirche stellen natürlich das Konfliktfeld dar, auf dem der Machtkampf zwischen der institutionalisierten christlichen Religion und der weltlichen Gewalt ausgetragen wird. Die Kirche gesteht der weltlichen Gewalt in ihrem Bereich Selbstständigkeit zu und sie fordert ebendiese Anerkennung vom Kaiser. Das ‹Gebt dem Kaiser was des Kaisers› bedeutet ja umgekehrt auch: «Gottes ist die Kirche, deshalb darf sie Caesar nicht zugeschrieben werden. Denn Cäsars Recht kann der Tempel Gottes nicht sein.»[50]

Als Sohn der Kirche ist der Kaiser ihr wichtigstes Werkzeug; doch über die *causae fidei*, über Glaubensangelegenheiten entscheidet allein die hierarchische Kirche. Eine erstaunliche Entwicklung! Die letzten Christenverfolgungen sind gerade vorbei, da muss sich die christliche Kirche schon der Umarmung des Römischen Imperiums erwehren. Unübersehbar hat dieser Aufstieg des Christen-

---

[49] Zwei wichtige Stellen: Ambrosius, Predigt gegen Auxentius vom Palmsonntag 386 (Migne PL 16, 1007–18), Gelasius, Brief des Gelasius an die orientalischen Bischöfe während des Pontifikats von Papst Felix II., 488–9: Der Kaiser «ist ein Sohn, aber nicht der Vorsteher der Kirche» (BKV, Die Briefe der Päpste. Kempten 1880. Bd. 7, 22).

[50] Ambrosius, Predigt gegen Auxentius (Migne PL 16, 1018).

tums mit Desintegrationsprozessen in der heidnischen Gesellschaft der Spätantike zu tun, der die traditionellen Staatskulte nicht mehr evident erscheinen.

In seinem Lobgesang auf den dreissigsten Jahrestag der Thronbesteigung Konstantins entwirft Eusebius ein Bild des Römischen Reiches, das nicht viel geringer ist als das Reich Gottes auf Erden. Das Kaiserreich, so Eusebius, ist das Bild des Himmlischen Reiches. Seine Verfassung spiegelt die Verfassung des Reiches Gottes: ein Gott, ein Kaiser, göttliche monarchische Allmacht. Als Bild Gottes erscheint der Kaiser, der seine Seele nach den kaiserlichen Tugenden in einer *imitatio* des jenseitigen Königreiches geformt hat: Er nur ist Herr, er nur ist frei. So wie alle Menschen Gott unterworfen sind, so sind sie in dieser Welt auch alle dem Kaiser untertan. Der erste christliche Kaiser erweckt im christlichen Theologen den grössten Jubel: Wie Jesus führt der Kaiser seine Herde zum Glauben an das Wort, er besiegt mit himmlischem Beistand alle Feinde des Reiches, er besiegt durch die Regel des Rechtes die Feinde der Wahrheit, indem er sie zur Abkehr vom Irrtum zwingt. Er ist der Übersetzer des göttlichen Wortes, deshalb ruft er alle zu Gott und erklärt die Gesetze der wahren Frömmigkeit. Eusebius rückt das Römische Reich sehr nahe an das Reich Gottes; und doch bleibt eine Grenze gewahrt, die ihm so bewusst ist, dass er sich zu Beginn seiner Rede dafür entschuldigt, von Gott zu sprechen, bevor er vom Kaiser spricht; der Kaiser regiert mit königlicher Autorität, die ihm vom Himmel zukommt.[51] Diese Begründung der königlichen Autorität mag dem Kaiser schmeicheln – und sicher ist das auch so gemeint. Allein, diese Begründung der kaiserlichen Autorität verhindert eine weltliche und insofern eine eigenständige Begründung kaiserlicher Herrschaft.

«Zwei sind es, oh erhabener Kaiser, durch die diese Welt prinzipiell regiert wird: die geheiligte Autorität der Priester (*auctoritas sacrata pontificum*) und die königliche Gewalt (*regalis potestas*).»[52] Gelasius' Brief an den Kaiser Anastasius aus dem Jahre 494 normiert eine zweifache Ordnungsreihe und formuliert das politische Dogma der katholischen Kirche. Mit dieser Formel wird jedoch ein höchst problematisches Verhältnis nur scheinbar klar beschrieben: Denn tatsächlich ist mit dieser Formel nichts über eine mögliche hierarchische Ordnung der beiden Ordnungsinstitutionen gesagt, und es ist nichts gesagt über die Verteilung ihrer Kompetenzen. Die Formel leistet jedoch erstens eine grundsätzliche und uneingeschränkte Anerkennung weltlicher Gewalt, und sie platziert zweitens die geistliche Gewalt, die schon längst die institutionelle Evidenz gewonnen hat,

---

[51] Eusebius Oratio zum dreissigsten Jahrestag der Herrschaft Konstantins, in: H. A. Drake: In Praise of Constantine. Berkeley u.a. 1976.
[52] Gelasius, Brief 8 an Kaiser Anastasius (Migne PL 59, 42).

welche Augustinus mit Schweigen übergangen hatte, in dieser Welt. Tatsächlich wird die Abgrenzung dieser Gewalten zu einem drängenden Problem, seitdem die Kirche sich als eine Grösse in dieser Welt etabliert hat.

Die Konstantinische Wende, welche die Anerkennung der christlichen Religion als Staatsreligion gebracht hatte, bedeutete auch, dass die religiösen Angelegenheiten jetzt als Dinge des Reiches betrachtet wurden, in die der Kaiser sich einzumischen hat, um seine erste Aufgabe zu erfüllen, die Friedenssicherung. Der Aufstieg der Kirche bringt sie also in eine prekäre Situation. Nach einer Phase der Etablierung der Kirche gegen den Widerstand des Reiches muss sich die Kirche jetzt zu den Umarmungsversuchen des Kaisers verhalten, der, ganz in der römischen Tradition stehend, sich als *pontifex maximus*, als höchster Priester versteht. Theologisch betrachtet ist dieser Umarmungsversuch natürlich nicht zu rechtfertigen. Auf der anderen Seite können sich die römischen Kaiser in ihrer Haltung bestärkt sehen durch den wiederholten Ruf der Kirche nach der Gewalt des Kaisers – und zwar auch und nicht zuletzt in Dingen des Glaubens. Die immer vorhandene Gefahr einer Aufsplitterung der Einheit der Kirche verführt die Kirchenmänner immer wieder dazu, den starken Arm des Kaisers in Dienst zu nehmen – ohne dabei dem Eindruck einer genuinen kirchlichen Kompetenz des Kaisers tatsächlich entgegenwirken zu können. Nach dem Mord am alexandrinischen Bischof durch die Monophysiten, welche eine Revision des Konzils von Chalcedon einklagten, fordert Leo der Grosse, der Herold des päpstlichen Primates, den Kaiser zum Handeln auf, denn, so gibt er dem Kaiser zu bedenken: «Die königliche Gewalt (ist dir) nicht bloss zur weltlichen Regierung, sondern vorzüglich zur Beschützung der Kirche (*ad ecclesiae praesidium*) verliehen, damit du den gestörten Frieden wiederherstellst, indem du nichtswürdige Versuche zurückdrängst und die wohlgesetzten Statuten verteidigst.»[53]

Solche Rufe sind in der Spätantike häufig zu hören; dogmatische Kontroversen, die entweder diskursiv nicht gelöst werden können, oder die nach einer Entscheidung weiterschwelen, sollen durch ein Machtwort des Kaisers erstickt werden. An eine dogmatische Kompetenz des Kaisers ist hierbei natürlich nicht gedacht. Doch die Kaiser müssen sich angesichts der Häufigkeit, mit der sie, unter Verweis auf ihre kirchlichen Kompetenzen, angerufen werden, tatsächlich als *minister dei* fühlen. Durch die grosse Rhetorik der spätantiken Päpste in priesterähnlichen Rang berufen, werden sie auch priesterliche Aufgaben wahrnehmen und sich in die Leitung der Kirche einmischen. Deshalb wird im 5. Jahrhundert eine Kompetenzabgrenzung dringlich. Im Dienste der Selbstbehauptung der Institution wird dabei eine doppelte Strategie eingeschlagen: Zum einen wird der

---

[53] Leo der Grosse, Brief 156 an Kaiser Leo (Migne PL 54, 1130).

Kaiser als Sohn der Kirche unter die Autorität des Klerus gestellt, zum anderen wird zwischen einer weltlichen und einer geistlichen Gewalt unterschieden, welche je verschieden begründet sind und denen je verschiedene Kompetenzen zukommen. Dabei verhindert das erste Argument die völlige Verselbstständigung der weltlichen Gewalt, welche im zweiten Argument angelegt ist.

Die gelasianische Unterscheidung der beiden Prinzipien, welche die Welt regieren, ist durchaus nicht als ein einfaches Nebeneinander zweier gleichartiger Prinzipien zu verstehen. Nur zu deutlich ist der präzise Gebrauch der politischen Sprache. Der Kirche, genauer gesagt, den Priestern kommt Autorität zu, dem Kaiser *potestas*. Nun ist *potestas* allererst Macht, deren Legitimationsgrund nicht gedacht wird, während Autorität gerade Geltungsmacht bedeutet. Kaiser Augustus hat in einer berühmten Formel für sich die Autorität beansprucht, die traditionell als Attribut des Senates betrachtet worden war, eine Macht, die auf Ansehen, Wissen und Weisheit beruht. Diese *translatio* markierte ideengeschichtlich das Ende der römischen Republik. Strukturell betrachtet, betreibt die gelasianische Formel die Restaurierung der klassischen Gewaltenteilung der römischen Republik. Eine starke Abhängigkeit des einen Prinzips gegenüber dem anderen wird nicht formuliert. Die höhere Würde der priesterlichen Autorität wird jedoch ausser durch die Wahl der Begriffe durch ein weiteres Argument erhärtet: Die Bürde der Priester ist nämlich grösser als die der Könige, da jene Gott gegenüber Rechenschaft für die Könige ablegen müssen. Und deshalb gilt: Obwohl der Kaiser über das ganze Menschengeschlecht herrscht, beugt er doch den Kopf vor denen, denen die göttlichen Angelegenheiten obliegen, um von ihnen die Mittel der Erlösung zu erwarten. In Bezug auf den Empfang und die korrekte Verwaltung der Sakramente ist der Kaiser Untertan und nicht Herrscher.

Diese Prägung Gelasius' wird das politische Denken der Kirche für lange Zeit bestimmen. Und das der Herrscher. Allerdings wird die Formel des Gelasius und ihr Sinn dabei eine nicht unwesentliche Änderung erfahren. Die erste Etappe der Interpretation findet um die Kaiserkrönung Karls des Grossen herum statt. Gelasius hatte von einer Teilung und Unterscheidung der beiden Gewalten gesprochen, und Alkuin, der Protagonist der karolingischen Renaissance, schreibt noch vor der Kaiserkrönung in diesem Sinne, dass die weltliche Gewalt das Schwert des Todes in der Hand führe, die geistliche Gewalt den Schlüssel des Lebens in ihrer Zunge. Doch die Trennung, von wie grundsätzlicher Natur sie auch sein mag, verfolgt das Ziel der Einheit; die Einheit der Herde unter Gott, mit Christus als ihrem Schäfer. Wenn Karl der Grosse als der ‹Verteidiger der Kirche› erscheint, ist plötzlich nicht mehr ganz sicher, wo die Grenzen der Kirche liegen. Das politische Denken der Päpste wird immer stärker versuchen, das Kaisertum als ein Amt zu bestimmen, das in der Kirche angesiedelt ist. So dass zwar der

Kaiser keinen Anteil an den Entscheidungen der kirchlichen Hierarchie haben kann, wohl aber – und das scheint die Kaiserkrönung ja zu beweisen – das Amt des Kaisers in Abhängigkeit von der institutionell durch den römischen Primat bestimmten Kirche steht.

Von kaiserlicher Seite aus jedoch ist eine andere Bewegung zu beobachten: Aus dem *defensor ecclesiae*, aus dem Verteidiger der Kirche, wird ein Amt, das aus eigenem Antrieb in Kirchenangelegenheiten eingreift, weil es in Kirchenangelegenheiten politische Angelegenheiten sieht. Das wird später besonders deutlich in der Zeit der Ottonen und Salier, in der von einer selbstständigen Verwaltung der Kirche nicht mehr die Rede sein wird. Das germanische System der Eigenkirche bestimmt die Kirche als ein Lehen, welches vom Feudalherrn vergeben wird. In dieser Weise bestimmt der Kaiser die Bischöfe des Reichs, die er nicht anders als seine anderen Lehensmänner behandelt. Nicht nur steht so die Kirche in einer inakzeptablen Abhängigkeit von der weltlichen Gewalt; es werden ihr dazu weltliche Aufgaben übertragen, die nie im Rahmen der Kirchenlehre diskutiert worden sind. Auch die Bischöfe haben jetzt, gelasianisch gesprochen, *potestas* und *auctoritas*, doch nicht mehr von Gott, sondern vom Kaiser, der ihnen die Kirche wie jedes andere Lehen überträgt. Damit ist natürlich das kirchlich gewünschte Abhängigkeitsverhältnis auf den Kopf gestellt. Die Päpste hatten ja umgekehrt versucht, ihre Superiorität über die weltliche Gewalt zu behaupten, und dafür wurden klassischerweise zwei politische und ein pastorales Argument angeführt. Das pastorale Argument haben wir schon gesehen, von Gelasius wurde die grössere Bürde der priesterlichen Aufgabe gegenüber der königlichen hervorgehoben, weil die Priester vor Gott Rechenschaft über das Leben der Könige ablegen müssen. Die beiden politischen Argumente stehen in einem engen Verhältnis zueinander: Das erste Argument ist die Kaiserkrönung Karls des Grossen, die in der Folge des engen Verhältnisses der karolingischen Dynastie zum Papsttum sich ereignet. Papst Zacharias hatte ja, aufgrund, wie es heisst ‹apostolischer Autorität› Pippin zum König in einem Reich bestimmt, in dem die Merowinger nur noch Schatten königlicher Herrschaft darstellten. Und er hat ihn nicht nur zum König der Franken bestimmt, Pippin ist, wie eine andere Quelle erzählt, durch die Bischöfe zum König geweiht worden. Das bedeutet nicht mehr und nicht weniger als dass das Amt des Königs, aus dem in diesem Fall das des Kaisers hervorgehen wird, ein Amt in der Kirche ist.

Das zweite Argument behauptet, dass die Kaiserwürde im Römischen Reich Eigentum des Papstes ist, dem es deshalb zusteht, dieses Amt zu verleihen. Dieses Argument taucht in der Sylvesterlegende auf, es wird jedoch erst seit der zweiten Hälfte des 8. Jahrhunderts bedeutsam, und zwar in einer der grössten Fälschungen aller Zeiten, der Konstantinischen Schenkung. Die Sylvesterlegende aus dem 5. Jahrhundert erzählt, dass Kaiser Konstantin nach seiner Bekehrung die Krone vom Haupt genommen und verfügt habe, dass alle Bischöfe den Römischen Bischof als ihr Haupt ansehen sollen, so wie alle Richter den König. Das Ziel dieser Legende war die Behauptung des römischen Primats gegenüber dem zweiten Rom, Konstantinopel. Die Konstantinische Schenkung malt die Legende aus. Jetzt heisst es, dass der Kaiser dem Papst alle imperialen Insignien übergeben habe, und dass Konstantin dem Papst die Herrschaft über das Westreich übertragen habe, als er die neue politische Hauptstadt im Osten gründete. Man sieht deutlich den Unterschied: Das 5. Jahrhundert ist mit der Befestigung des römischen Primats beschäftigt, das 8. Jahrhundert fasst das Verhältnis von Papsttum und weltlicher Gewalt ins Auge. Und in diesem Sinne wird die Kaiserkrönung im Jahre 800 als eine weitere *translatio imperii* gedeutet. Nachdem Konstantin Sylvester das Reich übertragen hat, wird dieses nun vom Römischen Bischof auf den König der Franken übertragen.

Wir wissen, dass die Kaiserkrönung sozusagen im Handstreich gegen den Willen Karls erfolgte; nicht nur weil diesem Rom wenig bedeutete, sondern mehr noch, weil er die Legitimität seiner Würde nicht dem Papst zu verdanken gedachte. Der Kaiser führte den Titel denn auch nicht; seiner Meinung nach war er Kaiser dank Gottes und dem Willen des Volkes der Franken. Das römische Spiel gegen Byzanz war dem König der Franken ebenso fern wie die Ideologie der *translatio imperii* und die Mittlerstellung des Papstes inakzeptabel war. Die Ottonen und Salier werden zweihundert Jahre später die Konstantinische Schenkung als Fälschung entlarven und den Spiess umdrehen: Nach unserem Willen, so schreibt Otto III. in einer Urkunde für Sylvester II., geben wir dem Heiligen Petrus, was unser ist, nicht seines.[54] Was sich bei den Karolingern schon angedeutet hat, wird von den Ottonen und Saliern vollendet: die Kirche wird zu einer Institution des Reiches. Ihr kommen weltliche und geistliche Ordnungsfunktionen zu, und sie wird in der Auswahl ihres Personals ganz und gar durch die weltlichen Herren bestimmt.

In der Mitte des 11. Jahrhunderts beginnt dagegen die grosse Revolution der Kirche, die sich selber wieder entdeckt und jetzt ihren Kampf um Freiheit führt. Diese Revolution hat viele Aspekte, die sich jedoch alle zum Bild der einen, um ihre Freiheit kämpfenden Kirche fügen. Der Kampf gegen Ämterkauf und Priesterehe, der Versuch einer Stärkung des römischen Primats, die Herausbildung eines eigenständigen Kirchenrechtes und schliesslich der Kampf um die

---

[54] Vgl. P. E. Schramm: Kaiser, Rom und Renovatio. Studien und Texte zur Geschichte des römischen Erneuerungsgedankens vom Ende des karolingischen Reiches bis zum Investiturstreit. Darmstadt 1962, S. 162.

Frage der Investitur – all das sind Felder, auf denen die sich in gewisser Weise neu erfindende Kirche um ihre Freiheit kämpft. Denn nur eine freie Kirche ist eine wahre Kirche. Die Kirche löst sich aus der Umarmung durch die weltliche Gewalt, in die sie im Gefolge ihrer Versuche, die weltliche Macht an sich zu binden, geraten ist. Die Kirche gerät ja im Laufe der Geschichte immer wieder in babylonische Gefangenschaften – und nie ist sie dabei ganz unschuldig. Immer wieder versucht sie, die Verbindung von weltlicher und geistlicher Gewalt zu stärken – sicherlich auch aus Machthunger, vor allem aber ihrem Auftrage einer Christianisierung der Welt folgend. Doch diese enge Verbindung gestaltet sich nie so, wie sich das Papsttum das vorstellte, das den weltlichen Herrn durch die Weihe an sich zu binden versuchte und ihm als Individuum die Stellung eines Laien in der Kirche zudenkt. Immer wieder machen sich die Gesetze der Macht auf ganz irdische Weise geltend; in der Weise nämlich, dass aus der gedachten Oberherrschaft des Papstes – und das heisst der Kirche – eine Einverleibung der Kirche durch die weltliche Gewalt erfolgt. Letztlich ist es erst der komplette Fehlschlag einer theokratischen Machtübernahme durch Bonifaz VIII., der die irdischen Machtphantasien der Kirche zurückstutzt. Was nicht heisst, dass diese Phantasien nicht immer wieder durchbrechen, doch sie verlieren ihre historische Relevanz.

In der Auseinandersetzung um die Investitur wird der Kampf um die Freiheit der Kirche in aller Schärfe geführt – und schliesslich auch gelöst. Investitur bedeutet allererst die Einsetzung eines Bischofs in sein Amt, symbolisch ausgedrückt in der Verleihung von Bischofsstab und Ring. Im Reich werden die Bischöfe in der Tradition des ottonisch-salischen Eigenkirchensystems durch den Kaiser bestellt – und zwar nicht zuletzt, weil das Bischofsamt nicht nur geistliche Gewalt beinhaltet, sondern auch weltliche. Tatsächlich sind die Bischöfe im 11. Jahrhundert – und das gilt nicht nur für das Reich, sondern auch für Frankreich und England, wo der Investiturstreit jedoch wesentlich gezähmter verläuft – mächtige Landesherren, derer Treue sich die jeweiligen Könige versichern wollen und müssen. Dass dadurch jedoch das Bischofsamt selbst als Lehen erscheint, macht den Skandal aus. Die Revolution der Kirche durch Gregor VII. dreht sich denn auch ganz wesentlich um das Verbot der Laieninvestitur. In der Befugnis, Bischöfe in ihr Amt einzusetzen, haben die weltlichen Gewalten die Kirche usurpiert. Gregor versucht, wie ganz besonders sein Nachfolger Urban II., den Königen und dem Kaiser diese Befugnis zu entreissen, um die Freiheit der Kirche wiederherzustellen. Gelöst wird diese Auseinandersetzung durch das Wormser Konkordat (1122) mit einer Kompromissformel, die jedoch als ein Sieg der Kirche auf der ganzen Linie zu deuten ist. Nach französischem und englischem Vorbild – dort wird der Streit schon im ersten Jahrzehnt des 12. Jahrhunderts beigelegt – wird jetzt zwischen der geistlichen und der weltlichen Gewalt des Bischofs unterschieden. Gewählt wird der Bischof nach kanonischem Recht von den legitimen kirchlichen Instanzen – zum Teil allerdings in Gegenwart des Kaisers. Dem Kaiser wird das Recht zugestanden, den gewählten Bischof in seine weltlichen Befugnisse einzusetzen durch die Investitur mit dem Zepter. Doch auf die eigentliche Investitur durch Ring und Stab verzichtet der Kaiser ebenso wie auf die Bestimmung des Kandidaten. Damit wird die Selbstständigkeit der Kirche gegen die weltliche Gewalt ebenso behauptet wie der geistliche Charakter des Bischofsamtes gegen seine weltlichen Funktionen hervorgehoben.

Der Kampf um die Freiheit der Kirche bedeutet, wie gesagt, eine Wiedererfindung der Kirche, eine Rückbesinnung auf einen Kern ihres Wesens, den die Reformer der Mitte des 11. Jahrhunderts unter einem Schleier von Vermischung mit den weltlichen Angelegenheiten verloren sehen. Kampf um die Freiheit der Kirche heisst allererst die Wiederherstellung ihrer institutionellen Integrität. Diese Wiederherstellung nimmt an der Befestigung der Institution des Papsttums ihren Ausgang. Gregor VII. (1073–1084) versucht, gegen das System der Verflechtung von Geistlichem und Weltlichem, durch das das ottonisch-salische Reichskirchensystem sich auszeichnete, den Wiederaufbau einer selbstständigen kirchlichen Hierarchie. Der erste Versuch dieses Wiederaufbaus orientiert sich an der gelasianischen Vorstellung vom Dualismus zweier Gewalten, der weltlichen und der geistlichen, sowie der Hoffnung auf ihre harmonische Eintracht. Er endet bei Gregor in einer grob naturalistischen Deutung der königlichen Herrschaft, die aus Arroganz, Verrat, Mord und Gier hervorgeht, assistiert vom Fürsten dieser Welt, dem Teufel[55] – einer Herrschaft, die nur durch die Kirche zu einer christlichen Institution werden kann. Zwischen diesen beiden Positionen, die von einem Mann in einer Zeitspanne von kaum sechs Jahren gedacht worden sind, liegt das ganze politische Denken der Kirche im Hohen Mittelalter.

In dieser kurzen Zeitspanne ist der Streit um die Investitur, eingebettet für Heinrich IV. in den Kontext einer Herrschaftskrise und ihrer Überwindung, auf die Spitze getrieben. Durch die Synode von Worms (1076) wollte Heinrich Gregor VII. absetzen lassen, dessen harsche Reformpolitik – das Verbot des Ämter-

---

[55] Die erste Einschätzung in einem Brief an Rudolf von Rheinfelden (Registrum I.19, S. 31), die zweite aus einem Brief an Hermann von Metz vom 15. März 1081 nach der zweiten Exkommunikation Heinrichs IV. (Registrum VIII.21, S. 552; die Stelle sei wegen ihres Furors zitiert: «Qui nesciat reges et duces ab iis habuisse principium, qui Deum ignorantes superbia rapinis perfidia homicidiis postremo universis pene sceleribus mundi principe diabolo videlicet agitante super pares, scilicet homines, dominari ceca cupidine, et intollerabili presumptione affectaverunt.»).

kaufes, Absetzung von Priestern mit unmoralischem Lebenswandel bzw. von Priestern, die durch Kauf an ihr Amt gekommen waren – den Zorn des Kaisers erregt hatte. Noch im selben Jahr erklärte Gregor daraufhin die Exkommunikation des Kaisers. Die Exkommunikation eines Königs ist an sich schon als ein ungeheurer Vorgang gesehen worden. Doch den Gipfel dieses Prozesses stellte die daraus folgende Entlassung der Lehensnehmer und Untertanen Heinrichs IV. aus der Gehorsamspflicht dar. Einerseits war diese Folge nur logisch: Mit der Exkommunikation verliert der König einer *respublica christiana* jeden Loyalitätsanspruch. Auf der anderen Seite werden die Kritiker Gregors VII. einwenden, dass Gregor versucht habe, die beiden Gewalten an sich zu reissen. Jetzt wird Gregor häretisch, denn ganz offensichtlich verstösst er gegen die Recht gewordene gelasianische Gewaltenteilung. Umgekehrt wiederum wird Gregor gerade Gelasius zu seiner Rechtfertigung heranziehen: Hatte dieser doch einerseits einen harmonischen Dualismus der Gewalten beschrieben, andererseits jedoch gefordert, dass der Kaiser den Nacken vor den Priestern zu beugen habe. Allein, Gregor zitiert Gelasius natürlich unvollständig – und in dieser unvollständigen Gestalt wird Gelasius dann in das kodifizierte Kirchenrecht ab dem späten 11. Jahrhundert eingehen.[56] Gregor verschweigt, dass der Kaiser fromm den Nacken beugt vor den Priestern in sakramentalen Angelegenheiten. Von nichts anderem als von der Spendung der Sakramente ist bei Gelasius die Rede, und diese Hierarchie ist nicht die von bischöflicher Autorität und königlicher Gewalt, es ist schlicht und ergreifend jenes Gefälle, das sichtbar wird, wenn ein Christ, und sei er Kaiser, von der Kirche die Spendung der Sakramente erbittet. Das Ende dieser kurzen Geschichte zwischen Heinrich und Gregor, die von etwa 1075 bis 1081 dauert, ist eine Eidesformel, die Gregor nach Deutschland schickt, als die rebellischen Fürsten nach dem Tod Rudolfs von Rheinfelden einen neuen Gegenkönig wählen. In dieser, von den Fürsten dann jedoch ignorierten Eidesformel, die der neue König zu sprechen hätte, heisst es: «Von nun an werde ich in gutem Glauben der Vasall sein des seligen Apostels Petrus und seines Stellvertreters, der nun im Fleische lebt, Papst Gregors; und was immer der Papst mir mit den Worten ‹in wahrem Gehorsam› befiehlt, dem werde ich gehorchen, wie ein Christ soll … Ich werde, mit Christi Hilfe, Gott und dem Heiligen Petrus jede Ehre und jeden Dienst erweisen; und an dem Tage, da ich ihn erstmals sehe, werde ich Sankt Peters Ritter und sein durch einen Akt der Ehrung.»[57]

---

[56] Vgl. Gratian, Decretum D. 96 c. 10 (Corpus Iuris Canonici, im Folgenden zitiert als Friedberg mit römischer Band und arabischer Seitenzahl, hier I 340).

[57] Gregor VII., Registrum IX.3, S. 575f.

Dass der Papst exkommunizieren kann, steht ausser Frage. Es sind die politischen Konsequenzen dieses Aktes im Falle der Exkommunikation eines politischen Oberhauptes, die diese Exkommunikation so problematisch erscheinen lassen. Gregor beruft sich auf die Vollmacht des Lösens und Bindens, die Jesus Petrus übergeben hat (Mt 16,18). Wenn Petrus die Macht des Bindens und Lösens hat, dann steht es auch dem Papst frei, Untertanen und Lehnsherren von ihrem Eid gegenüber einem König zu befreien, der nicht mehr in der Kirche steht. Die Kritiker des Papstes zeichnen demgegenüber das Bild eines Usurpators: Gregor, so Heinrich IV., hat das *regnum* und das *sacerdotium* usurpiert und dadurch Verachtung für Gottes Einrichtung erwiesen, der wollte, dass die Regierung prinzipiell aus zweien, nicht aus einem besteht.[58] Ganz abgesehen von dem realen politischen Einsatz dreht sich der Streit um die Legitimationsquellen weltlicher Herrschaft. Nicht um die Frage, ob die weltliche Gewalt in Gott gegründet sei – das steht nicht zur Debatte. Sondern um die Frage, ob der König seine Legitimität direkt von Gott empfängt oder vermittelt durch den Papst. Die Diskussion über die Zwei Schwerter, in die das Hohe Mittelalter Gelasius Zwei-Gewalten-Lehre transformiert hat, dreht sich allererst um die Frage einer Verwaltung der göttlichen Autorisierung.

Die Zwei-Schwerter-Lehre bezieht sich auf eine rätselhafte Passage des Lukasevangeliums: Nachdem Jesus den Jüngern das Reich zugeeignet hat, nachdem er die besondere Stellung des Simon (d. h. Petrus) hervorgehoben hat, fordert Jesus die Jünger auf, ihr Eigentum zu verkaufen, um von dem Erlös Schwerter zu kaufen. Die Jünger sagten: «Herr, hier sind zwei Schwerter! Er aber sagte zu ihnen: Lass gut sein!» (Lk 22,38). Im Mittelalter wurde diese Passage auf die Existenz zweier Gewalten hin gedeutet: Mit den zwei Schwertern wären die königliche und die priesterliche Gewalt gemeint, die damit zugleich deutlich unterschieden wären. Darauf bezieht sich auch Heinrichs Protest. Dass das geistliche Schwert von der Kirche geführt werden soll, das *gladus materialis* aber vom König- oder Kaisertum, steht ausser Frage. In Frage aber steht erstens die genaue Funktion dieser beiden Schwerter und zweitens die Überlieferung der beiden Schwerter. Die weltliche Gewalt kann in ihrer Deutung dieser Allegorie nur bis zu einem bestimmten Punkt gehen: Sie kann mit diesem Zitat erstens ihre göttliche Autorisierung betonen und sie kann zweitens darauf bestehen, dass diese Autorisierung unvermittelt erfolgt. Dass also das weltliche Schwert direkt von Gott dem weltlichen Herrscher überreicht würde, dessen Legitimität demnach unabhängig von einer Übertragung ebendieses Schwertes durch den Papst wäre. Eben das kann jedoch eine hierokratische Deutung bestreiten.

---

[58] Heinrich IV., Ep. 13, MGH Dt. Ma. 1,19.

Die hierokratische Deutung beharrt darauf, dass beide Schwerter der Kirche übergeben worden seien, die jedoch nur eines dieser beiden selber führen kann. Deshalb übergibt sie nach ihrem Ermessen das weltliche Schwert. In dieser Gestalt entsteht die Lehre von den Zwei Schwertern im Umkreis der Auseinandersetzung Gregors mit Heinrichs. Zuerst noch eine Ungeheuerlichkeit, wird diese Version im 12. Jahrhundert eine gängige Theorie, wenn auch nicht die einzige. Von Bernhard von Clairvaux (1090–1153), der Schimäre seines Jahrhunderts, stammt die Schule machende Formulierung: «Der Kirche nämlich gehören beide Schwerter, das geistliche und das materiale; doch während dieses für die Kirche geführt wird, wird jenes durch die Kirche geführt.»[59] Die Entwicklung des kanonischen Rechtes wird diesen Suprematen des Papstes jedoch nicht aufrechterhalten. Meister Huguccio, der hervorragendste Kanonist des 12. Jahrhunderts, gibt zwei Legitimitätsvorstellungen, die den gelasianischen Dualismus aufgreifen. In der ersten heisst es, dass beide Gewalten, die apostolische und die kaiserliche von Gott eingerichtet seien; keine hängt von der anderen ab und der Kaiser erhält das Schwert nicht vom Papst. Dem Kaiser eignet die Macht in zeitlichen Angelegenheiten, dem Papst in geistlichen Angelegenheiten; so ist die Autorität, die beiden von Gott allein zukommt, getrennt.[60] Dieser anti-gregorianischen, anti-hierokratischen Version gesellt sich bei Huguccio eine zweite zu, die für den weiteren Verlauf der Geschichte von grösster Bedeutung ist: «Ich glaube», schreibt Huguccio, «dass der Kaiser die Schwertgewalt und die kaiserliche Würde nicht vom Apostolischen (Stuhl), sondern durch die Wahl der Fürsten und des Volkes innehat.»[61] Mit der zweiten Position wird die weltliche Gewalt letzlich ganz aus dem Geflecht der kanonistischen Diskussion entlassen: Nicht von Gott eingerichtet, sondern aus dem Willen des Volkes und der Fürsten entsprungen, wird der Legitimationsgrund der weltlichen Herrschaft den Theologen unzugänglich.

Der Streit um die Zwei Schwerter, die Frage nach einer Hierarchie der Autoritäten erfährt einen letzten Höhepunkt in der Auseinandersetzung Bonifaz VIII. mit Philipp dem Schönen an der Wende vom 13. zum 14. Jahrhundert. Nichts wirklich Neues wird hier geäussert, doch die hierokratische Version der Zwei-Gewalten-Lehre wird in einem Ausmass und in einer Schärfe noch ein letztes Mal vorgeführt, die unerhört und unvergessen ist. Die Auseinandersetzung zwi-

---

[59] Bernhard von Clairvaux, De consideratione IV.3,7.

[60] Huguccio, Glosse zu D.96 c.6; abgedruckt in John A. Watt: The Theory of Papal Monarchy in the Thirteenth Century. Fordham 1965, S. 24.

[61] Huguccio, Glosse zu D.96 c.6; abgedruckt in John A. Watt: The Theory of Papal Monarchy in the Thirteenth Century. Fordham 1965, S. 23. Vgl. A.M: Stickler: Der Schwerterbegriff des Huguccio, in: Ephemerides iuris canonici 3 (1947).

schen Bonifaz und Philipp dreht sich vordergründig um Fragen der Besteuerung von Kirchengut, das nicht zu den Spiritualia gerechnet wird, also um die Besteuerung des Grundbesitzes der Kirche – denselben Streit finden wir zeitgleich in England –, sowie um die Frage der Exemption der Geistlichkeit von der weltlichen Gerichtsbarkeit und schliesslich um die Frage der Patronage über die Kirche von Frankreich. In einem grösseren Kontext aber können und müssen die Dokumente dieser Auseinandersetzung als ein Zusammenprall politischer Kulturen gedeutet werden: hier der Versuch, den universalen Charakter der Kirche als der Organisation einer *respublica christiana* zu behaupten und dort die Herausforderung des sich herausbildenden Nationalstaates, der eine Oberherrschaft über alles beansprucht, was in seinem Territorium liegt. Die Auseinandersetzung zwischen weltlicher und geistlicher Gewalt bedeutet jedoch zugleich eine Verschärfung in der Auseinandersetzung um die Organisationsform und um die Autoritätsfrage in der Kirche selbst. Die hierokratische Position bedeutet immer auch eine hierarchische Zuspitzung der Kirche hin auf die Position des Papstes. Letztlich folgt diese Deutung der Organisation einer alten Einsicht: Nur der Papst ist in der Lage, die Freiheit der Kirche zu garantieren. Denn anders als die Ortskirchen wäre der Papst nicht den Verflechtungen von Weltlichem und Geistlichem – und gerade wegen seiner deutlichen Exterritorialität –, nicht dem Druck der säkularen Gewalten ausgesetzt. Doch das ist nur eine Seite der Argumentation. Die andere hat damit zu tun, dass dem Papst eine andere Autorität zugedacht wird als den Ortsbischöfen: Als Vikar Christi erscheint er, als derjenige, der in der Folge des Heiligen Petrus die Kirche regiert und einzig mit göttlicher Autorität ausgestattet ist. Er hält die Kirche zusammen, ihm sind die beiden Schwerter übergeben.

«Unam sanctam», die Bulle, die Bonifaz am 18. November 1302 erlässt, greift die gesamte hierokratische Argumentation der vorherigen 200 Jahre noch einmal auf. Es gibt nur eine heilige, katholische und apostolische Kirche. Und, Cyprian wiederholend: Ausserhalb der Kirche gibt es weder Erlösung noch Vergebung der Sünden. Bernhard von Clairvaux' Version der Zwei-Schwerter-Lehre wird wiederholt: Es gibt eine Hierarchie der beiden Schwerter, das geistliche Schwert wird durch die Kirche verwaltet, das weltliche Schwert für die Kirche. Und deshalb steht es der geistlichen Gewalt zu, die weltliche Gewalt einzusetzen und darüber zu urteilen, ob sie gut ist oder nicht. Denn ebendiese göttliche Gewalt, über die Höchsten zu urteilen, hat Christus dem Petrus und seinen Nachfolgern übergeben. Das Urteil des Papstes über Kaiser und Könige muss als göttliches Urteil gelten, dem sich niemand widersetzen darf. Umgekehrt jedoch kann – so Bonifaz, ganz in der Tradition des *dictatus papae* von Gregor VII., angesichts des Versuches des französischen Hofes, ihn als Häretiker anzuklagen – über den Papst nur von Gott geurteilt werden. Die Bulle endet dann mit der harschen Erklärung: «Und ferner erklären wir, dass es um der Erlösung willen unbedingt notwendig ist, dass ein jedes menschliches Geschöpf dem römischen Bischof untertan sei.»[62] Es kann kein Zweifel daran bestehen, dass dieser letzte Satz eigentlich bedeutet – und das ist der Skandal –, dass jedermann dem römischen Bischof *in spiritualia* und *in temporalia* untertan sein muss.

Bonifaz bündelt in diesem kurzen Dokument die hierokratische Argumentation, nämlich die besondere Legitimität des Papstes, die Hierarchie der Zwei Schwerter und das alles vor dem Hintergrund des kirchlichen Monopols der Heilsverbürgung. Von einer Gewaltentrennung im Sinne des Gelasius kann keine Rede mehr sein: Es gibt nur eine Gewalt, nämlich die Gewalt Gottes, und diese äussert sich, aus mehr oder weniger pragmatischen Gründen, in dieser Welt in zwei Gestalten. Über beide Gewalten jedoch verfügt, weil sie von Gott eingerichtet sind, die Kirche – und sie tut dies durch das Amt und die Person des Papstes. Bonifaz versteht sich ganz und gar in der Linie des Kampfes für die Freiheit der Kirche. Es ist dies nicht einfach die Position eines finsteren Reaktionärs, der sich gegen den notwendigen Fortschritt der Weltgeschichte stemmt. Wenn man den Konflikt aus der Warte der Moderne betrachtet, dann sind die Positionen in ebendiesem Sinne klar verteilt: Bestimmt wird diese Sicht durch die Behauptung der Säkularisierung, die eine Trennung von Staat und Kirche voraussetzt, welche als die Bedingung von Freiheit und Toleranz erscheint. Es ist jedoch entscheidend, dass – und das gilt im Prinzip für die gesamte hierokratische Literatur zwischen Gregor VII. und Bonifaz VIII. – die hierokratische Position nicht einfach Usurpation bedeutet, wie das von der Gegenposition immer wieder behauptet wird. Die hierokratische Position ist allererst der Versuch einer aggressiven Verteidigung der Kirche als eines Heilsinstrumentes, das nicht der Willkür der weltlichen Gewalten mit ihren partikularistischen Interessen überlassen werden darf. Die Proklamierung einer Oberherrschaft der Kirche und der unumstösslichen Hierarchie der Gewalten erscheint dann aus zwei Gründen legitim: Erstens kann nur so sichergestellt werden, dass die Kirche einen Zugriff weltlicher Herrschaft nicht zu befürchten braucht, und zweitens kann die Kirche nur so ihrem heilsverbürgenden Charakter gerecht werden.

Hinter all dieser Diskussion steht letztlich, von späterer Warte aus betrachtet, nicht weniger als die Frage der Bedeutung des christlichen Glaubens. Natürlich entzündet sich diese Diskussion immer wieder an zeitgenössischen Konfliktfällen; allein, das ist nicht alles. Hinter dieser Diskussion steht allererst die Frage,

---

[62] «Porro subesse Romano Pontifici omni humanae creaturae declaramus, dicimus diffinimus omnino esse de necessitate salutis» (Denzinger/Schönmetzer: Enchiridion Symbolorum 875).

welche Aufgabe und welche Funktion der Kirche als der institutionellen Gestalt des christlichen Glaubens im öffentlichen Leben zukommt. In der Diskussion über die Zwei Gewalten oder im hohen Mittelalter über die Zwei Schwerter steht immer schon zweierlei auf dem Spiel: einerseits eine klar historisch verankerte Auseinandersetzung um die Kompetenzen der beiden entscheidenden politischen Akteure, andererseits jedoch die Frage nach dem politischen Gehalt des christlichen Glaubens. Dass diese beiden politischen Akteure nicht gleichen Charakters sind, ist unverkennbar; das hängt mit ihren Selbstdefinitionen, mit ihren Legitimationsgründen und schliesslich mit den Machtmitteln zusammen, die ihnen gegeben sind. Und man mag annehmen, dass die Schärfe der hierokratischen Position nur zu oft eine Kompensation ihrer fehlenden wirklichen Macht darstellt. Die Frage nach dem politischen Gehalt des christlichen Glaubens kann jedoch weder durch den Verweis auf die Übertreibungen der hierokratischen Position noch durch den Verweis auf den anmassenden Charakter ihrer Protagonisten beantwortet werden. Im Konzept der Säkularisierung wird später ebendiese Frage neu gestellt, jetzt jedoch in einem anderen historischen Kontext einerseits und bestimmt durch einen unterschiedlichen normativen Rahmen andererseits. Säkularisierung bedeutet die Freisetzung des politischen Raumes, ermöglicht durch eine Zurückdrängung des religiösen Einflusses auf politische Fragen. Mit dem Begriff der Säkularisierung als einer Verweltlichung der Welt wird einerseits der usurpatorische Charakter geistlicher Gewalt denunziert, die sich in weltliche Angelegenheiten mischt. In einer anderen Perspektive aber stellt sich die Frage, ob denn dem christlichen Glauben kein politischer Gehalt inne sei, ob der Versuch, die Frage der Religion in den Bereich des Privaten zu drängen – in gewisser Weise die Bedingung der Toleranz in religiösen Angelegenheiten –, nicht eben das religiöse Wesen des christlichen Glaubens selbst beeinträchtigt. Mit der Menschwerdung Gottes ist ja ein deutlicher Hinweis auf Gottes Sorge um die Welt gegeben, der kaum in einen privatistischen Spiritualismus auflösbar erscheint.

V. Die Reformation der Kirche

1. Päpstlicher Primat und Autorität des Konzils

Den hierokratischen Allmachtsphantasien folgt im 14. Jahrhundert ein tiefer Fall des Papsttums. Das Schisma von 1378 stürzt die Kirche in eine tiefe Krise: Zwei, seit 1409 drei Päpste machen sich die Stellung des Oberhauptes der einen Kirche streitig. Das Schisma bedroht die Kirche in ihrer ganzen Existenz. Denn diese ist rechtlich besonders seit den Reformbemühungen Gregors VII. in völliger Abhängigkeit vom päpstlichen Amt. Der Papst ist das Haupt einer Kirche, die ohne sichtbares Haupt nicht sein kann. Deshalb bedroht das Schisma die Kirche in diesem Masse – und zwar mehr noch als die anderen Probleme, die die Kirche zur *reformatio* drängen, um nur die Ausuferungen des Pfründewesens, die Ämterkumulation und die mangelnde Seelsorge zu nennen. Denn mit dem Schisma steht die Einheit des einen Körpers Christi auf dem Spiel. Die politische Antwort auf diese Herausforderung besteht in einer Aufwertung der Institution des Konzils. Denn nur eine solche Aufwertung versetzt das Konzil in die Lage, sich über den – oder besser: die Päpste zu setzen, um sie abzusetzen und so den Weg für einen neuen Anfang freizumachen. Doch was nach 1378 als ein Gebot der Stunde erscheinen konnte, greift auf eine alte Diskussion zurück, die Diskussion nämlich über die Macht des Papstes und die Macht der Bischöfe. Seit dem ausgehenden 2. Jahrhundert, besonders aber seit Leo I., beansprucht der Bischof von Rom eine besondere Stellung in der Gemeinschaft all derer, die an Jesus den Christus glauben. Und dies mit einer ausdrücklichen theologischen und einer unausgesprochenen politischen Begründung. Theologisch ist der Rekurs auf die Tradition des römischen Bischofs, der als Nachfolger Petri ebenjene besondere Stellung unter den Bischöfen beansprucht, die Petrus unter den Aposteln zukam. Historisch-politisch liegt der Schlüssel für die besondere Stellung des römischen Bischofs natürlich in der Tatsache, dass er der Bischof der Hauptstadt des Reiches ist, in der darüber hinaus die Gräber der Apostel Petrus und Paulus liegen.

In den Formeln *plenitudo potestatis*, Fülle der Gewalt, und *pars sollicitudinis*, Teil der Sorge, hat das Papsttum seit Gregor VII., besonders aber seit den von Bernhard von Clairvaux für Eugen III. geschriebenen «Erwägungen» die Bedeutung der Ämter des Papstes und der Bischöfe interpretiert: Der Papst hat die Fülle der Gewalt inne, um seiner Berufung in die Sorge über alle Kirchen gerecht werden zu können – oder aber umgekehrt: Aus der Ausstattung des Papsttums mit der Fülle der Gewalt entspringt die Pflicht zur Sorge über alle Kirchen. Die Bischöfe aber sind nur in einen Teil ebendieser Sorge berufen: Deshalb erstreckt sich ihre Gewalt nur auf ihre Diözese, ja sie kann sogar in der papalistischen kanonistischen Theorie – unter Vernachlässigung der apostolischen Sukzession – als aus der primordialen Gewalt des Papstes abgeleitet erscheinen.

Die vollendete Deutung dieses Komplexes, in den der Gründungsmythos der Kirche und die juridische Ausgestaltung ihrer politischen Form verwoben sind, gibt die Predigt XXI, die Innozenz III. (1198–1216) zum Fest von Peter und Paul hält. Die im eigentlichen Sinne juridische Macht der Kirche, die Macht zu binden und zu lösen, können auch die nicht-römischen Bischöfe nach Mt 18,18 für sich beanspruchen. In einer weitreichenden Interpretation von Mt 16 und Joh 20 versucht Innozenz die hervorgehobene Stellung des römischen Bischofs dennoch zu wahren. Dazu greift Innozenz auf die berühmte Stelle aus dem Matthäusevangelium zurück und kombiniert sie mit einem Zitat aus dem Johannesevangelium: «Du bist Petrus [petros], und auf diesen Fels [petra] werde ich meine Kirche bauen» (Mt 16,18), verbunden mit «Du bist Simon, der Sohn des Johannes; du wirst Kephas genannt werden, was übersetzt Petrus [petros] heisst» (Joh 1,42). Mit dieser etymologischen Deutung rettet Innozenz die einzigartige Macht des Nachfolgers Petri: Denn Kephas mag als Petrus – und damit als Fels oder Fundament – oder aber als *caput*, als Haupt, interpretiert werden. Wie aber im Haupt die Fülle des Sinnes versammelt ist, in den anderen Gliedern nur ein Teil dieser Fülle, so sind einige, also die anderen Apostel *in partem sollicitudinis*, nur Petrus aber in die Fülle der Gewalt berufen. In einem kurzen Handstreich bezieht Innozenz diese Interpretation auf das Gewaltenverhältnis von Papst und Konzil: Der Papst kann ohne die Bischöfe von seiner Gewaltenfülle Gebrauch machen, nicht aber die Bischöfe ohne den Papst. Und dann kann in einer schnellen Wendung noch die kanonische Formel «papa a nemini iudicari debeat», über den Papst darf niemand urteilen, angedeutet werde, denn der Papst kann die anderen binden, nicht aber von ihnen gebunden werden.[63]

Jene höchste Gewalt, die das Papsttum beansprucht, bezieht sich wohlgemerkt nur auf den Bereich der *potestas iurisdictionis*, der römische Primat ist ein juridischer Primat. Wenn man nur die *potestas ordinis*, die Weihegewalt ins Auge fasst, wird man keine solche Hierarchie feststellen können: Bezüglich der Weihegewalt, des explizit ‹geistlichen Teils› ihres Amtes, sind alle Bischöfe gleich, also auch der von Rom, nur in der *potestas iurisdictionis* hebt sich der Papst von seinen Bischofsbrüdern ab. Die Ausstattung des Papsttums mit der *plenitudo potestatis* bedeutet insofern keine mystische Aufladung, sondern im Gegenteil eine von Sachlichkeit getriebene Juridifizierung dieses Amtes – die die quasi-pneuma-

---

[63] Innozenz III., Serm XXI (Migne PL 217, 552).

84

tischen Komponenten des Bischofsamtes ganz und gar ausser acht liesse. Schon die Verleihung der Binde- und Lösegewalt durch Christus deutet auf ein klar umgrenztes päpstliches Amt hin: *Ratione papatus* wird Petrus Würde und Macht übertragen – und so viel Macht und Würde, wie Petrus aus diesem Grunde übertragen wird, steht auch seinen Nachfolgern zu.[64] Die Übertragbarkeit dieser Gewalten weist darauf hin, dass hier nicht pneumatische Gaben zur Disposition stehen, sondern schlichte Machtbefugnisse, die in den Termini des römischen Rechtes fassbar sind. Nur im Blick auf seine Verwaltungsfunktion kann der päpstliche Primat begründet werden.[65]

Die juridische Bestimmung des päpstlichen Primates ist jedoch nicht nur im Hinblick auf die Verwaltungsseite des kirchlichen Handelns, in Bezug auf die Möglichkeit von Bedeutung, die Kirche als einen modernen Staat zu regieren, sie ist – und daran lassen die Begründungen keinen Zweifel – das vorzügliche Instrument, um die Einheit der Kirche sicherzustellen durch die Einheit ihres Hauptes. Im päpstlichen Primat verbindet sich also die juridische Überzeugungskraft des monarchischen Gedankens mit der mystischen Vorstellung der rechtlich gedeuteten Nachfolge Petri – bis hin zum Vikariat Christi. Die römische Kirche hat im Kampf um die *libertas ecclesiae*, im Kampf um ihre Freiheit und Selbstständigkeit die Stellung des Papstes ungeheuer erhoben, weil der Papst seit Gregor VII. als der Motor dieses Befreiungskampfes erscheinen konnte. Die Position der Bischöfe ist demgegenüber ungleich prekärer, nicht zuletzt wegen ihrer engen persönlichen und sachlichen Verstrickung mit den weltlichen Gewalten. Doch am Beginn des 15. Jahrhunderts schlägt die Stunde der Bischöfe: Die Kirche ist in jeder Hinsicht reformationsbedürftig, also an Haupt und Gliedern. Die Reformation des Hauptes ist dringlich, weil die Institution des Papsttums an den konkurrierenden Legitimitätsansprüchen zweier, später sogar dreier Päpste zugrunde zu gehen droht; sie ist dringlich, weil die Existenz mehrerer Päpste darauf verweist, wie weit die Institution des Papsttums, und zugleich die ganze Kirche von der im 11. und 12. Jahrhundert angestrebten Freiheit entfernt ist: der Papst in Avignon

---

[64] Papa «qui locum in dignitate Petri obtinet, et quantam dignitatem et potestatem habuit Petrus ratione papatus tantam habet eius successor» (Huguccio, Summa, ad D.19, c.2, zit. nach Watt, The Theory of Papal Monarchy, S. 81).

[65] «Wir tragen die Lasten aller, die beladen sind; genauer: diese Lasten trägt in uns der selige Apostel Petrus, der uns, seine Erben im Hinblick auf die Verwaltung, wie wir überzeugt sind, schützt und unterstützt» (Siricius, Denzinger/Schönmetzer 181). Die *plenitudo potestatis*, wie Leo I. das hundert Jahre später nennen wird, verdankt das Papsttum der Tatsache, dass es das Amt der Leitung der Kirche als eine Verwaltungsfunktion von Petrus geerbt hat – nicht mehr, nicht weniger.

eine Geisel des französischen Königs, der Papst in Rom eine Marionette der römischen Adelsfamilien; sie ist schliesslich dringlich, weil das in Avignon noch verfeinerte Kurienwesen zusehends als Instrument der Schikane und Obstruktion gegenüber den Ortskirchen erscheinen konnte. Die Reformation an den Gliedern ist dringlich, weil das Pfründewesen den geistlichen Auftrag der Kirche ‹vor Ort› vollends in den Hintergrund rückt; sie ist dringlich, weil der geistliche Stand sich moralisch und geistlich in einem bedrohlichen Zustand befindet; sie ist dringlich, um das geistige Moment der Kirche als Gemeinde Christi wiederzubeleben.

In der Stunde der Not besinnt sich die Kirche auf ihr synodales Wesen zurück: Das ist es, was als *re-formatio* seit dem 13. Jahrhundert gegen die Behördenstruktur der römischen Kurie eingefordert wird. [66] Synodal heisst, dass eine Versammlung der Gläubigen das höchste Entscheidungsgremium der Kirche darstellt, wie es in der Apostelgeschichte Kap. 15 beschrieben ist. Wie immer diese Versammlung konkret zusammengesetzt ist, wichtig ist, dass sie als Repräsentation vorgestellt wird, als eine Repräsentation des Ganzen also. Dagegen könne die personalistische Zuspitzung der Entscheidungsbefugnisse im Papalismus, wie sie sich seit dem Papsttum Gregors VII. stetig entwickelt hat, nicht die ganze Kirche repräsentieren. Konnte Wilhelm Durandus der Jüngere noch in der Tradition des Episkopalismus fordern, dass die Reform der Kirche vom Haupt ausgehen müsse, indem der Papst das alte Recht beachte und so die Bischofsge-

---

[66] Tatsächlich ist die Rückbesinnung auf das synodale Wesen zweischneidig. Denn durch diese Rückbesinnung werden nicht nur die Bischöfe gegenüber dem Papst aufgewertet. Zugleich, und das wird in der Zeit vor Konstanz, doch tatsächlich schon seit dem ausgehenden 13. Jahrhundert scharf diskutiert, zugleich wird die Bedeutung des Kaisers für das Wohl der Kirche hervorgehoben. Marsilius hat im 21. Kapitel des II. Teiles seines ‹Verteidiger des Friedens› (1324) dargelegt, dass «allein dem gläubigen menschlichen Gesetzgeber, der keinen höheren über sich kennt (also dem Volke, A. A.) oder demjenigen oder denjenigen, dem bzw. denen er diese Gewalt übertragen hat (das heisst dem Kaiser, A. A.)», das Recht zur Einberufung eines Konzils zukommt. Gegen die papalistische Auslegung des kanonischen Rechtes, vor dem Hintergrund der Konziliengeschichte der Alten Kirche und vor dem näheren Hintergrund von Bonifaz' Versuch, Philipp den Schönen zu exkommunizieren, stellt Marsilius die allumfassende, allein Frieden sichernde Befugnis des menschlichen Gesetzgebers, d. h. in diesem Fall des Kaisers, in den Vordergrund. Diese Argumentation zielt einerseits deutlich in die Richtung der Verknüpfung von säkularer ‹Souveränität› und Kirchenleitung bei Thomas Hobbes, andererseits greift sie das alte kanonistische Problem des häretischen Papstes auf.

walt stärke,[67] so kann jetzt umgekehrt sowohl die Einheit als auch die Reformation nur noch als von einem Konzil ausgehend gedacht werden. Die allererste
Aufgabe des Konzils besteht, darin sind sich alle einig, in der *causa unionis*, in
der Wiederherstellung der durch das Schisma verlorenen Einheit der katholischen
Kirche. Ob und in welchem Sinne die Frage der Einheit der Kirche mit der Frage
ihrer Reformierung verbunden ist, darüber wird auf dem Konstanzer Konzil
(1414–1418) gestritten werden. Wird die Frage der Einheit mit der Reformation
verbunden, wie das besonders die radikalen Konziliaristen wünschen, dann wird
man nicht nur das Problem der Sitten und Gebräuche der Geistlichen, sondern
dann wird man vor allem das zentrale Problem der Verfassung der Kirche thematisieren. Dann bestünde die Aufgabe eines Konzils, einer *congregatio fidelium*,
einer Versammlung der Gläubigen, allererst darin, die Ansprüche des Papsttums
zurückzuweisen, die gegen das alte Recht verstossen, wie es in der Rückbesinnung auf das altkirchliche Wesen und die Gemeinschaft der Apostel heisst.
«Concilium primo et ante omnia limitet ac terminet potestatem coactivam et
usurpatam papalem», schreibt Dietrich von Niem: Die Beschränkung der päpstlichen usurpierten Gewalt durch das heilige und universale Konzil nach dem Vorbild der Väter ist die Bedingung der Wiederherstellung der Einheit, ist die Bedingung der Union.[68]

Das kanonische Recht hat den Konsens von Papst und Konzil vorgesehen. Doch
die Kanonisten haben schon früh gesehen, dass dieser Konsens nicht immer gegeben sein kann. Diese Möglichkeit haben sie nicht dogmatisch, sondern rechtlich entfaltet in der Diskussion über die den politischen Suprematsanspruch des
Papstes befestigende Regel: «papa a nemine iudicatur». Deshalb formuliert schon
das Dekret des Gratian: Papa «a nemine est iudicandus, nisi deprehendatur a fide
devius», der Papst kann von niemandem gerichtet werden, es sei denn, er werde
für häretisch befunden.[69] Dass der Papst im Regelfall nicht gerichtet werden
kann, ist zugleich Konsequenz und Bedingung der päpstlichen Souveränität.
Doch gegen eine definitive Formalisierung des juridischen Tabus, der rechtlichen
Unantastbarkeit des Papstes, steht die Notwendigkeit, im Ausnahmefall, nämlich

---

[67] Wilhelm Durandus der Jüngere: De modo concilii generalis celebrandi; zu Durandus dem Jüngeren vgl. Brian Tierney: Foundations of the conciliar theory. The contribution of the medieval canonists from Gratian the the Great Schism. Cambridge 1955.
S. 190ff.
[68] De modis uniendi et reformandi ecclesiam in concilio universali (1410). Hrsg. von
Hermann Heimpel, Leipzig 1933 c. 10.
[69] Dist. 4 c.6 (Friedberg, I, 146).

dem der Häresie des Papstes, das rechtliche Haupt der Kirche abzusetzen. In diesem, und nur in diesem Fall, so die klassische Lehre, steht das allgemeine Konzil über dem Papst.

Das Konstanzer Konzil hat auf seiner fünften Sessio am 6. April 1415 mit dem Dekret «Haec Sancta» der konziliaristischen Ekklesiologie Rechtsform verschafft, die allerdings, ausser im Moment der Krise, keine Geltung erlangt hat: Das im Heiligen Geist rechtmässig versammelte Konzil, so heisst es dort, tagt, um das gegenwärtige Schisma auszurotten, um die Einheit und die Reform der Kirche Gottes an Haupt und Gliedern zu betreiben. Dieses Konzil erklärt, dass dieses im Heiligen Geist rechtmässig versammelte allgemeine Konzil die streitende katholische Kirche repräsentiert, dass es seine Gewalt unmittelbar von Christus hat, und dass ihm jeder, egal welchen Standes oder welcher Würde, und sei er der Papst, Gehorsam schuldet in Sachen des Glaubens, der Ausrottung des besagten Schismas und der Reform der Kirche an Haupt und Gliedern. Konziliarismus heisst also: Das Konzil repräsentiert die katholische Kirche; das Konzil hat seine Vollmacht unmittelbar von Christus; jeder, auch der Papst, ist dem Urteil des Konzils unterworfen. Man kann «Haec Sancta» selbstverständlich unterschiedlich deuten. Man mag dieses Dekret als den Gipfel und die Vollendung der konziliaristischen Diskussion deuten, als die Vollendung des Versuches, den Papst kirchenrechtlich wieder in das Gefüge der einen und einheitlichen katholischen Kirche zurückzubinden, aus dem sich – rechtlich gesehen – die Institution des Papsttums seit Gregor VII. beständig gelöst habe, indem sie in der *christianitas* eine dem hobbesschen Souverän entsprechende Stellung erobert und verteidigt hat; man kann das Dekret aber auch historisch als ein Notstandsdekret deuten.

Einberufen durch den Papst Johannes XXIII. (Baldassare Cossa, später abgesetzt) befand sich das Konzil nach dessen Flucht am 21. März 1415 in einer tiefen Autoritäts- und Legitimitätskrise, denn legitim, so das klassische kanonische Recht, war das Konzil nur, insofern es den Papst, das Haupt der Kirche in sich enthielt.[70] Jean Gerson, der grösste Konzilstheologe und Kanzler der Pariser Universität rettete das Konzil, indem er in der berühmten Predigt vom 23. März die Legitimität des Konzils von der Anwesenheit des Papstes trennte – und zwar mit Worten, die «Haec Sancta» geprägt haben: durch die Identifikation der Kirche mit dem sie repräsentierenden Konzil – *Ecclesia vel generale Concilium* –, durch eine Auffächerung der Fälle, in denen ein Konzil ohne oder gegen den Willen des Papstes einberufen werden kann, durch die Deutung des Papstes als im Vergleich mit Christus dem *caput secundarium* der Kirche, dessen Verhältnis

---

[70] Dekret Dist. 17 (Friedberg I, 50ff).

zur Kirche, weil er nur Stellvertreter Christi ist, nicht ehelich und folglich nicht unauflöslich ist. Die Aufgabe des Konzils besteht in der «heilsamen Erörterung und Festlegung der Fragen über die ordentliche Leitung der Kirche hinsichtlich von Glaube und Sitte». Diesem Konzil ist jeder, und sei er der Papst, zum Gehorsam verpflichtet. Ja, das Konzil kann sogar den Gebrauch der *plenitudo potestatis* wenngleich nicht aufheben, da sie übernatürlicherweise von Christus dem Papst übertragen wurde, so doch deren Gebrauch beschränken, wenn dies der *aedificatio*, der Auferbauung der Kirche dient. In all diesen Erwägungen, so Gerson, hat die Reform der Kirche ein unerschütterliches Fundament. Unabhängig von der Frage nach der Beurteilung der Dekrete des Konstanzer Konzils wird deutlich, dass in einer Situation der Not, in einer – wortwörtlich zu verstehenden – Krise die ganze Diskussion der vorherigen 150 Jahre – zur Entscheidung drängt. Und in dieser Situation der Krise erscheint der konziliaristische Gedanke kräftig genug, um sich gegen das dogmatisch und kanonisch gerüstete Bollwerk des Papalismus durchzusetzen. Der historische Rückblick zeigt aber auch, wie stark dieses Aufblitzen der konziliaristischen Idee in der Wirklichkeit an den ekklesiologischen Ausnahmezustand gebunden war.

2. Das Priestertum aller Gläubigen

Die Bedeutung des konziliaristischen Ausbruchs im 15. Jahrhundert bezieht sich auf verschiedene Problemfelder, die die Zukunft der Kirche bestimmen sollten: Erstens handelte es sich im genuinen Sinne um eine innerkirchliche Verfassungsfrage, zweitens stellte sich immer deutlicher die Frage nach der Repräsentation der weltlichen Gewalt in der Kirche und drittens stellt sich mit der konziliaristischen Bewegung die Frage nach der Wahrheit der Kirche, und nach der Notwendigkeit ihrer Reformation in aller Dringlichkeit. Tatsächlich wurde keine dieser Fragen wirklich gelöst.

Im 16. Jahrhundert ist der Sturm des Konziliarismus, jener zwiespältigen Gestalt des Versuches einer Kirchenreform, vorüber. Die kurze Blüte des Konziliarismus verdankte sich nur zu deutlich der Bewältigung einer existenziellen Not der Institution und dem Versuch der Wiederherstellung der Einheit der Kirche. Mit dem Konzil von Florenz, auf dem die griechische Kirche den päpstlichen Primat anerkannte,[71] zuletzt mit der Bestätigung der Bulle «Unam sanctam» und

---

[71] Das Basler Konzil (1431–1449) hatte versucht, «Haec Sancta» zum Glaubenssatz der katholischen Kirche zu erheben und zuletzt bestimmt: «Das allgemeine Konzil steht über dem Papst.» Auf dem Unionskonzil von Florenz 1439 wird dann beschlos-

der Behauptung des Primats des Papstes über alle Konzilien durch Leo X. im Jahre 1516 war das System des Papalismus – das ja paradoxerweise in der Exilsituation von Avignon die Tendenzen der Zentralisierung hatte verstärken können – so befestigt wie nur je zuvor. Mit dieser Wiederbefestigung des römischen Primats aber ist die Einheit der Kirche gerade nicht befestigt, sondern endgültig aufs Spiel gesetzt worden. Der Kampf der Reformation gegen die hierarchische Ordnung der Kirche erscheint in dieser Perspektive als die grosse Revolution der christlichen Religion; als eine Revolution, die den politischen Gehalt der Dogmatik ebenso erkannte wie den dogmatischen Gehalt der institutionellen Entscheidungen. Die Reformation ist Revolution: Luthers Versuch, die Kirche wieder in die Wahrheit zu stellen, forderte nicht weniger als die vollständige Umwälzung der verfassten Kirche. Da aber die Verfassung der Kirche nicht unabhängig von ihrer Dogmatik ist, mussten zentrale Elemente der Dogmatik – die Sakramentenlehre und die Offenbarungslehre besonders – neu ins Auge gefasst werden. Wie jede Revolution begründet sich auch diese Revolution als Reformation: das heisst als Wiederherstellung einer Wahrheit, die durch die Geschichte verloren gegangen ist.

Angesichts der reformatorischen Herausforderung wird erst richtig deutlich, wie begrenzt der Einsatz des Konziliarismus war. Weit entfernt von einer Demokratisierung der Kirche, bestand die konziliare Herausforderung allererst in einer Konstitutionalisierung der kirchlichen Entscheidungsbefugnisse und dann in einer – in ihrer ständischen, repräsentativen und nationalen Gestaltung allerdings stark bestimmten – Ausweitung der Partizipationsmöglichkeiten. Man kann die Zielvorstellung des Konziliarismus wohl – im Bewusstsein der groben Vereinheitlichung – als die einer konstitutionellen Monarchie beschreiben. Gegen die hierarchische Organisation der römischen Kirche mit ihrer strikten Trennung zwischen Laien und Klerikern versucht die Reformation jedoch die Wiederbegründung der *ecclesia* als Gemeinde – als einer Gemeinde der Gleichheit. Hatten die letzten vier Jahrhunderte die Matthäus-Stelle über die Gewalt zu binden und zu lösen in der Auseinandersetzung zwischen Papst und Bischöfen gedeutet, so findet die Reformation eine ganz neue Deutung: Alle, die «gloubent, ... dass Christus der sun des lebendigen Gottes sye, die sind uff den felsen ggründt und

---

sen, dass dem apostolischen Stuhl und römischen Bischof der Primat über den ganzen Erdkreis zukommt, dass er als Nachfolger des Heiligen Petrus, des Fürsten der Apostel, der wahre Vikar Christi, das Haupt der ganzen Kirche und aller Christen Vater und Lehrer ist; dass ihm in Petrus von Christus unserem Herrn die volle Gewalt, die ganze Kirche zu weiden, zu leiten und zu regieren übertragen worden sei (Laetentur coeli, Denzinger/Schönmetzer 1307).

heissend deshalb felser»[72]. In etwas wagemutiger Deutung wird der Gehalt der
Matthäus-Stelle auf alle Gläubigen ausgedehnt.[73] Es ist jedoch nicht nur der
Kampf gegen die Institution des Papsttums, der hier geführt wird; hier wird die
Unterscheidung und Trennung von Laien und Klerikern selbst zur Debatte ge-
stellt – und damit die Bedingung einer institutionellen Deutung der christlichen
Religion selbst nach dem Modell der rechtlich verfassten Kirche, wie sie sich seit
dem 3. Jahrhundert gebildet hat. Die römische Kirche ist im hohen Masse eine
Institution des Rechts. In dem Masse, in dem sie sich als Institution in dieser
Welt herausbildet, verrechtlicht sie sich. In der Reformation steht dieser rechtliche Charakter der Kirche – der wohlgemerkt nicht ihr ganzes Wesen ausmacht –
zur Debatte; weil, so Luther, das Recht der Kirche nicht nur nicht göttlich ist,
sondern dem Anti-Christ zugehört. In dieser Hinsicht beerbt die Reformation die
mystischen Bewegungen des ausgehenden Mittelalters und der frühen Neuzeit,
die gegen die Kanalisierung des *pneumas* und gegen die Möglichkeit einer forma-
len Festschreibung des Glaubens auf dem nicht-kodifizierbaren Charakter der
unmittelbaren individuellen Gotteserfahrung bestehen.

Nach der Enttäuschung über die ausgebliebene Reformation der Kirche an
Haupt und Gliedern gewinnen die protestantischen Tendenzen in der westlichen
Kirche – für die vorher schon die Namen John Wycliffe (1330–1384) und der auf
dem Konstanzer Konzil trotz der Zusicherung freien Geleites hingerichtete Jan
Hus (1372–1415) stehen – eine neue und ungeheure Bedeutung. Wycliffe, der Jan
Hus beeinflussen sollte, hatte schon das *Sola-scriptura*-Prinzip entfaltet: Die
Heilige Schrift ist das einzige Kriterium der wahren Lehre, mit der Konsequenz,
dass das Papsttum der doktrinären Begründung entrate. Und Wycliffe, frustriert
über den Zustand der Kirche, unterscheidet zwischen der wahren unsichtbaren
Kirche und der sichtbaren, der so genannten materialen Kirche, der keine Autorität zukommt. Mit Martin Luther (1483–1546), Huldrych Zwingli (1484–1531)
und Jean Calvin (1509–64) steht der römisch ausgerichteten Kirche eine Herausforderung bevor, die ihrer Vorherrschaft nördlich der Alpen ein Ende bereiten
soll. Wie verschiedenartig auch immer die Gestalt der Reformation bei den grossen Reformatoren sein mag, entscheidend ist ihre Abwendung von der hierarchischen Ordnung der Rom-zentrierten katholischen Kirche, da diese Ordnung als
eine Perversion der christlichen Lehre gedeutet wird. Die römische Kirche er-

---

[72] Huldrich Zwingli: Auslegen und Gründe der Schlussreden (1523), in: Sämtliche
Werke, hrsg. von Emil Egli und Georg Finsler. Bd. II, Leipzig 1908, S. 370.
[73] «Ists offenbar gnug, das die schlussel nit allein sanct Petro, sondern der gantzen
gemein geben seint» (Luther: An den christl. Adel, WA 6,411f; vgl. Von dem Papsttum zu Rom wider den hochberühmten Romanisten zu Leipzig, WA 6,309ff).

scheint als die Kirche des Aberglaubens, der Papst als der Anti-Christ, der die Gläubigen vom rechten Weg in die Irre leitet, um seine Machtgelüste und seine materiellen Begehrlichkeiten zu erfüllen.

In der Schrift an den deutschen Adel von 1520 führt Luther seine Vorstellung vom allgemeinen Priestertum ein. Die Taufe selbst, so Luther, weiht alle Christen zu Priestern. Durch die Taufe werden alle zu Mitgliedern des geistlichen Reichs – doch eben so, dass das Geistliche nicht gegen das Weltliche gestellt werden kann, sondern dieses in seiner Einheit umfasst. Priestertum ist kein Stand, es ist ein Amt, ein Amt, das in der Einheit und auf die Einheit des von Paulus bestimmten Körpers Christi hin seine Aufgabe zu erfüllen hat. Die polemische Funktion dieses Konzeptes ist leicht zu sehen: Es dient dazu, eine der drei Mauern einzureissen, hinter der die römische Kirche sich verschanzt habe. Mit der Aufhebung eines speziellen Priesterstandes wird eine neue Einheit des Körpers Christi gegen den Doppelkörper von Weltlichem und Geistlichem, von Laien und Klerus gesetzt. Mit dem allgemeinen Priestertum wird der hierarchischen Kirche die Totenglocke geläutet. Und, Ironie der Geschichte, kein geringerer als Petrus bezeugt, so Luther, das allgemeine Priestertum: «Ihr aber seid ein auserwähltes Geschlecht, eine königliche Priesterschaft, ein heiliges Volk, das Volk, das er sich zu eigen machte, damit ihr verkündet die Wohltaten dessen, der euch aus der Finsternis in sein wunderbares Licht gerufen hat» (1Petr 2,9).

Indem jedoch die Einheit aller Gläubigen in Christo restauriert wird, wird darüber hinaus die Wirksamkeit der weltlichen Herrschaft ungemein gesteigert. In dieser Hinsicht stellt die Einführung des allgemeinen Priestertums einen Schritt im Prozess der Entstehung des neuzeitlichen Staates dar. Das Gesetz ebenso wie die vollstreckende Gewalt des Staates kennt nur die Gleichheit aller Untertanen, niemand ist von ihnen ausgenommen. Die Immunität des geistlichen Standes ist eine Illusion, ja, das ganze geistliche Recht ist eine Illusion. Es gibt nur ein Recht und es gibt nur eine vollstreckende Gewalt, doch ebendieses Recht und ebendiese Gewalt sind Teil der göttlichen Ordnung. Hier lässt sich deutlicher als anderswo beobachten, wie Luthers Kampf gegen Rom säkularisierende Effekte hat – und doch ganz und gar an der klassischen, gerade nicht säkularen Vorstellung von dem einen *corpus christianorum* teilhat. Die Monopolstellung der weltlichen Gewalt wird als Remedium vorgestellt, um den Missbrauch zu beenden, den der geistliche Stand, geschützt durch das geistliche Recht, treibt. Zum Schutz des *corpus christianorum* also ist das Amt der weltlichen Gewalt bestellt, wie Luther immer wieder klarstellt, und auch die spezifisch neuzeitliche technische Bestimmung der Souveränität, der Gewalt des Staates, vor der alle gleich sind, wird mit Römer 13 begründet: «Drumb sag ich, die weil weltlich gewalt von got geordnet ist, die bossen zustrafen und die frumen zuschutzen, so sol man yhr ampt lassen frey gehn unvorhyndert durch den gantzen corper der Christenheit, niemants angesehen, sie treff Bapst, Bischoff, Pfaffen, munch, Nonnen, odder was es ist.»[74]

Die Vorstellung von der allgemeinen Priestergewalt ist also polemisch gegen die Isolation eines konkreten und spezifischen geistlichen Standes gerichtet, der die Ursache des Übels der Kirche ebenso wie das Haupthindernis ihrer Besserung, ihrer *reformatio* darstellt. Gegen diese Institutionalisierung und Abgrenzung geht Luther auf ein durch seinen Ursprung bestimmtes Christentum zurück, in dem Jesus alle Jünger, ja alle, die durch das Wort zu ihm gekommen sind, mit Vollmacht ausstattet. Indem das Priestertum als Amt und nicht als Stand bestimmt wird, werden die politischen Konsequenzen der Isolation des geistlichen Standes vermieden – der Zerfall der Einheit der *christianitas* allererst, doch dann auch die politischen Loyalitätsprobleme. Das Konzept vom allgemeinen Priestertum ist der schärfste Angriff auf die hierarchische Kirche, und er bedeutet zugleich die Notwendigkeit, den Begriff der Kirche selbst neu zu fassen. Der Verweis auf die neutestamentliche Verheissung als die Begründung dieses keinen bestimmten Stand, sondern alle Gläubigen umfassenden Priestertums entfaltet seine schärfsten politischen Konsequenzen eben in der Neubestimmung der Kirche. Gleich sind alle Christen, insofern sie alle im gleichen Masse an der Verheissung, an der Botschaft Jesu teilhaben. Den Streit über die Auslegung von Matthäus 16 und Matthäus 18, der die politische Geschichte der Kirche in den vorhergehenden 150 Jahren gekennzeichnet hat, diesen Streit um die ‹repräsentative› Verfassung der Kirche unterläuft Luther, indem er die Textzeugen des Papalismus und des Konziliarismus schlicht und ergreifend auf die ganze *ecclesia* als Gemeinde bezieht.

«Eyn iglicher muss fur sich selb glewben unnd unterscheytt wissen tzwisschen rechter unnd falscher lere.»[75] Die lutherische Reformation setzt den Einzelnen frei, ohne ihn zu vereinzeln. Die scharfe Betonung des Gewissens führt bei Luther nicht zu einem solipsistischen Individualismus, sondern hält den Einzelnen, gerade in dieser Betonung, als ein freies Glied in der Gemeinschaft der Gläubigen. Eine universale Kulturgeschichte des Geistes mag in Luther – wie in Descartes – den entscheidenden Wegbereiter eines modernen Individualismus sehen; Luther selbst wird diese Sichtweise nicht gerecht. Tatsächlich ist die Betonung des religiösen Gewissens immer eingebunden in die Vorstellung von der vergemeinschaftenden Kraft des Glaubens. Ganz in der Tradition seines grossen

---

[74] Luther: An den christlichen Adel deutscher Nation von des christlichen Standes Besserung, WA 6,409.
[75] Luther WAB 2,508, 45ff.

Lehrers Augustinus[76] weist Luther immer wieder auf diese vergemeinschaftende Kraft des Glaubens hin. Weder die Rechtfertigung aus dem Glauben noch die Polemik gegen die Anmassung der Heilsvermittlung durch die römische Kirche verleiten Luther zu einem Individualismus, in dem der Kirche nur noch die Funktion einer mehr oder weniger zufälligen Versammlung zukommt. Das Gegenteil wird schon in der Polemik gegen das Papsttum deutlich: Wenn nur Christus – und nicht der römische Bischof – das Haupt der Kirche sein kann, dann muss Kirche mehr und anderes sein als eine mehr oder weniger zufällige Versammlung von Menschen. Kirche ist, und hier folgt Luther mit allem Nachdruck Paulus, Kirche ist Leib Christi – und als Leib Christi ist sie ein geistlicher Körper, dessen Existenz jeder Zufälligkeit entzogen ist. In diesem Körper herrscht Einheit: «Yhr seyt in Christo alle eyn ding.» Nicht das Papsttum garantiert die Einheit der Kirche. Nur weil Christus das Haupt der Kirche ist, ist die Einheit der Kirche gegeben. Eine Einheit, ein Ding sind alle Christen nicht zuletzt, weil ihnen allen gemeinsam, und nicht jedem Einzelnen für sich das Priestertum auferlegt ist, insofern sie Glied des *corpus Christi* sind. Gegen einen religiösen Solipsismus betont Luther die Heilsnotwendigkeit der Kirche: «Ich glaub, das niemant kan selig werden, der nit ynn disser gemeyne erffunden wirt, eyntrechtlich mit yhr haltend, in eynem glauben, wort, sacramenten, hoffnung und lieb ... (und) das in disser gemeyne odder Christenheit alle ding gemeyn seynd, und eyns yglichen gutter des anderen eygen und niemant ichts eygen sei, ... und das do sey in der selben gemeyne und sonst nyrgend, vorgebung der sund, ... wilche bleybet, wo und wie lange die selben eynige gemeyne bleybt, wilcher Christus die schlussel gibt.»[77] Aus dem allgemeinen Priestertum kann also nicht die Vereinzelung des Christen gefolgert werden, der von seinen Mitmenschen losgelöst sein könnte, weil er in Unmittelbarkeit zu Gott steht. Denn das Priestertum gehört zu den Dingen, die allen gemein, doch niemandem allein gehören.

«Allein Christus ym hymel ist hie das heubt und regiret allein.»[78] Kirche ist von Jesus gestiftete Gemeinschaft der Gläubigen. Haupt dieser Kirche, die ja *corpus Christi* ist, kann niemand als eben Jesus Christus sein. Einen Stellvertreter auf Erden, wie das die römische Kirche behauptet, hat er nicht bestellt; deshalb entbehrt der Gehorsamsanspruch des Papstes nicht bloss göttlicher Legitimation,

---

[76] «Omnis homo in Christo unus homo est, et unitas christianorum unus homo» (En. 2,5 in Ps 29).
[77] Luther, Eine kurze Form der zehn Gebote, eine kurze Form des Glaubens, eine kurze Form des Vaterunsers, WA 7,219.
[78] Luther, Vom Papsttum, WA 6,297.

94

sondern er bedeutet tatsächlich Usurpation.[79] In der sichtbaren Kirche mag einer über dem anderen stehen – doch nur aus menschlicher Ordnung, nicht aus göttlichem Recht. Göttlichen Rechts ist nur die Einsetzung aller in das Hirtenamt, göttlichen Rechts ist nur das allgemeine Priestertum.

Das Wesen der Kirche hängt nicht am Recht, es hängt nicht am Ort und es hängt nicht an der Hierarchie, das Wesen der Kirche hängt daran, dass sie von Christus als ihrem Haupt ihr Leben empfängt. Die Kirche kann nicht gesehen werden; sie kann nur – und das leistet der Heilige Geist – geglaubt werden durch das Zeichen des Wortes.[80] Die Vorstellung vom allgemeinen Priestertum stellt den Dienst am Wort in die Vollmacht eines jeden und aller gemeinsam. Verzichtet wird auf die römisch-katholische Vorstellung einer besonderen (Geistes-) Gabe, die im Sakrament der Priesterweihe verliehen wird. Luthers Protest gegen die römische Verhärtung, seine Attacken auf die babylonische Gefangenschaft der Kirche bewirken also zweierlei, und zwar in einer einzigartigen Spannung: Sie erinnern einerseits an die Freiheit des Christenmenschen, die ihm durch Christus verheissen worden ist, und sie beschwören andererseits die heilsnotwendige Bindung an die eine Gemeinschaft der Kirche. Luthers Reformation lebt aus der Spannung von Lösung und Bindung, von Individualität und Gemeinschaftlichkeit, von *credo* und *religio*: Gegen die Täufer und Schwärmer beharrt Luther auf der Notwendigkeit des verbindlichen Wortes und der Institutionen, gegen das Papsttum beharrt Luther auf der Befreiung des Christenmenschen vom bindenden Gesetz. Da der Mensch durch Christus in die Freiheit gestellt worden ist, kann er auch nur in der Freiheit stehen, solange er an Christus hängt. Und an Christus hängen, heisst ein Glied der Kirche sein.

---

[79] Wilhelm von Ockham (ca. 1285–1347) hatte im Kampf gegen die päpstliche *plenitudo potestatis* genau so argumentiert, wie Luther das 200 Jahre später tun wird: «Das christliche Gesetz ist kraft seiner Einsetzung durch Christus ein Gesetz der Freiheit im Verhältnis zum alten Gesetz, das im Verhältnis zum neuen Gesetz ein Gesetz der Knechtschaft war. Wenn aber der Papst von Christus solche Gewaltenfülle erhalten hätte, dass er alles vermöchte, was nicht gegen das göttliche Gesetz und nicht gegen das Naturgesetz verstösst, dann wäre das christliche Gesetz kraft seiner Einsetzung durch Christus ein Gesetz von unerträglicher Knechtschaft ... Also hat der Papst nicht eine solche Gewaltenfülle in geistlichen wie in weltlichen Angelegenheiten» (Wilhelm von Ockham, Dialogus, übers. und hrsg. von Jürgen Miethke, Darmstadt 1992, III Dialogus I i, c.5, S. 80f).

[80] «Ita Ecclesiam non videt, sed solum credit per signum verbi, quod impossibile est sonare nisi in Ecclesia per spiritum sanctum» (Luther, Ad librum eximii Magistri Nostri Magister Ambrosii Catharini, WA 7,722).

Luthers Kampf mit Rom, ausgetragen auf den weiten Feldern von Sakramen-
ten- und Rechtfertigungslehre, ist allererst ein Kampf um den Begriff der Kirche.
Auch wenn Luther, wie immer wieder betont wird, keine eigenständige Ekklesiologie entworfen hat, so steht doch der Kampf um Begriff und Wesen der Kirche
im Zentrum des Kampfes um die Befreiung des Glaubens. Denn darum geht es
allererst: um die Möglichkeit, der in und durch Jesus den Christus vollzogenen
Befreiung des Christenmenschen gerade dort gerecht zu werden, wo es um den
Glauben an ebendiesen Jesus geht. Luthers Antwort auf die babylonische Gefangenschaft des Glaubens liegt aber, und das bleibt festzuhalten, gerade nicht in
einer anti-institutionellen, individualistischen Spiritualisierung des Glaubens,
sondern in einer starken Begründung der Gemeinschaft der Gläubigen durch den
Glauben. Und genau darauf kommt es Luther an: Gegen die römische Spaltung
der Christenheit in Heilsverwalter einerseits und zum Gehorsam bestellte Schäf-
chen andererseits erinnert er mit Paulus an die Einheit der als *corpus Christi*
gedeuteten *christianitas* und an die Freiheit, die das Evangelium verspricht. Der
Kampf gegen das römisch-institutionelle, also das rechtliche Konzept der Kirche
verbindet deshalb den hohen Glauben an das Wort mit dem allgemeinen Priestertum, um zur freien und einigen Gemeinde Christi zurückzukehren. Der Kampf
gegen die Vielzahl der Sakramente ist der politische Kampf der Reformation:
«Übrigens ... wenn dieses Sakrament (das Weihesakrament) und sein Verständ-
nis fällt, wird das Papsttum selbst ... kaum standhalten und es wird zu uns die
fröhliche Freiheit zurückkehren, durch die wir alle uns von Rechts wegen als
gleich erkennen. Nachdem das tyrannische Joch zerbrochen ist, werden wir wissen, dass, wer Christ ist, Christus hat und, wer Christus hat, hat alles, was Christus gehört, und hat Macht über alles.»[81] Gleichheit, Einheit, Freiheit: Das ist die
Losung der religiösen Reformation.

3. Gegenreformation

Das Konzil von Trient (1545–1563) schreibt dogmatisch die Spaltung der abendländischen Christenheit fest, die die deutsche Reformation tatsächlich schon
vollzogen hat. Nicht die unwichtigsten Momente des Konzils sind der Bestimmung der Kirche gewidmet. Auf recht harsche, kommunikations- und versöh-
nungsverweigernde Weise wird den reformatorischen Protesten gegen die Juridifizierung der Kirche und gegen den politischen Herrschaftsanspruch der Hierarchie geantwortet. Zwar wird der Katholizismus, wie er sich nach Trient entwi-

---

[81] Luther, De captivitate Babylonica, WA 6,567.

ckelt, aus einer merkwürdigen Spannung von Mystik und Recht leben. Doch das Konzil selbst setzt und erläutert schlicht und ergreifend Recht – und sonst nichts. Was die Probleme des Kirchenbegriffs und der Kirchenverfassung angehen, so ist das Konzil eindeutig: Es konzentriert endgültig das gesamte Legitimationspotenzial der Kirche in ihrem Haupt, dem römischen Bischof. In den Worten des grossen nachkonziliaren Theologen Robert Bellarmin (1542–1621), der Thomas Hobbes so viel zu denken gegeben hat: «Kirche ist die durch Christus begründete religiöse Gemeinschaft der Getauften, die zusammengehalten wird durch das Bekenntnis des selben christlichen Glaubens, durch die gemeinsame Teilnahme an den Sakramenten und durch die Führung der rechtmässigen Hirten und besonders des römischen Papstes.»[82]

Luther hatte die Legitimität der sichtbaren Kirche unter römischer Leitung bestritten, weil sie nicht in der Schrift verankert sei. Hier wird die Brisanz des *Sola-scriptura*-Prinzips – dass alle Bestimmungen des Glaubens und der Kirche nur aus der Heiligen Schrift abgeleitet werden dürfen – als eines Legitimitätskriteriums deutlich: Mit der Hilfe dieses Prinzips wird die traditionale Legitimierung der Kirche angezweifelt. Wenn die Schrift das einzige Kriterium der Glaubenswahrheit ist, dann kann eine Begründung der kirchlichen Institutionen nicht gelten, die sich nicht auf die Schrift, sondern auf die Überlieferung stützt. Gleich zu Beginn des tridentinischen Konzils wird dieser Angriff pariert. Ein kurzer Blick in die Verhandlungen zum Dekret über die Heiligen Schriften und die Überlieferungen offenbart, dass katholischerseits die Legitimität der Traditionen nicht in Frage steht; dass es aber durchaus gewichtige Stimmen gibt, die Niveauunterschiede bezüglich der Autorität von Schrift und Tradition anerkennen. Die tridentinische Lösung aber sieht letztlich anders aus: Wahrheit – also Dogma – und Disziplin – also Institution und Kult – sind sowohl in den Heiligen Schriften als auch in den ungeschriebenen Überlieferungen enthalten, die die Apostel aus dem Munde Christi empfangen haben, und die unter der Leitung des Heiligen Geistes von ebendiesen Aposteln gewissermassen von Hand zu Hand auf uns gekommen sind. Diesen Traditionen, die entweder aus Christi Munde oder vom Heiligen Geist ausgegangen sind, und die in der katholischen Kirche durch ununterbrochene Nachfolge erhalten sind, gebührt die gleiche liebevolle Anhänglichkeit und Ehrfurcht («pari pietatis affectu ac reverentia») wie der Heiligen Schrift.[83] Gegen das *sola scriptura* Luthers setzt das Konzil also die Legitimität

---

[82] Bellarmin, Disput. de controversiis fidei, De Ecclesia militante 1. III, cap.2; zitiert nach Friedrich Merzbacher: Wandlungen des Kirchenbegriffs im Spätmittelalter, in: ZSavRG Kan XXXIX, 1953, S. 360.

[83] Decretum de libris sacris et traditionibus recipiendis; Denzinger-Schönmetzer 1501.

und Autorität von Schrift *und* Überlieferung. Die Überlieferung ist nicht der Effekt des Lehramtes der katholischen Kirche, sondern umgekehrt: Die Autorität der Kirche rührt gerade daher, dass sie die Überlieferung des Glaubens und der Sitten garantiert, wie sie Jesus und der Heilige Geist gelehrt haben. Mit der Behauptung einer ungeschriebenen Lehre, die sich in der Überlieferung von Hand zu Hand äussert, wird die Notwendigkeit des kirchlichen Lehramtes jenseits der Schrift begründet. Nur die Institution Kirche, geprägt durch die Idee der Amtsnachfolge, vermag es, ebendiese ungeschriebene Wahrheit zu überliefern. Damit wird der politisch-ekklesiologische Angriff des *Sola-scriptura*-Prinzips zurückgewiesen. Nicht genug, dass die Schrift auslegungsbedürftig ist, und es deshalb – gegen die individualisierende Schriftgewissheit – eines *iudex controversarium* bedarf; darüber hinaus wird festgestellt, dass die Schrift nicht die ganze Lehre Jesu bietet. Deshalb ist die sichtbare Kirche heilsnotwendig, die in der Amtsnachfolge die Überlieferung dieser ungeschriebenen Lehre sicherstellt.

Das Tridentinum hat auf die protestantische Legitimitätsfrage letztlich im Rahmen des Kirchenrechtes geantwortet. Die Zementierung der Hierarchie ist die wichtigste Antwort der römischen Kirche im Kampf um ihre Selbstbehauptung. Die Reformation bedeutet den Verlust der Glaubenseinheit des Reiches, doch das ist nur ein Aspekt ihrer politischen Wirkung. Viel wichtiger noch – und zwar gerade für die Kirche selbst – ist der reformatorische Versuch, Kirche als Gemeinde zu bestimmen, die nur ein Haupt kennt, nämlich Jesus Christus. Gerade die juridische Fassung des hierarchischen Gedankens in der römisch geprägten Kirche hatte Luthers Zorn erregt, denn sie bestimmt das Wesen der Mauern, durch die Rom die Kirche gefangen hält. Da die Verheissung Jesu Christi allen in gleicher Weise gilt, ist eine hierarchische Gliederung der Kirche als der in Christus versammelten Gläubigen illegitim. Dabei soll jedoch nicht vergessen werden, dass Luther hier nur die Frage einer göttlichen Rechtfertigung der Hierarchie vor Augen hat; dass es Ordnung und Ämter gibt und geben muss, darüber besteht für Luther kein Zweifel – das wird besonders in der Auseinandersetzung mit den Täufern deutlich.

Die anti-hierarchische Tendenz der Reformation ist die politische Wendung des allgemeinen Priestertums. Auf dieses grosse Thema antwortet das Konzil 1547 lakonisch mit einem einzigen Satz im Dekret über die Sakramente: Wer behauptet, alle Christen hätten die Gewalt, das Wort zu predigen und alle Sakramente zu verwalten, wird in Bann geworfen.[84] Erst später, 1563, wird die Diskussion über das Sakrament der Weihe, das für die Ekklesiologie so bedeutend ist,

---

[84] Decretum de sacramentis, Canones de sacramentis in genere, can. 10; Denzinger-Schönmetzer 1610.

wieder aufgegriffen, indem die Verbindung von Opfer und Priestertum, von *sacrificium* und *sacerdotium*, betont wird: So, wie die katholische Kirche das in der Sichtbarkeit der Eucharistie zu vollziehende Opfer, vom Herrn eingesetzt, empfangen hat, so hat es auch das sichtbare und äusserliche Priestertum empfangen, dem es übertragen ist.[85] In diesem Dekret wird die hierarchische Ordnung der Kirche festgestellt und sie wird direkt an das Weihesakrament gebunden. Luther hatte das Weihesakrament mit zwei Begründungen zurückgewiesen: Erstens finde sich im Neuen Testament keine Spur dieses Sakramentes, zweitens könne es dieses Sakrament nicht geben, weil alle Christen durch die Taufe zu Priestern des Herrn geworden seien. Dagegen betont das Konzil – in der Tradition der Kanonisten – den göttlichen Charakter des Priestertums, das vom Herrn eingesetzt ist. Und mehr noch: Ebenso göttlichen Charakters ist die hierarchische Ordnung der Kirche; die Bischöfe, in der Nachfolge der Apostel, die Presbyter und die Priester bilden die gestufte Ordnung der Kirche.[86]

Eine genaue Klärung dieser Hierarchie bleibt das Tridentinum schuldig; dabei ist besonders die Stellung der Bischöfe von Bedeutung, deren Verhältnis zu den Priestern einerseits, zum Papst andererseits. Die Nennung der apostolischen Sukzession als des Legitimationsgrundes der bischöflichen Autorität verdankt sich wohl nicht zuletzt der Tatsache, dass hier das Konzil spricht; aus diesem Grunde wird auch erwähnt, dass die Bischöfe über den Priestern seien. Doch eine auch nur andeutungsweise institutionelle Deutung sowohl der Konsequenzen aus der apostolischen Sukzession als auch des Verhältnisses zu den Priestern bleibt das Dekret schuldig. Man mag einwenden, dass eine solche konkretisierende Deutung nicht zum Wesen eines dogmatischen Dekretes gehört. Doch man wird andererseits auch hervorheben müssen, dass eine solche Deutung keineswegs im Interesse des den Gang des Konzils bestimmenden Papsttums gelegen hätte. Nicht zuletzt aus diesem Grunde unterschlagen die Dekrete des Konzils jede konziliaristische Diskussion. Gegen die reformatorische Lehre vom allgemeinen Priestertum wird also nicht bloss an der göttlichen Begründung des Weihesakramentes festgehalten. Mit der Existenz des Weihesakramentes wird zugleich eine Ekklesiologie im Keime sichtbar. Tatsächlich erscheint die scharfe Trennung von Laien und Klerus einerseits, die *sacra hierarchia* ebendieses Klerus andererseits als der einer institutionellen Fassung zugängliche Kern der Ekklesiologie des Tridentinums. Luthers Usurpationsvorwurf, dass die Rechtsinstitution namens Kirche sich unrechtmässig die Kirche aneigne, dieser Vorwurf ficht eine Kirche nicht an, die ihre hierarchische Gliederung selbst als heilig deutet.

---

[85] Vgl. Doctrina de sacramento ordinis, cap.1; Denzinger-Schönmetzer 1764.
[86] Vgl. Doctrina de sacramento ordinis, cap.4; Denzinger-Schönmetzer 1768.

Diese scharfe Trennung von Laien und Klerus wird – gerade in der Auseinandersetzung mit der reformatorischen Gemeindekompetenz – in der scharfen Ablehnung einer jeden Laienmitwirkung bei der Ordination deutlich.[87] Man kann in diesem Artikel die Tradition des Kampfes um die Freiheit der Kirche hervorheben, die das kanonistische und institutionelle Aufblühen der Kirche in ihrem Kampf für Selbstständigkeit seit der ‹gregorianischen Revolution› bestimmt. Und man kann diesen Artikel in der Folge natürlich auch im Kontext der *causa reformationis* deuten. Doch nicht zuletzt wird man in der scharfen Zurückweisung eines jeden Einflusses ‹des Volkes, der weltlichen Mächte oder der Ratsherren› auf Ordination und Einsetzung von Geistlichen eine Front gegen die Kompetenz der reformatorischen Gemeinde erblicken, die sich ihren Pfarrer selbst wählt.[88] Man kann also zwei Versuche unterscheiden, die Reformation der Kirche ins Werk zu setzen: Luthers Versuch attackiert die institutionellen Verkrustungen einer Kleriker-Kirche und setzt gegen diese abgeschottete Kirche auf die ekklesiologischen Konsequenzen des allgemeinen Priestertums – und damit nicht zuletzt, weil ihm der Glaube an die Selbstheilungskräfte der *Rechtsinstitution* Kirche fehlt, auf den Einfluss der säkularen Mächte. Dies allerdings nur, weil seine Auffassung der Kirche und des allgemeinen Priestertums die klassische Gegenüberstellung von weltlich und geistlich obsolet erscheinen lässt. Die weltliche Gewalt kann geistliche Funktionen übernehmen, weil ihre Inhaber, insofern getauft, wie jeder andere Christ, auch Priester sind.[89] Die vieldiskutierte Zwei-Regimenten-Lehre Luthers ist eben allererst eine Regimenten-, keine Zwei-Reiche-Lehre. Die römisch-katholische Kirche setzt demgegenüber im Dekret über das Weihesakrament auf eine Abschottung des geistlichen Bereiches gegen weltliche Eingriffe. Die kaum zu leugnenden Probleme der katholischen Kirche lassen sich nur lösen, so muss man wohl das Dekret deuten, wenn die Kirche ihre institutionelle Eigenständigkeit behauptet und wiedergewinnt. Und eine Bedingung dieser Eigenständigkeit ist die scharfe Trennung von Laien und Klerus, um den Übergriffen der weltlichen Gewalt zu wehren.

Schon im Jahre 1519 hat Johannes Eck (1486–1543) als Vertreter des Papstes auf der Leipziger Disputation mit Karlstadt und Luther den ekklesiologischen Kern der gerade erst beginnenden Reformation im Kampf gegen den hierarchischen Kirchenbegriff ausgemacht. Wer allgemeines Priestertum sagt, so Eck, der

---

[87] Vgl. Doctrina de sacramento ordinis, cap.4; Denzinger-Schönmetzer 1769.

[88] Vgl. Luther: Dass ein christlich Versammlung oder Gemeine Recht und Macht habe, alle Lehre zu urteilen und Lehrer zu berufen, ein und abzusetzen, Grund und Ursach aus der Schrift, WA 11,411ff.

[89] Vgl. Luther: An den christlichen Adel, WA 6,408.

meint die Abschaffung einer sichtbaren Kirche, die ihre abgestufte Verfassung von Ämtern und Kompetenzen selbst als heilig erklärt. Man kann Trient durchaus als einen Akt der Selbstbehauptung der katholischen Kirche deuten. Und diese Selbstbehauptung gilt nicht zuletzt der Festigung des institutionellen Fundamentes. Harnack hat die dogmatischen Dekrete des Tridentinums als den «Schatten der Reformation»[90] bezeichnet, und damit die im Wortsinne reaktionäre Tendenz des Konzils zu treffen versucht. Trient sollte die dogmatische Unentschiedenheit der spätmittelalterlichen Kirche beenden, in der die Kanonistik den Platz der Theologie eingenommen hätte. Doch ein Blick in die Dekrete erweist schnell, dass die Machtübernahme der Juristen nicht mehr rückgängig gemacht werden konnte. Denn immer deutlicher tritt der juridische Gehalt der dogmatischen Aussagen hervor. Und nicht nur in den Canones, die den Vollzug des Anathemas androhen, und insofern natürlich Rechtssätze sind, sondern ganz ebenso deutlich im ausformulierten Lehrgehalt.

Die katholische Kirche ist von Anbeginn auch Rechtskirche; doch sie wird nach Gratian immer mehr Rechtskirche. Diese Entwicklung wird durch das Tridentinum fortgeschrieben – obwohl die Kanonistik ihren Zenith schon überschritten hatte. Und diese Entwicklung wird schliesslich durch das Erste Vatikanum auf sehr harsche Weise vollendet. Das Kennzeichen der Rechtskirche ist die juridische Gestaltung ihrer Strukturen und die zunehmend juridische Dimension der Dogmen. Gegen die Rechtskirche ist immer schon Einspruch eingelegt worden. Denn das Recht, so die Kritik, bedroht in seiner Versteinerung den doch überall wehenden Geist. Das Konzil von Trient war soziologisch gesehen in einer denkbar schlechten Ausgangslage, um diesen Vorwurf fruchtbar parieren zu können. Die Konfliktlinien verlaufen sowohl innerhalb des Konzils als auch zwischen der Kurie und den Bischöfen, schliesslich zwischen der Kurie und dem Kaisertum. Gegenstand von Konflikten sind die Frage nach der Aufgabe und Funktion des Konzils, die Frage nach dem repräsentativen Charakter des Konzils, die Frage nach den Reformaufgaben des Konzils. Das Konzil ist von so vielen Konfliktlinien durchzogen, dass der Ausgang des Konzils nicht so überraschend ist; und dass auch die harsche Reaktion auf die protestantische Herausforderung in der Gestalt der allererst institutionellen und erst in zweiter Linie dogmatischen Selbstbehauptung nicht erstaunlich ist. Tatsächlich erfolgt die eigentliche Antwort auf die protestantische Reformation erst im Zusammenhang der nachtridentinischen Gegenreformation: Hier nämlich reformiert die katholische Kirche sich selbst. Der Aufschwung der Volksfrömmigkeit, das veränderte Kirchen-

---

[90] Adolf von Harnack: Lehrbuch der Dogmengeschichte Bd. 3, 4.Aufl. 1910, S. 693.

regiment, die neue Bedeutung der Seelsorge: Das sind Facetten dieser *reformatio*, als deren Subjekt und Objekt die katholische Kirche sich immer schon deutet.

4. Die katholische Kirche nach dem Konzil von Trient

Das Zeitalter der Reformation beschert dem westlichen Abendland eine Konkurrenz von Organisationsformen des Glaubens: das römische Modell einer rechtlich verfassten Kirche, in der der Hierarchie der Amtsträger eine eigene Bedeutung zukommt, das anglikanische Modell einer Kirche, die den Territorialherrn als ihr Oberhaupt anerkennt, calvinistisch synodale Modelle, radikal gemeindeorientierte Modelle und schliesslich – nicht zu vergessen – eine Tendenz zur Abwehr aller Organisation von Glauben. All diesen Modellen unterliegen unterschiedliche Dogmatiken. Die Organisation des Glaubens ist dem Glauben nicht äusserlich; sie ist umgekehrt direkt aus den zentralen Dogmen des Glaubens abgeleitet. Um die Organisationsformen des Glaubens deuten zu können, ist es also notwendig, ihr Fundament, den legitimatorischen Grund dieser Organisationsformen sichtbar zu machen. Dass die Konkurrenz der Organisationsformen allererst eine Konkurrenz ihrer dogmatischen Fundamente bedeutet, kann nicht überraschen. Doch zugleich ist zu fragen, ob ebendiese Konkurrenz der Organisationsformen nicht auch etwas mit anderen sozialen Organisationsmodellen zu tun hat.

Die Geschichte der römisch-katholischen Kirche verläuft nach dem Tridentinum keineswegs eindeutig. Doch die Befestigung des päpstlichen Primates bleibt eines ihrer Kennzeichen. Und zwar sowohl in Bezug auf die Ämterverfassung – also das Verhältnis von Papst und Bischof betreffend – als auch in Bezug auf die Gesamtverfassung der Kirche. Im 18. Jahrhundert wird Benedikt XIV. das Bischofsamt vollends als Vikariat des Papstes deuten: Christus hat in seiner Kirche ein monarchisches Regime eingerichtet, dergestalt, dass der Quell und Ursprung aller Rechtssprechung der Kirche im Haupt dieser sichtbaren Kirche zu suchen ist, beim römischen Bischof, von dem aus diese Gewalt in die einzelnen Glieder fliesst.[91] Das Zweite Vatikanische Konzil (1962–1965) wird das Prinzip der Kollegialität aller Bischöfe wieder in den Vordergrund rücken. Das Dekret des Zweiten Vatikanischen Konzils über die Hirtenaufgabe der Bischöfe in der Kirche («Christus Dominus»*)* betont, dass alle Bischöfe im gleichen Masse durch die apostolische Sukzession legitimiert sind – und dass ihnen deshalb in den ihnen anvertrauten Diözesen von selbst jede ordentliche, eigenständige und unmittelbare Gewalt zusteht. Doch: «Die Gewalt, die der Papst kraft seines Amtes hat, sich

---

[91] De synodo diocesana Lib. I, cap. IV, n. 2.

selbst oder einer anderen Obrigkeit Fälle vorzubehalten, bleibt dabei immer und in allem unangetastet.»[92] Durch das ganze Zweite Vatikanische Konzil hindurch bleibt die seltsame Stellung der Bischöfe sichtbar. Den Weg des Ersten Vatikanums fortsetzend, behauptet das Zweite Vatikanische Konzil auf der einen Seite die eigenständige Legitimation der Bischöfe durch die apostolische Sukzession und zwar dergestalt, dass sogar erstmals synodale Gedanken Ausdruck finden. Und ebendieser Bischofskörperschaft wird auch die höchste und volle Gewalt über die Kirche zugeordnet.[93] Auf der anderen Seite wird aber gerade jene korporative Identität der Bischöfe in ein seltsames Zwielicht gesetzt, indem betont wird: «Das Kollegium oder die Körperschaft der Bischöfe hat aber nur Autorität, wenn das Kollegium verstanden wird in Gemeinschaft mit dem Bischof von Rom, dem Nachfolger Petri, als seinem Haupt, und unbeschadet dessen primatialer Gewalt über alle Hirten und Gläubigen.»[94] Wie weit diese Formulierungen von jeder konziliaristischen Position entfernt sind, ist deutlich zu sehen. Verständlich ist diese Zuspitzung des monarchischen Regimes in der katholischen Kirche des 20. Jahrhunderts nur vor dem Hintergrund des Ersten Vatikanischen Konzils.

---

[92] Dekret über die Hirtenaufgabe der Bischöfe in der Kirche («Christus Dominus») art. 8; abgedruckt in: Lexikon für Theologie und Kirche, Ergänzungsbände: Das Vatikanische Konzil. Freiburg u.a. 1967. Bd. II, S. 159.

[93] Dekret über die Hirtenaufgabe der Bischöfe in der Kirche, art. 4, LThK Bd. II, S. 153.

[94] Die Konstitution fährt fort: «Der Bischof von Rom hat nämlich kraft seines Amtes als Stellvertreter Christi und als Hirt der ganzen Kirche volle, höchste und universale Gewalt über die Kirche und kann sie immer frei ausüben. Die Ordnung der Bischöfe aber, die dem Kollegium der Apostel im Lehr- und Hirtenamt nachfolgt, ja, in welcher die Körperschaft der Apostel immerfort weiter besteht, ist gemeinsam mit ihrem Haupt, dem Bischof von Rom, und niemals ohne dieses Haupt, gleichfalls Träger der höchsten und vollen Gewalt über die Kirche.» (Dogmatische Konstitution über die Kirche, art. 22, LThK, S. 223). Dass Paul VI. noch dieser unmissverständlichen Verfassungsbestimmung eine *nota explicativa praevia* folgen lässt, sei kurz erwähnt. Hier wird nicht nur darauf hingewiesen, dass dem Papst als dem Haupt des Bischofskollegiums bestimmte Kompetenzen, wie die Einberufung zukommen. Noch deutlicher heisst es: «Dem Urteil des Papstes, dem die Sorge für die ganze Herde Christi anvertraut ist, unterliegt es, je nach den im Laufe der Zeit wechselnden Erfordernissen der Kirche die Weise festzulegen, wie diese Sorge tunlich ins Werk gesetzt wird, sei es persönlich, sei es kollegial. Der Bischof von Rom geht bei der Leitung, Förderung und Billigung der kollegialen Betätigung in Ausrichtung auf das Wohl der Kirche nach eigenem Urteil vor.»

Das Erste Vatikanische Konzil (1869/70) hatte, einen Prozess abschliessend, der mit Gregor VII. begann, die Unfehlbarkeit *ex cathedra* des Papstes dogmatisiert. Im vierten Artikel der Konstitution «Pastor aeternus» heisst es: «Indem wir daher an der vom Anbeginn des christlichen Glaubens überkommenen Überlieferung treu festhalten, lehren wir, mit Zustimmung des heiligen Konzils, zur Ehre Gottes unseres Heilands, zur Erhöhung der katholischen Religion und zum Heile der christlichen Völker, und erklären es als einen von Gott geoffenbarten Glaubenssatz: dass der römische Papst, wenn er im Rahmen seines Lehramtes (*ex cathedra*) spricht, das heisst, wenn er in Ausübung seines Amtes als Hirte und Lehrer aller Christen, kraft seiner höchsten apostolischen Gewalt, eine von der Kirche festzuhaltende, den Glauben oder die Sitten betreffende Lehre entscheidet, vermöge des göttlichen, im heiligen Petrus ihm verheissenen Beistandes jene Unfehlbarkeit besitzt, mit welcher der göttliche Erlöser seine Kirche in Entscheidung einer den Glauben oder die Sitten betreffenden Lehre ausgestattet wissen wollte; und dass daher solche Entscheidungen des römischen Papstes aus sich selbst, nicht aber erst durch Zustimmung der Kirche (*ex sese, non autem ex consensu Ecclesiae*) unabänderlich sind. So aber jemand dieser unserer Entscheidung, was Gott verhüte, zu widersprechen wagen sollte: der sei verflucht.»[95] Die Unfehlbarkeit der (ganzen) Kirche ist klassische Lehre; umstritten aber ist immer schon die Frage, wie diese Unfehlbarkeit zu verstehen ist, in welcher Weise sie kanonisch ‹operationalisierbar› wäre.[96] Erst das Erste Vatikanum wagt es, das Prinzip der Unfehlbarkeit als «einen von Gott geoffenbarten Glaubenssatz» einzig und allein auf den Papst zu beziehen, dem also ein Repräsentationsmonopol zukommt. Bei aller Empörung, die diese Entscheidung ausgelöst hat, ist übersehen worden, in welchem Masse das Papsttum gerade mit dieser Entscheidung sich selbst zu einer Rechtsinstanz verfestigt hat. Mit der Gefahr, nur noch als Rechtsinstanz zu erscheinen. Die Entscheidung des Ersten Vatikanums bedeutet ohne Zweifel die politische Stärkung des Papstamtes innerhalb der sichtbaren Kirche. Doch entspricht dieser politischen und rechtlichen Stärkung auch eine religiöse Stärkung, eine Stärkung des Glaubens? Unübersehbar jedenfalls sind die

---

[95] Konstitution Pastor aeternus, cap. 4; Denzinger/Schönmetzer 3073ff.

[96] C. 24 q. 1 c. 9ff des gratianischen Dekrets (Friedberg I, 969f) normiert die Unfehlbarkeit der römischen Kirche, der «sancta et apostolica mater ecclesiarum omnium Christi ecclesia». Doch was meint das Dekret, wenn es von der römischen Kirche spricht? Dazu der grosse Huguccio: «Ecclesia romana dicitur nunquam in fidem errasse ... sed dico quod ecclesia dicitur tota catholica ecclesia quod nunquam in toto erravit, vel romana ecclesia dicitur papa et cardinales et licet iste erravit non tamen cardinales, vel saltem non omnes romani ...» (Summa ad Dist. 19 c. 9).

Konfliktlinien, die diese Entscheidung verschärft hat. Und ebenso unübersehbar ist die Gefahr, dass die politisch-administrative Entfaltung der Unfehlbarkeit, dass die starke juridische Prägung des Amtes den Zweck bedroht, dem sie sich verdankt, an der Einheit des Körpers Christi mitzuwirken.[97]

Die Legitimationsbasis des Episkopates mag beschaffen sein, wie sie will: Am päpstlichen Primat kann das Zweite Vatikanum nicht mehr rütteln. Dies umso weniger, als die politischen Strukturen der katholischen Kirche gerade nicht subsidiär sind – wie das im Prinzip für die aus der Reformation hervorgegangenen lutherischen Kirchen gilt[98] –, sondern von oben nach unten geordnet werden. Immer bleibt die universale katholische Kirche die entscheidende Grösse, nicht die Ortsgemeinde. Denn nur die ganze Kirche ist der Körper Christi, nur die ganze Kirche ist Volk Gottes. Unübersehbar ist, in welchem Masse gerade diese Universalität der katholischen Kirche ein pragmatisches Hindernis ihrer Demokratisierung darstellt. Das Volk Gottes, insofern es das messianische Volk ist, anerkennt Christus als sein Haupt – in dieser Hinsicht gibt es keinen Unterschied zwischen protestantischer und katholischer Ekklesiologie. Das Geheimnis, so die Dogmatische Konstitution des Zweiten Vatikanischen Konzils über die Kirche, «Lumen Gentium», besteht in der Einheit der sichtbaren und unsichtbaren Kirche, in der Einheit der durch hierarchische Organe strukturierten Gesellschaft mit dem mystischen Körper Christi.[99] Doch wer oder was ist dieses Volk Gottes? Es ist universales Volk: Obwohl es viele Nationen gibt, gibt es nur ein Volk Gottes. Diese Universalität, dieses Absehen von politischen Grenzen und ethnischen Bestimmungen ist der Kern der Katholizität, eines durch und durch politischen Konzeptes, begründet im Herzen der christlichen Verkündigung. Das Volk Gottes

---

[97] Und ebenso unübersehbar ist, zu welcher ekklesiologischen Schieflage das Dogma von der Unfehlbarkeit geführt hat, weil ihm die ursprünglich geplante, dann jedoch durch den Ausbruch des Deutsch-Französischen Krieges und die Besetzung Roms durch piemontesische Truppen nicht mehr zustande gekommene, entsprechende Entscheidung über das Wesen der Kirche fehlt. Ursprünglich, daran sei erinnert, sollte auf dem Vatikanum der päpstliche Primat in den Zusammenhang einer dogmatischen Konstitution über die Kirche gestellt werden.

[98] Wohlgemerkt: Das gilt nur *faute de mieux*. Die ‹demokratische› Begründung und Ausgestaltung kirchlicher Strukturen mag im allgemeinen Priestertum stark begründet sein. Doch es bleibt immer eine Art eschatologischer Vorbehalt bestehen. Letztlich bleibt es bei der, von Karl Barth und der Synode von Barmen in der Zeit grösster Not betonten ‹Königsherrschaft Christi› im Anschluss an Luther: «das heubt muss das leben einflissen, darumb ists clar, das auff erden kein ander heubt ist der geistlichen Christenheit dann allein Christus.» (Vom Papsttum, WA 6,298).

[99] Lumen Gentium 8.

ist eines im Geiste, nicht im Fleische, in ihm spielen die Herkunft und der soziale Stand keine Rolle. Das bedeutet nun allerdings nicht, dass im Volk Gottes keine Differenzen herrschten. Das Zweite Vatikanische Konzil ist in dieser Hinsicht nicht weniger deutlich als das Tridentinum, allerdings greift es zentrale Topoi der protestantischen Herausforderung auf – und zwar nicht zuletzt unter einem gewissen politischen Demokratisierungsdruck. «Lumen Gentium» hebt im 10. Artikel die Bedeutung des allgemeinen Priestertums hervor: Durch all ihre christlichen Aktivitäten leisten die Getauften das geistliche Opfer und verkünden das Wunder dessen, der sie aus dem Dunkel ins Licht gebracht hat. Anteil an der Priesterschaft Christi hat das ganze Volk Gottes; allerdings auf wesentlich und nicht bloss graduell unterschiedliche Weise. Der Amtspriester regiert und formt (*efformat*) durch die heilige Gewalt, die er hat, das priesterliche Volk, er vollzieht in der Person Christi die Eucharistie. Die Gläubigen jedoch, durch die Tugend ihrer königlichen Priesterschaft, wirken an der eucharistischen Darbietung mit (*concurrunt*). Und schliesslich üben die Gläubigen ihre Priesterschaft durch den Empfang der Sakramente, durch Gebete und durch das Zeugnis eines heiligen Lebens aus. Das Zweite Vatikanische Konzil hält wie das Konzil von Trient an der Unterscheidung zwischen Laien und Klerus fest, verbindet sie jetzt jedoch, anders als vierhundert Jahre zuvor, mit dem tendenziell anti-hierarchischen Konzept des Gottesvolkes und nähert sich so erheblich der protestantischen Deutung an. Doch unverrückbar wird zugleich am wesentlichen Unterschied zwischen Laien und Klerus festgehalten. Diese Spannung zwischen dem allgemeinen Priestertum aller Gläubigen und dem exklusiven Amtspriestertum ist und bleibt ein Kennzeichen der katholischen Kirche auch in der Gegenwart.

Alle Diskussionen über eine Demokratisierung dieser Kirche übersehen, dass in der katholischen Kirche, insofern sie als *corpus Christi* verstanden wird, die Begründung demokratischer Strukturen – nämlich die Legitimation von unten – keine Rolle spielt und auch schwerlich spielen kann. Denn der Legitimationsstrom in der Institution des *corpus Christi* ergiesst sich von ihrem Haupt Jesus Christus über den durch die Petrusnachfolge hervorgehobenen römischen Bischof und die anderen Bischöfe ins Ganze der Kirche.[100] Dogmatisch gesehen ist die hierarchische Struktur der katholischen Kirche also durchaus verständlich. Sie

---

[100] Das wird nirgend deutlicher als in der Begründung des päpstlichen Primates selbst, der sich eben nicht einer ‹aristokratischen› Entscheidung der in apostolischer Nachfolge stehenden Bischöfe verdankt, sondern welchen die römische Kirche beansprucht, von Christus empfangen zu haben. (D. 21 c. 2f: «Romana ecclesia a Christo primatum accepit»; «Primatum Romanae ecclesiae non aliqua sinodus, sed Christus instituit»; Friedberg I, 69f).

steht jedoch quer zum Skeptizismus der Gegenwart. Denn dieser begründet Pluralismus und Demokratie nicht nur aus der Notwendigkeit der Freiheitsentfaltung
und aus dem Pathos der Gleichheit, sondern auch aus dem tiefen Zweifel an der
Möglichkeit, das Gute und Richtige zu erkennen. Im Weltlichen hat sich die
katholische Kirche mit diesem sanften politischen Relativismus, mit Liberalismus
und Demokratie durchaus angefreundet. Doch im Inneren der Kirche ist für diesen Relativismus nur wenig Platz: Dagegen steht die Gewissheit von der Heilsnotwendigkeit der in Schrift und Tradition begründeten Kirche mit ihren ganz
spezifischen repräsentativen Institutionen.[101]

Johannes XXIII. hatte das Zweite Vatikanische Konzil in der Hoffnung auf
ein *aggiornamento* der katholischen Kirche einberufen: Die Kirche sollte up-to-
date gebracht werden. Das bedeutete vor allem, dass die verhängnisvolle Erbschaft des 19. Jahrhunderts abgeschüttelt werden sollte, welche der Kirche den
Weg in die Gesellschaft des 20. Jahrhunderts verstellte. Diese anti-moder-
nistische Erbschaft, zusammengefasst im Syllabus über die Irrtümer von Pius IX.
(1864), hatte im Prinzip den gesamten Komplex der säkularen westlichen Kultur
der Neuzeit zum Irrtum erklärt: Demokratie, Liberalismus, Menschenrechte,
wissenschaftlicher Fortschritt. Ein *aggiornamento* der Kirche bedeutete dagegen
nicht nur, dass zentrale Bestandteile dieser Kultur akzeptiert wurden, sondern
dass die Kirche selbst sich in gewisser Weise im Werterahmen dieser Kultur
platzieren sollte. Dass diese Wendung sich nicht zuletzt dem Druck verdankte,
unter dem die katholische Kirche im 20. Jahrhundert stand – und heute noch
steht –, kann nicht übersehen werden. Die Forderung nach Glaubensfreiheit und
Toleranz, die das Zweite Vatikanische Konzil in «Dignitatis humanae» formulierte, erklärt sich jedenfalls zu nicht geringem Teil aus den historischen Erfahrungen
mit den totalitären Regimes des 20. Jahrhunderts. Pius IX. hatte ebendiese Glaubensfreiheit als häretisch gebrandmarkt in der Hoffnung, den Liberalisierungs-
prozess aufhalten zu können, und so den universalen und monopolistischen Anspruch der einen wahren katholischen Kirche zu verteidigen. Doch im 20. Jahrhundert ist die katholische Kirche selbst darauf angewiesen, Glaubensfreiheit und
Toleranz für sich in Anspruch zu nehmen. Das bedeutet keine Zustimmung zu
einem religiösen Indifferentismus, der katholisch nicht zu rechtfertigen wäre;

---

[101] Die Dogmatisierung der Unfehlbarkeit ist vor dem politischen und kulturellen
Hintergrund der Moderne in doppelter Hinsicht problematisch: einerseits mit Blick
auf die Frage nach dem Status der gesamtkirchlichen Wirklichkeit, andererseits mit
Blick auf die Frage nach der Möglichkeit oder Unmöglichkeit letztverbindlicher
Aussagen überhaupt. Dieses doppelte Problem hat Hans Küng besonders hervorgeho-
ben (Unfehlbar? Eine Anfrage. Einsiedeln 1970).

doch unter dem Druck der Selbstbehauptung des katholischen Christentums in einer Welt, in der Religion bedroht erscheint, muss die katholische Kirche jene Toleranz, die sie selbst lange genug verweigert hat, in Anspruch nehmen – und kann sie den anderen Religionen nicht verweigern. Die Basis des interreligiösen Dialogs ist Toleranz und die Wahrnehmung, dass angesichts des Fortschritts der Säkularisierung alle Religionen einander näher rücken.

5. Die protestantischen Kirchen

Das Reich hat in Augsburg 1555 eine Friedensformel entworfen, die einer politischen Logik folgt: ‹Cuius regio, eius religio.› Der Glaube des Landesherrn bestimmt den Glauben seiner Untertanen. In der Sprache des Volkes: Wes' Brot ich ess, des' Lied ich sing. Auf die theologische Herausforderung der Reformation wird mit einem politischen Kompromiss geantwortet, der auf halbem Wege stehen bleibt. Um das Zerbrechen des Reiches zu verhindern, gesteht Karl V. den Fürsten die Gewissensfreiheit zu, die den einfachen Leuten verwehrt wird. Der Traum der freien Christenheit im Reich ist ausgeträumt. Auch hier steht, wie kurz später bei Bodin, die Sicherung der politischen Einheit, die Garantie des Friedens im Vordergrund. Doch die Reichslösung trennt sich noch nicht von der herkömmlichen Vorstellung, dass die religiöse Einheit die Bedingung der politischen Einheit wäre. Da nun allerdings die religiöse Einheit im Reich nicht mehr herstellbar ist, wird um der Rettung des Reichsfriedens willen versucht, den Zusammenhang von religiöser Identität und politischer Einheit auf kleinerem Massstab zu restaurieren. Tatsächlich kommt nun den weltlichen Gewalten, wie man das später gerade in den protestantischen Ländern sehen wird, eine ganz neue Funktion zu. In der Gestalt des landesherrlichen Kirchenregiments kann der Staat Funktionen übernehmen, die genuin kirchlicher Natur sind.

Der protestantische Glaube ist keineswegs kirchenfeindlich. Allein, die Abtrennung von der jetzt erst als Denomination erscheinenden katholischen Kirche – jener Kirche also, die den päpstlichen Primat anerkennt, die sieben Sakramente kennt usw. – bringt den evangelischen Glauben in eine politisch-theologische Zwickmühle: Der Wegfall eines eigenständigen Kirchenwesens, wie es die katholische Kirche ausgezeichnet hat, hat eine kurzfristige politische Orientierungslosigkeit zur Folge. Da der Aufbau eines (neuen) sichtbaren Kirchenwesens von den Reformern nur äusserst kritisch beurteilt werden kann, andererseits jedoch weder die blossen Gemeindestrukturen noch die Kräfte der unsichtbaren Kirche ausreichen, um alle Probleme zu lösen, wird seit den späten 20er Jahren des 16. Jahrhunderts über neue Institutionen nachgedacht. Dabei besteht das grosse Problem gerade darin, der Doktrin von der unsichtbaren Kirche gerecht zu werden und gleichzeitig innerweltliche Strukturen zu entwickeln, die einerseits dem Glauben und dem ‹Recht› der unsichtbaren Kirche und ihrem Haupt Christus keinen Abbruch tun, doch andererseits über genug Macht verfügen, um die Kirchendisziplin ebenso durchzusetzen wie über strittige Glaubensfragen zu entscheiden. Mit der Bestimmung des katholischen Kontroverstheologen Bellarmins ist die Gegenposition leicht bestimmt: Kirche, so Bellarmin, ist eine sichtbare und greifbare Gemeinschaft von Menschen, wie das römische Volk eine Gemeinschaft ist oder das französische Königreich oder die Republik Venedig.[102] Diese Definition aber unterschlägt aus reformatorischer Sicht den wesentlich unsichtbaren Charakter der Kirche, denn sie unterschlägt ihren wesentlich geistlichen Charakter. Bellarmins Kirchenbegriff erscheint in dieser Fassung als ein ganz und gar politischer Gemeinschaftsbegriff, der in der Anwesenheit des versammelten Volkes und gegebenenfalls seiner Repräsentation in der legitimen Führung aufgeht. Demgegenüber bezieht sich der protestantische Kirchenbegriff in aller Eindringlichkeit auf das, was das Glaubensbekenntnis die Gemeinschaft der Heiligen nennt. Geistlichen Charakters ist die Kirche gerade insofern sie nicht mit einem säkular politischen Gemeinschaftsbegriff fassbar ist. Doch wie kann die geistige Kirche sichtbar werden, und welches sind die Institutionen, die dieser Doktrin entsprächen? Die geistliche Kirche, so die erste Antwort, zeigt sich als Partikularkirche. Sie zeigt sich gerade nicht als universale Kirche, sondern sie ist allererst die als Kirche erscheinende Gemeinde. Letztlich beziehen sich die wesentlichen ekklesiologischen Äusserungen Luthers immer entweder auf die Ortsgemeinde, in der die *charismata* versammelt sind, oder auf die unsichtbare Kirche mit Christus als ihrem Haupt. Doch schon das Verhältnis von Ortsgemeinde zur unsichtbaren Kirche ist nur schwer bestimmbar.

Tatsächlich hat sich mit der Einführung von Konsistorien auf der pragmatischen Ebene sehr schnell ein Modell etabliert, welches auf unerhörte Weise Kirche und Staat miteinander verbindet. Luther selbst hat den Vorschlag gemacht, Kommissionen von Geistlichen, «die auf die Lehre und Person verständig» seien, und Weltlichen, «die auf die Zinse und Güter zu sehen haben», zu schaffen, um die Gemeinden zu visitieren. Mit diesem Vorschlag beginnt die Geschichte der Konsistorien, in denen ebendiese Kommissionen institutionalisiert werden. Den Konsistorien, so Justus Jonas in seinen «Bedenken der Consistorien halben» von 1538, soll die Aufgabe zukommen, die Aufsicht über Leben und Lehre der Geist-

---

[102] «Ecclesia enim est coetus hominum ita visibilis et palpabilis, ut est coetus populi Romani vel Regnum Galliae aut Respublica Venetorum.» (Bellarmin: Disputationes de controversiis christianae fidei adversus huius temporis haereticos. Tom. II Controv. I Lib. III, cap. II).

lichen zu halten, die Pfarrer gegen Gemeinde und Patrone zu schützen, die Ehegerichtsbarkeit zu halten sowie die Kirchenzucht gegen Predigt- und Sakramentsverächter durchzusetzen. Die Vollmacht zur Errichtung solcher Konsistorien liegt beim Landesherrn, da den kirchlichen Amtsträgern keine Zwangsmittel zur Verfügung stehen, und ein Jurist sollte den Konsistorien vorstehen. Nicht nur sollten Konsistorien Kirchenstrafen auferlegen, sondern auch bürgerliche Strafen wie Berufsverbote, Geld- oder Haftstrafen, ja sogar die Todesstrafe sollte im Kompetenzbereich der Konsistorien liegen. Rudolph Sohm hat mit der ihm eigenen Empfindlichkeit diese Verbindung von geistlichem Gericht mit einer Zwangsgewalt als den Sündenfall der Reformation bezeichnet.[103]

Dieses erste grosse Dokument der Reformation über die Errichtung kirchlicher Zwangsgewalt ist kein blosses Hirngespinst: Tatsächlich zeigt es den Weg auf, den die reformierten Territorien einschlagen werden, einen Weg allerdings, der in nicht unerheblichem Spannungs- oder besser Widerspruchsverhältnis zu den lutherischen Bekenntnisschriften steht. In der Apologie wird die Kirche ja noch als «societas fidei et spiritus sancti in cordibus» bestimmt, als eine innerliche, durch den Geist beseelte Gemeinschaft.[104] Und das Augsburger Bekenntnis hatte der Bischofsgewalt nach göttlichem Recht die Aufgabe zugeschrieben, zu predigen, Sünden zu vergeben und Gottlose aus der Gemeinde zu verstossen, aber immer «ohn menschliche Gewalt, sondern allein durch Gottes Wort»[105]. Die Kirchengewalt, so viel wird aus der Lehre der Reformatoren der ersten Generation deutlich, liegt bei der Gemeinde. Doch tatsächlich sollte der evangelische Glaube in den reformierten Territorien eine ganz andere Kirchenverfassung erhalten. Der Augsburger Religionsfrieden von 1555 hat die geistliche Rechtssprechung der (katholischen) Bischöfe in den reformierten Territorien suspendiert und deren kirchliche Kompetenzen auf den Landesherrn übertragen, der damit gleichsam in die vakante Position des Bischofs einrückt und *summus episcopus* wird. Das technische Instrument der Konsistorien und die symbolische Funktion des Summepiskopates bestimmen das landesherrliche Kirchenregiment. Das hätten sich die Reformatoren nicht träumen lassen. Und doch ist alles schon bei Luther angelegt, der dem Landesherrn den Schutz der Kirche anvertraut, und das auch, im deutlichsten Gegensatz zu den katholischen Bestrebungen, die *libertas ecclesiae* zu sichern, gerechtfertigt tun kann, weil der Fürst wie alle anderen

---

[103] Rudolph Sohm: Kirchenrecht. 2. Aufl. Berlin 1923. Bd. I, S. 614.

[104] Apologie der Konfession VII (Die Bekenntnisschriften der Evangelisch-Lutherischen Kirche. Göttingen 1976. S. 234).

[105] Augsburgische Konfession XXVIII,21 (Die Bekenntnisschriften der Evangelisch-Lutherischen Kirche. Göttingen 1976. S. 124).

Gläubigen auch am allgemeinen Priestertum teilhat. Melanchton findet dafür die Formulierung vom Fürsten als dem «praecipua membra ecclesiae». Doch die Reformatoren der ersten Stunde hatten keinen Cäsaropapismus vor Augen, sondern reagierten auf einen Ausnahmezustand: die *cura religionis* obliegt dem weltlichen Herrscher, weil es keinen legitimen Bischof mehr gibt. In die *cura religionis*, in die Sorge um die religiösen Dinge, ist der Landesherr als Notbischof berufen.

Dieser so genannte Episkopalismus wird ergänzt und ab der Mitte des 17. Jahrhunderts durch den so genannten Territorialismus abgelöst: Der Obrigkeit stehen kirchliche Kompetenzen als Teil ihrer Landeshoheit zu. Deutlich ist hier die Wende zum modernen Begriff der Souveränität, die der Westfälische Friede von 1648 vollzieht: die Bestimmung einer höchsten Gewalt, die selbst über die Kompetenzkompetenz verfügt. Jetzt fällt der theologische Schleier, der die Begründung des landesherrlichen Kirchenregimentes locker umfasste; an seine Stelle tritt eine nur noch politische Argumentation, letztlich in der Tradition der Staatsräson. Thomas Hobbes hat diesen Sachverhalt in der ihm eigenen Sachlichkeit formuliert: «Denn die Lehrsätze über das Reich Gottes beeinflussen das Reich der Menschen in so hohem Masse, dass sie nur von denjenigen zu bestimmen sind, die unter Gott die souveräne Gewalt besitzen.»[106] Das byzantinische Modell erweist hier seine volle Faszination für das protestantische Kirchenrecht: Entwickelte Bürokratie und eine nüchterne Theokratie zeichnen das Prinzip des landesherrlichen Kirchenregiments im Reich aus. Dieses Modell der Kirchenverfassung ist theologisch nicht zu begründen; und tatsächlich stellt es auch eher eine Frucht des Selbstbewusstseins und der technischen Kompetenz der neuen Staaten dar, als dass es einer selbstbestimmten Geschichte der Kirche zugerechnet werden könnte. Von einer solchen kann man für die lutherischen Kirchen erst ab dem Moment wieder sprechen, da die Konsistorien im Verlaufe des 19. Jahrhunderts zu wirklichen Kirchenbehörden – und die Landesbischöfe etwas später die Funktion des fürstlichen *summus episcopus* einnehmen. Der Preis, den die lutherischen Kirchen für die Befreiung der Kirche aus der römischen babylonischen Gefangenschaft zu zahlen hatten, war jedenfalls hoch. Dass Luthers Kampf gegen das Kirchenrecht in einer neuen babylonischen Gefangenschaft enden würde, gehört zu den tragischen Momenten der Kirchengeschichte. Der Verzicht auf das Recht ist nur um den Preis einer Auslieferung an die Macht zu erkaufen. Tatsächlich scheint es allen Verdächtigungen zum Trotz, als ob nur das rechtliche

---

[106] Thomas Hobbes: Leviathan. Frankfurt 1984, Kap. XXXVIII, S. 346.

und behördliche System, welches die Kirche seit dem 11. Jahrhundert entwickelt hat, die *libertas ecclesiae* wirksam zu schützen vermag.

Eine ganz andere Lösung dieses Problems hat Calvin gefunden, dessen ganzes Werk und dessen ganze Praxis durch eine Spannung zwischen der hohen Bedeutung der wahren unsichtbaren Kirche und derjenigen der äusseren Kirche gezeichnet ist. Der geistigen Kirche steht Christus als ihr Haupt vor, wie Calvin mit Paulus hervorhebt: «Und alles hat er ihm unter die Füsse gelegt, und ihn hat er als alles überragendes Haupt der Kirche gegeben; sie ist sein Leib, die Fülle dessen, der alles in allem zur Vollendung bringt» (Eph 1,22f). Diese wahre unsichtbare Kirche ist universal,[107] sie ist auf verschiedene Plätze verteilt, doch sie stimmt überein in der einen Wahrheit der göttlichen Lehre. Sichtbar sind die individuellen Kirchen, die, dem menschlichen Bedürfnis entsprechend, in einzelnen Städten oder Dörfern angelegt sind. Und jede dieser partikularen Kirchen trägt mit Recht den Namen der Kirche und beansprucht mit Recht, wie das schon Zwingli betont hatte, die Autorität der Kirche. Der einzelnen Gemeinde kommt die Autorität der Kirche zu. Fern allen Mystizismus hält Calvin an der Unterscheidung zwischen sichtbarer und unsichtbarer Kirche fest, erklärt jedoch die sichtbare Kirche als «Mutter der Gläubigen», an die wir uns treulich halten müssen. Calvins Ekklesiologie hat immer schon an der Praxis ihren Fluchtpunkt. Die ‹Institutionen› sind tatsächlich Institutionen, sie bilden einen doktrinären Rahmen mit Gesetzeskraft, in dem Calvin die Kirche errichtet.

Calvins Ekklesiologie ist Gemeinschaftsdenken durch und durch. Dem Abendmahl kommt deshalb nicht nur die Bedeutung einer *communicatio* mit Gott zu, sondern auch einer *communicatio* innerhalb der Gemeinde selbst. Dabei hat die Kirchenzucht, der in der Wahrnehmung des Calvinismus so eine wichtige Rolle zukommt, die Funktion, die Reinheit der Kirche zu sichern, die ja nichts anderes als der Körper Christi ist. In den «Artikeln, die Organisation der Kirche und des Kultes in Genf betreffend» (1537) wird der Zusammenhang zwischen der Betonung des Abendmahles, der Gemeinschaftlichkeit der Kirche und der Bedeutung der Kirchenzucht deutlich gemacht. Eine Kirche, so heisst es dort, kann nicht wohlgeordnet und geregelt genannt werden, «wenn in ihr nicht das Hl. Abendmahl unseres Herrn häufig gefeiert und gut besucht wird, und zwar auf solche Weise, dass man sich dort nur in Heiligkeit und mit besonderer Ehrfurcht einzufinden wagt. Aus diesem Grund, um die Kirche unversehrt zu erhalten, ist die Ausübung der Exkommunikation nötig, durch welche all diejenigen zurechtgebracht werden sollen, die sich nicht gütlich und in allem Gehorsam dem Wort

---

[107] Für das Folgende vgl. Calvin, Institutionen, IV,1,9.

Gottes unterordnen wollen.»[108] Den Körper Christi rein zu halten, erfordert ein Instrument, welches die Kirchenzucht garantiert. Calvin betont, dass das einzige Instrument der Kirchengewalt das Wort ist. Das häufig wiederholte Bild von der Genfer Theokratie ist nicht zuletzt deshalb unglücklich, weil Calvin deutlich auf das pastorale Wort setzt. Und dieses Wort kommt allererst den Priestern zu. Gegenüber Luthers Theorie des allgemeinen Priestertums ist Calvin reserviert. Er macht deutlich, dass die Pastoren die Einheit der Kirche sichern. Ihnen kommt die Schlüsselgewalt zu,[109] ihnen kommt das Kirchenregiment zu: «Jeder muss sich der Ordnung (*police*) unterwerfen, die Gott für die Kirche entworfen hat. Deshalb wollte er Pfarrer. Lasst uns nicht murren, dass wir nicht alle dieses Privilegs teilhaftig sind, denn es ist Gottes Wille, dass die Kirche so regiert werde», heisst es in der Predigt 43. Das Amt des Pfarrers endet nicht mit der Predigt und der Verwaltung der Sakramente, sondern es beinhaltet, da er für die Seelen seiner Herde verantwortlich ist, die Aufsicht über die Disziplin.

Schon im Jahr 1530 hatte Oekolampad in einer Rede vor dem Basler Rat die Wiedereinführung des Kirchenbanns gefordert. Mit Bezug auf Mt 18,15 fordert er die Möglichkeit des Ausschlusses aus der Gemeinde durch die Gemeindemitglieder, nicht durch Geistliche, da der Ortsgemeinde die Kirchengewalt zukomme.[110] – «Hört er auf die nicht, so sage es der Gemeinde. Hört er auch auf die Gemeinde nicht, so sei er für dich wie ein Heide oder Zöllner.» – In der Kirchenordnung von 1541 statuiert Calvin dann eine obrigkeitsfreie Kirchenzucht, welche durch ein Konsistorium ausgeübt werden sollte, dem zwölf Älteste und die Pfarrer angehören sollten. Doch tatsächlich beharrte der Rat der Stadt Genf darauf, dass die Ältesten aus dem Kreis der Ratsmitglieder kooptiert würden, um so die Bedeutung weltlicher Gewalt sicherzustellen. Gegen die Intention Calvins also wird die Verbindung von weltlicher und geistlicher Gewalt hergestellt, die dann zum Bild von der Genfer Theokratie führte. Diesem Konsistorium oblag die Aufsicht nicht nur über die Kirchendisziplin im engeren Sinne, sondern, und das

---

[108] Calvin-Studienausgabe, hrsg. von E. Busch u.a. Neukirchen 1994. Bd. I,1, S. 115.
[109] «Aber denken wir daran, dass diese Macht, welche in der Schrift den Pastoren zuerkannt ist, völlig im Dienste des Wortes enthalten und darauf begrenzt ist.» (Genfer Katechismus und Glaubensbekenntnis, in: Calvin-Studienausgabe, Bd. I,1, S. 201).
[110] Mit der Einführung einer obrigkeitsfreien Kirchenzucht und mit ihrer Zuordnung auf die Kirchengemeinde befördert Oekolampad die Selbstständigkeit der Kirche, die nicht, wie das in den lutherischen Gebieten geschehen wird, sich an die säkulare Obrigkeit lehnt, um von dieser dann regiert zu werden. Dieses Vertrauen auf das Gemeindeprinzip unterscheidet deutlich den reformierten vom lutherischen Protestantismus.

wird zum Merkmal des Calvinismus, die Aufsicht über das ganze Leben der Gemeinde, da kein Aspekt des Lebens irrelevant für das Seelenheil ist. Diesem Konsistorium steht nur das mahnende Wort zur Verfügung, und der Ausschluss vom Abendmahl – nicht der Kirchenbann, wie bei Oekolampad, und nicht zivil- und strafrechtliche Befugnisse, wie bei Justus Jonas – ist vorerst die stärkste Sanktion, die natürlich als Heilmittel gedeutet wird. Das steht in der Tradition der Alten Kirche, exemplifiziert an der Weigerung des Ambrosius von Mailand, Theodosius nach dem Massaker von Thessaloniki zum Gottesdienst zuzulassen, bevor dieser nicht Zeichen der Reue gezeigt und Busse getan habe. Doch im Jahre 1555 gelingt es Calvin dann, dem Rat das Instrument der Exkommunikation abzuringen, welche durch das Konsistorium auszusprechen wäre. Damit wird die moralische Kontrolle, welche das Konsistorium über die Bevölkerung ausübt, zum vollendeten politischen Instrument, und Genf wird, jedenfalls in einem gewissen Masse, zu jener Theokratie, von der die Geschichte so gerne erzählt.

VI. Staat und Kirche in der Neuzeit

Das Verhältnis von Staat und Kirche, von Politik und Religion wird seit dem Jahrhundert der Reformation neu gefasst. Ein konfessioneller Pluralismus tritt an die Stelle der Einen Heiligen Kirche, die als mächtige Spielerin im Konzert der Gewalten aufgetreten war. Die Bedeutung der religiösen Institutionen selbst ist nicht mehr fest begründet: Das ist nicht zuletzt eine Folge der Rückbesinnung auf das Urchristentum, dem Ämter und Hierarchie noch fremd sind. Schliesslich gewinnt – in unübersehbarer Parallele zur Gedankenwelt des Humanismus – der Einzelne eine ganz neue Bedeutung. Glaube und Religion werden stärker denn je an das individuelle Gewissen gebunden. Ein Traditionsbruch bahnt sich an, der jedoch erst viel später realisiert wird. Für einen kurzen Moment werden die Geltungsgründe unsicher, für einen Moment, so scheint es, wird der Glaube eine Frage des Individuums. Vielleicht nur für eine Generation, doch die Erinnerung an diesen Moment bleibt unauslöschlich in der religiösen Erinnerung erhalten.

Der neuzeitliche Staat entsteht aus und mit der Notwendigkeit, die Bedrohung des Friedens durch den religiösen Pluralismus zu bannen. Das ist die Erfahrung des Reichs, Frankreichs ebenso wie Englands. Die Aufkündigung der religiösen Einheitsvorstellungen im 16. Jahrhundert führt in den Bürgerkrieg. Dieser Krieg wird umso erbitterter, umso unversöhnlicher geführt, als in ihm das Höchste, das Heil nämlich, auf dem Spiel steht. Dieser Krieg bedroht die Königreiche und Fürstentümer in ihrer Existenz. Doch zugleich eröffnet er einen neuen Spielraum für das Politische. Die Politik – und das heisst jenes Subjekt, das dazu in der Lage ist, sich als das Politische zu präsentieren – kann als ein neuer Heilsbringer erscheinen. Wenn der Glaube in den Krieg führt, wenn konfessioneller Pluralismus Bürgerkrieg bedeutet, dann kann die Einheit des Politischen die Hoffnung auf den Frieden versprechen. Und nichts anderes tut der neuzeitliche Staat: Er verhindert, dass aus religiösen Differenzen Kriegsgründe werden können. Die grossen Denker des neuzeitlichen Staates, Jean Bodin in Frankreich und Thomas Hobbes in England begründen den Staat, der die konfessionellen Streitigkeiten zu zähmen weiss. Er tut dies, indem er ihnen die politische Spitze nimmt.

‹Den modernen Staat› gibt es natürlich nicht. Doch es lassen sich Antworten auf den religiösen Pluralismus typologisieren. Dass diese Antworten immer auch Antworten der Selbstbehauptung des Staates sind, ist unverkennbar. Die Entstehung des Staates lässt sich seit dem 13. Jahrhundert beobachten. Frankreich kann als der erste moderne Staat gedeutet werden, in dem sich die symbolische Seite der Souveränität – die durch Papst Innozenz III. auf den französischen König gemünzte Erwähnung der Nicht-Anerkennung eines Höheren in seiner antikaiserlichen Dekretale «Per venerabilem»[111] (1202) – mit administrativer Zentralisierung verbindet. Und ebendies ist das Kennzeichen des modernen Staates: Souveränität nach innen und aussen, deren Bedingung eine straffe und durchsetzungsfähige Verwaltung ist. Souveränität, mit den Worten Bodins: Die eine und höchste Gewalt des Gemeinwesens wird in der Person des Fürsten personalisiert. Doch die Souveränität des Staates bedeutet nicht nur die Nicht-Anerkennung des Kaisers; sie bedeutet längerfristig betrachtet – Ironie der Geschichte – auch die Nicht-Anerkennung einer direkten oder indirekten Gewalt des Bischofs von Rom. Die Souveränität des Staates bedeutet institutionell eine Abwehr aller, wie auch immer gearteten Herrschaftsansprüche der Kirche. Mit dem Konzept der Souveränität wird allen Möglichkeiten ein Riegel vorgeschoben, aus der Religion heraus die Legitimität des Staates in Frage zu stellen.

Grob gesprochen, geht der moderne Staat drei Verhältnisse zu seinen Religionen ein: Indienstnahme, Toleranz, Behinderung. Der Staat kann ein Bündnis von Thron und Altar verfolgen mit dem Ziel der Inkorporation oder Kooperation der grossen Ordnungsinstanzen, er kann sich aus den religiösen Angelegenheiten heraushalten und er kann schliesslich die Ausübung von Religion be- oder verhindern. Im folgenden Kapitel ist die Perspektive, in der das Feld der Politischen Theologie betrachtet wird, deutlich verschoben: Der Staat, der das Monopol des Politischen beansprucht, versucht, die Definitionsmacht über das Verhältnis der weltlichen Gewalt zur Religion zu gewinnen. Das politische Denken erfährt einen ungeheuren Aufschwung – und dieses Denken nimmt einen immer grösseren Abstand zur theologischen Perspektive ein. Der reformatorische Riss in der Geschichte der westlichen Kirche betrifft ihr Wesen selbst. Immer unverständlicher, immer inakzeptabler werden die Versuche, die Universalität des organisierten Glaubens zu behaupten. An ihre Stelle tritt ein neuer Partikularismus, der Partikularismus von Konfessionen und Denominationen. – In diesem Zusammenhang erscheint selbst die Universalität der katholischen Kirche als Partikularismus. – Dass dieser Partikularismus des organisierten Glaubens sich in das Bild der politischen Partikularisierung fügt, in der der Gedanke des (universalen) Reichs zum Gespenst wird und die Souveränität von (partikularen) Staaten das Leitmotiv, wird hoffentlich deutlich.

---

[111] Innozenz III., Per venerabilem (1202), X 4,17,13 (Friedberg II, 714ff).

1. Souveränität und Säkularisierung

Nach der Reformation ist nichts mehr, wie es war. Das 16. Jahrhundert zwingt zu einer grundsätzlichen Neubestimmung des Verhältnisses von weltlicher und geistlicher Gewalt, von Staat, Religion und Kirche(n). An der Notwendigkeit, zwischen Religion und Kirche zu unterscheiden, ebenso wie an der Notwendigkeit, die Kirche in den Plural zu setzen, wird deutlich, was sich alles geändert hat. Doch auch der Staat ist etwas Neues; er stellt ein neuartiges zentralistisches Ordnungsmodell dar, das keine intermediären Gewalten mehr kennt und die Monopolisierung des Politischen betreibt. Monopolisierung des Politischen heisst, dass der Staat zur letzten und höchsten Instanz wird, welche für alle Dinge des Zusammenlebens zuständig ist. Das ist nicht selbstverständlich. Eine solche Selbständigkeit wird weder durch die Verfassung des Reiches garantiert, noch kann sie vor dem Anspruch einer *reservatio spiritualis* der Kirche bestehen, die sich das Recht vorbehält, ihre Gläubigen überall dort vom Gehorsamszwang gegen die weltlichen Gewalten zu befreien, wo diese gegen den Glauben verstossen. Dieses Muster ist alt, es hat seine kanonische Fixierung in der Dekretale «Novit ille» Innozenz III. (1204) gefunden, der, im Streit zwischen dem französischen König Philipp August und dem englischen König John angerufen, seine Inkompetenz in Feudalangelegenheiten erklärte, sich jedoch eine Rechtsprechungskompetenz in weltlichen Dingen dort vorbehielt, wo *ratione peccati*, also nach der Massgabe einer Sünde, Recht zu sprechen wäre.[112] In säkularen politischen Angelegenheiten steht dem Papst keine Rechtsprechungskompetenz zu; wohl aber selbstverständlich in geistlichen Angelegenheiten. Die Reichweite dieses Prinzips ist unbestimmt, denn wer, ausser dem Papst, kann entscheiden, ob ein sündhaftes Verhalten *in politicis* vorliegt. Die quasi-seelsorgerische Begründung des päpstlichen Eingriffsrechtes erlaubt es, das grundsätzliche Verhältnis von weltlicher und geistlicher Gewalt unangetastet zu lassen. Innozenz' Kanonistik-Lehrer, der grosse Huguccio, hat diese Argumentation geprägt, indem er auf der Grundlage des berühmten Gelasius-Textes – «Zwei Prinzipien sind es, oh erhabener Kaiser ...» – darlegte, dass das Imperium des Kaisers eigenständig legitimiert sei, dass der Kaiser als Christ jedoch selbstverständlich der rechtsprechenden Gewalt des Papstes unterworfen ist, die geistlicher Natur ist. Da der Kaiser nun allerdings kein Mensch wie jeder andere ist, bedeutet geistliche Rechtssprechung unweigerlich politische Aktivität – und bedeutet rechtliche Autorität *in spiritualis* notwendig politische Autorität im *saeculum*.

---

[112] «Non intendemus iudicare de feudo ... sed decernere de peccato.» Innozenz III., Novit ille, X 2,1,13 (Friedberg II, 243).

Wie unbestimmt die kirchliche Gewalt in weltlichen Dingen sein mag, sie kennt keine territorialen Grenzen in einem Europa, das durch die christliche Religion bestimmt ist. Dabei ist sie nicht einfach moralische Autorität; sie macht sich im Recht und mit Macht geltend. Ein Stachel im Fleisch der entstehenden Staatenwelt, die ihr Wesen im Prinzip der Souveränität finden wird. Souveränität ist die eine und höchste Gewalt des Gemeinwesens, das über sich selbst bestimmt. Jean Bodin (1529–1596) ist der erste grosse Theoretiker der Souveränität. Im Jahre 1576, vier Jahre nach den Massakern der Bartholomäusnacht, schreibt Bodin seine «Sechs Bücher über die Republik». Der französische Staat droht durch die Konfessionskriege in seiner Einheit zerstört zu werden. Ein Ausgleich zwischen Katholiken und Protestanten scheint nicht in Sicht, beide Parteien versuchen, den Staat in Dienst zu nehmen. Diese Versuche bedeuten natürlich zugleich nichts anderes als eine Kriegserklärung an die andere Partei. Theoretisch enden diese Versuche bei den so genannten Monarchomachen, die den Widerstand gegen den König immer dort rechtfertigen, wo die zentralen Elemente der Konfession bedroht sind. Monarchomachen heissen die Vertreter dieser Schulen abwertend, Königsmörder also, sie sind die neuzeitlichen Begründer der Vertragstheorie, die später für die Politische Theorie so bedeutend werden wird. Das Volk, so ganz grob ihr – calvinistisches ebenso wie katholisches – Modell, ist gemäss einem ersten Vertrag Gott zum Gehorsam bestimmt, und unterwirft sich in einem zweiten Vertrag dem König von Frankreich und verspricht ihm Gehorsam. Vertragsbrüchig jedoch wird der König, der die Bedingungen des Vertrages nicht erfüllt; der König, der entweder den Schutz der (katholischen) Kirche vernachlässigt, indem er die Ausübung des protestantischen Kultes erlaubt, oder der den wahren Gottesdienst verhindert, indem er die Ausübung des protestantischen Kultes verbietet. Dann gilt entweder das alte Diktum, dass man Gott mehr gehorchen muss als den Menschen, oder aber es wird daran erinnert, dass Regierung auf Konsens beruht. Kurz: Dem König wird der Gehorsam verweigert, ja, er darf sogar, wenn keine andere Lösung in Sicht ist, ermordet werden. Die Tyrannenmord-Diskussion wird neu belebt; dies zeigt deutlich, in welchem Masse die religiösen Differenzen als existenzielle Differenzen verstanden werden. Und mit der Absetzung von Maria Stuart wird deutlich, welche Bedeutung die Legitimitätsdiskussion hat.

Der König sitzt in der Falle. Einen Ausweg zeigt die Gruppe der so genannten ‹Politiques›, die gegen die konfessionellen Differenzen auf die einheitsverbürgende Kraft des Staates setzen. Das ist jedoch nur möglich unter den Bedingungen weitreichender Säkularisierung. Tatsächlich, so könnte man argumentieren, haben die Bürgerkriegsparteien völlig Recht: Wo das Heil auf dem Spiel steht, darf um des lieben Friedens willen nicht die Ehre des Herrn geopfert werden.

Doch der Vorschlag der Politiques zielt in eine andere Richtung. Er versucht, die religiöse Thematik politisch zu neutralisieren. Michel de L'Hospital (1507–1573), Kanzler unter Karl IX. und der Königinmutter Katharina de Medici, ist die wichtigste handelnde und sprechende Figur unter den Politiques. Zu Beginn seiner Karriere noch ein Verteidiger der Sicherung politischer Einheit durch religiöse Einheit nach dem Motto: ‹Une foi, une loi, un roi›, wird er nach dem Kolloquium von Poissy zum ersten und wichtigsten Politique. Zu seinen ersten Amtshandlungen gehört 1560 der Erlass eines Dekretes, welches den lokalen Autoritäten gebietet, den Frieden zu wahren, und keine Bestrafung gegen Häresieverdächtige zu erlassen, sondern nur gegen jene, die zu den Waffen greifen und Aufruhr stiften. Die Frage der Religion und des wahren Kultes wird politisch ignoriert. Und noch deutlicher, 1562 zur Versammlung der Stände in Saint-Germain: «Der König will nicht, dass ihr um die bessere Meinung streitet; denn nicht de constituenda religione, sed de constituenda republica steht hier in Frage.»[113] Die Frage nach der Verfassung der Religion wird ignoriert, um die Frage nach der Verfassung und Erhaltung des Gemeinwesens beantworten zu können. Der Staat wird zum grossen Friedensstifter, indem er sich über die konfessionellen Differenzen erhebt. Das wird jedoch nur möglich, indem der Staat erstens gegen konfessionell bestimmte Eingriffe von aussen abgeschirmt wird, und indem er zweitens für sein Territorium eine Machtvollkommenheit erlangt, die es ihm erlaubt, über die konfessionellen Grabenkriege hinweg friedenssichernde Entscheidungen zu treffen und durchzusetzen. Wenn der Staat nicht mehr das Objekt der Begierde im konfessionellen Bürgerkrieg sein soll, und wenn seine Entscheidungen Loyalität bei allen Parteien finden sollen, dann muss der Staat religiös neutral werden.[114] Mit diesem Modell des allmächtigen Staates ist also zugleich eine Einschränkung seiner Macht verbunden. Der souveräne Staat der Politiques kann keine Entscheidungen in religiösen Dingen treffen, denn nur unter der Bedingung konfessioneller Neutralität kann seine Stellung über den

---

[113] Michel de L'Hospital, Rede vor den Ständen in Saint-Germain 1562 (Zitiert nach Joseph Leclerc SJ: Geschichte der Religionsfreiheit im Zeitalter der Reformation. Stuttgart 1965. Bd. 2, S. 91f).

[114] Und noch einmal Michel de L'Hospitals Eröffnungrede auf der Ständeversammlung von Saint-Germain: «Wer dem König riete, sich ganz auf eine Seite zu stellen, täte dasselbe wie einer, der ihm sagte, er möchte die Waffen ergreifen, um zum Verderben seines Leibes die Glieder durch die Glieder zu bekämpfen … Wer sich zwischen beiden Parteien hält, und leidenschaftslos auftritt, wird den besten Weg wählen und ihm folgen.» (Zitiert nach Joseph Leclerc SJ: Geschichte der Religionsfreiheit im Zeitalter der Reformation. Stuttgart 1965. Bd. 2, S. 91).

konfessionell zerstrittenen Parteien gehalten werden. Bodins Versuch, das französische Königtum als Garantie der politischen Einheit über den Zwist der Konfessionen zu erheben, ist die entscheidende Antwort des Politischen Denkens auf das Zerstörungspotenzial des religiösen Dissenses, das seit der Kirchenspaltung im Gefolge der Reformation die europäische Landschaft kennzeichnet.

Bodins Vorschlag befördert letztlich die Tendenz eines Staates, dem die Religion fremd werden wird.[115] Voraussetzung dafür ist, dass Religion nicht mehr in den Bereich der öffentlichen Angelegenheiten, der *res publica* fällt. Dass die Religion zur Privatsache wird, ist die Bedingung des modernen Staates. Privatsache aber kann Religion nur unter der Bedingungen fortschreitender Säkularisierung werden. Der moderne Staat entsteht aus dem Prozess der Säkularisierung und er ist ihr wichtigster Agent.[116] Unter Säkularisierung ist in diesem Sinne die weitreichende Entkirchlichung zentraler gesellschaftlicher Lebensbereiche zu verstehen. Ursprünglich bedeutet Säkularisierung ja den Einzug von Kirchengut durch weltliche Herrscher im historischen Zusammenhang der Reformation, später der französischen Revolution und der Napoleonischen Besetzung West- und Mitteleuropas. In einem übertragenen Sinne bedeutet Säkularisierung für unseren Zusammenhang zwar den Fortbestand einer religiösen Kultur – die sicherlich im 16. und 17. Jahrhundert ausgeprägter denn je war –, jedoch unter Verlust ihrer institutionellen Stärke im Bereich der Entscheidung weltlicher politischer Fragen. Säkularisierung bedeutet in diesem Sinne, dass die Kirche(n) aus dem politischen System im engeren Sinne zwar nicht zur Gänze ausscheiden, dass ihre Stimme jedoch an Gewicht verliert, weil ihnen keine eigenständige Legitimität im Politischen mehr zukommt.

Der Prozess der Säkularisierung ist keineswegs eindeutig. Man mag mit guten Gründen daran zweifeln, ob Säkularisierung überhaupt ein angemessener Terminus ist, um die Veränderungen im Religiösen und Politischen zu beschreiben, die das 16. und 17. Jahrhundert bestimmen. Tatsächlich lassen sich ja noch andere Lösungen für die politische Herausforderung der Reformation beobachten als diejenige Bodins, vor allem das Modell des landesherrlichen Kirchenregimentes, das anglikanische Staatskirchensystem und natürlich in den katholischen Berei-

---

[115] Michel de L'Hospital ist in seiner Rede vor den Ständen in Saint-Germain weitergegangen als das irgend jemand bis ins 18. Jahrhundert tun würde, als er sagte: «Selbst der Exkommunizierte hört nicht auf, ein Staatsbürger zu sein.» (Zitiert nach Joseph Leclerc SJ: Geschichte der Religionsfreiheit im Zeitalter der Reformation. Stuttgart 1965. Bd. 2, S. 92). Das weist in die Richtung der Diskussion, die im 17. Jahrhundert beginnt, doch die sich erst im 18. Jahrhundert wirklich entfaltet.

[116] Vgl. Carl Schmitt: Der Nomos der Erde. Berlin 1950, S. 97.

chen das Bündnis von Thron und Altar, in dem sowohl der universale Anspruch der – jetzt gegenreformatorischen – Kirche sich geltend macht als auch eine ganz spezifische Mischung von Abhängigkeit und Selbstständigkeit weltlicher und geistlicher Institutionen. Für Bodins Beitrag zur Entstehung des modernen Staates und ihre theoretische Bearbeitung im Feld der politischen Ideengeschichte genügt vorerst der Befund eines Versuches, auf eine ganz spezifische Weise die religiösen Fragen aus dem Politischen auszuschliessen. Souveränität heisst also dreierlei: Es bedeutete die absolute Macht des Staates, es bedeutet die Möglichkeit des direkten Zugriffs der Staatsgewalt auf jeden Untertan ohne intermediäre Gewalten und es bedeutet schliesslich die Unabhängigkeit des Staates von überstaatlicher Rechtssprechung und zwar sowohl gegenüber dem Reich als auch gegenüber dem Papst.

Bodins Neudefinition des Staates eröffnet das Kapitel religiöser Toleranz angesichts der Intoleranz der Konfessionen. Auf die Erfahrung des konfessionellen Bürgerkrieges kann Bodin nicht reaktionär antworten; der Weg zurück in eine religiös bestimmte Einheit ist versperrt, das Christentum ist differenziell bestimmt, die konfessionellen Spaltungen sind ab jetzt ein Bestandteil des Christentums, ein Bestandteil, der sich sowohl religiös als auch politisch geltend macht. Reaktionär ist die Phantasie einer Restauration der politico-theologischen Einheit, die jedoch immer wieder geträumt und zu realisieren versucht wird: ein Volk, ein König, ein Glaube. Bodins Versuch weist in die Richtung einer Pluralisierung, die ihre einheits- und das heisst hier allererst: ihre friedensbedrohenden Tendenzen verliert. Die Abkoppelung der politischen Einheitsvorstellung von den Fragen von Religion und Konfession bedeutet den entscheidenden Schritt in die politische Neuzeit. Allein, dieser Schritt erfolgt nicht aus dem Nichts heraus. Das Christentum selbst ist der grosse Motor des Säkularisierungsprozesses, dem seine Institution gewordene Gestalt später zum Opfer fallen wird. Eigentlich ist er in der Verkündigung der Evangelien, in der Geschichte der Kirche und in den Diskursen der christliche Theologie immer schon angelegt. Jesu Antwort auf die Frage nach dem Zinsgroschen: Gebt dem Kaiser, was des Kaisers, und gebt Gott, was Gottes ist, trennt das Politische vom Religiösen. Jesu Antwort auf die Steuerfrage ist viel zu ironisch, als dass sich auf ihr eine Zwei-Reiche-Lehre aufbauen liesse, wie das später versucht worden ist. Es ist dies die Antwort des Gottessohnes, der ein Reich verkündet, welches nicht von dieser Welt ist. Das Reich dieser Welt gehört, in der Sprache der Stoa, zu den Adiaphora. Eine theologische Begründung des Verhältnisses des Christentums zur weltlichen Obrigkeit, eine theologische Begründung der Obrigkeit gehört nicht zum offenbarten Kern der christlichen Religion, sondern zu ihrem Traditionsbestand. Die Streckung des eschatologischen Horizontes ist die Bedingung dieses Diskurses: Weil das Reich

Gottes nicht unmittelbar bevorsteht, wie das die Christen der ersten Generation erhofft hatten, wendet sich die christliche Lehre auch dem säkular Sozialen zu. Doch das Ergebnis dieser Zuwendung bezieht sich immer nur auf etwas Vorläufiges: Auch die Reflektion über die weltlichen Gewalten kann nur in den Rahmen einer Ethik des Interim gehören.

2. Staatskirchentum: das Modell England

Der universale Charakter der katholischen Kirche wird im 16. Jahrhundert einer strengen Prüfung unterzogen. Hintergrund dieser Prüfung ist nicht nur das Zerspringen der kirchlichen Einheit im Abendland; die neue Betrachtung des Verhältnisses von weltlicher und geistlicher Gewalt muss vor allem vor dem Hintergrund eines neuen Anspruches jener politischen Gestalt betrachtet werden, die Staat genannt wird. Bodins Konzept der Souveränität beschreibt den Kern der Staatlichkeit. Doch die Lösung des religiösen Problems, die sich bei Bodin andeutet, ist nicht nur nicht die einzige Lösung einer Vereinbarkeit von religiösem Leben und staatlicher Friedenssicherung; sie ist vor allem nicht die Lösung, die sich auf kurze Sicht durchgesetzt hat. Ein kurzer Blick in die Geschichte des politischen Denkens zeigt einen alternativen Entwurf, der mit dem Begriff des Staatskirchentums bezeichnet werden kann. Am deutlichsten ausgeprägt findet sich dieses Modell in England.

Mit der Herausbildung von Staatlichkeit wird die Position des Papsttums immer problematischer. Denn dessen Gewalt überschreitet notwendigerweise alle territorialen Grenzen. Die Auseinandersetzung zwischen dieser grenzenlosen Gewalt des Papstes als des Oberhauptes der einen katholischen, das heisst allumfassenden Kirche und den partikularen säkularen Gewalten hat eine lange Vorgeschichte, die hier nur angedeutet worden ist. Doch im 16. Jahrhundert kommt die kirchliche Gewalt insofern in neuem Masse unter Druck, als die säkularen weltlichen Gewalten einen neuen Organisationsgrad gewinnen bzw. anstreben. Davon legt Bodin ja ein Zeugnis ab. Eifersüchtig steckt der neuzeitliche Staat seine Kompetenzen ab und immer deutlicher wird das römische Kirchenregiment als Einmischung in innere Angelegenheiten herausgestellt. Staatskirchentum bedeutet gegen diese Gefahr den Versuch, die Kirche in den Staat zu integrieren. Es bedeutet den Versuch, die Organisation der Kirche ebenso wie ihre dogmatischen Entscheidungen dem weltlichen Oberhaupt zu unterstellen, das eben dadurch mehr wird als ein bloss säkularer Herrscher.

Der Wunsch nach einer Ehescheidung führt zur Gründung der wichtigsten Staatskirche. Heinrich VIII. (1491–1547) wollte sich von Katharina von Aragonien scheiden lassen, Anne Boleyn war nicht die Frau, die sich mit einem Mätressenstatus zufrieden geben würde. Doch wenn auch die Ereignisse der Begründung der Kirche von England auf diese ‹Vermischte Meldung› zurückgeführt werden kann – tatsächlich ist die Geschichte älter, und tatsächlich ist Heinrich VIII. eher ein Werkzeug der Geschichte als ihr Herr. Denn der Versuch, die Geschicke der Kirche unter die Fittiche der weltlichen Gewalt zu stellen, sind schon länger vorhanden. Wir haben die Spuren dieses Versuches in der Spätantike ebenso gesehen wie unter den Karolingern, ganz deutlich im germanischen Eigenkirchensystem der Ottonen und Salier, und wir haben schliesslich gesehen, dass der Versuch einer Reformation der Kirche unter Gregor VII. vor ebendiesem Hintergrund stattfindet. Die Geschichte läuft fort bis ins 16. Jahrhundert, ja, bis in die Gegenwart. Doch die Herausbildung der anglikanischen Kirche ist das Musterbeispiel der Bildung einer Staatskirche. Den Hintergrund für die Entstehung der Kirche von England bilden ja nicht dogmatische Differenzen, wie das für den Protestantismus des Reichs gilt, sondern hier steht einzig und allein die Struktur des Verhältnisses von Staat und Kirche auf dem Spiel.[117] Heinrich VIII. steht noch 1521 ganz auf der Seite der katholischen Kirche und verteidigt mit einer unter seinem Namen erschienen Schrift die sieben Sakramente gegen Luthers Behauptung, es gebe nur zwei Sakramente. Dafür wird ihm von Papst Leo X. denn auch der Titel eines ‹Verteidiger des Glaubens› verliehen. Doch 13 Jahre später wird unter Heinrich der Suprematsakt erlassen, in dem er zum «only supreme head in earth of the Church of England, called Anglicana Ecclesia» erklärt wird. Die Kirche von England behauptet ihre Eigenständigkeit durch ein eigenes Oberhaupt. Nach der Zurücknahme dieser Regelung durch Maria Tudor wird Elizabeth I. den obigen Titel des ‹supreme head› fallen lassen, in der Sache jedoch deutlich genug an Heinrich sich anlehnen, wenn sie als «the only supreme governer of this realm and of all other her highness's dominions and countries, as well in all spiritual and ecclesiastical things or causes as temporal» bezeichnet wird.

Die Oberherrschaft über die Kirche gehört jetzt zu den politischen Kompetenzen des Königtums, die Kirche zählt zu den Institutionen des Königreiches. Die Kirche verliert ihre Eigenständigkeit mit dem Erstarken des Staates. Die Unterscheidung von Geistlichem und Weltlichem mag noch getroffen werden, doch an der Spitze beider Ordnungsreihen steht eine einzige Person. Was die kühnsten Theokraten nicht zu denken gewagt haben, den Zusammenfall von weltlicher und geistlicher Gewalt nämlich, wird jetzt aus dem weltlichen Lager heraus verwirk-

---

[117] Das gilt wohlgemerkt nur für den Entstehungsprozess selbst. Nach ihrer Etablierung wird sich die anglikanische Kirche – wenngleich mit einigen ‹Rückfällen› – dogmatisch als protestantisch definieren.

licht. Doch nicht um der Verwirklichung einer Religion willen, sondern um der Stärkung des Staates willen. Für den Prozess der Etablierung des neuartigen Gebildes Staat kann dieser Vorgang nicht überschätzt werden. Denn mit der Vorherrschaft über die Kirche wird das letzte grosse von der weltlichen Herrschaft ausgenommene Feld dem Staat unterworfen. Dabei geht es nicht nur um die Möglichkeiten, die sich durch die Kirche für den Staat in disziplinarischer Hinsicht eröffnen – das spielt in den Ländern des Reiches, besonders in den protestantischen, eine wichtige Rolle. Viel wichtiger ist, dass es prinzipiell keinen Bereich mehr gibt, der nicht der Herrschaft des Staates unterworfen ist.

Der grosse politische Philosoph Thomas Hobbes (1588–1679) hat über hundert Jahre nach dem Suprematsakt Heinrich VIII. das vollendete Bild dieser Tendenz gezeichnet. Sein Staat heisst Leviathan, denn es gibt, mit den Worten des Alten Testamentes, niemanden auf Erden, der ihm an Gewalt überlegen wäre. Hobbes' Konstruktion der Souveränität verfolgt den zentralen Gedanken Bodins von der Notwendigkeit einer friedenssichernden Oberherrschaft über den Staat an ihr Ende: Dort sind dem Souverän nicht nur alle zeitlichen Dinge unterworfen, sondern in demselben Masse alle kirchlichen. Da der Souverän des ‹Leviathan› gerade durch seine Allmacht bestimmt wird, kann nichts von dieser Macht ausgenommen sein. Würde der Kirche eine prinzipielle Unabhängigkeit zugestanden, so könnte der Souverän seiner Aufgabe der Friedenssicherung immer dann nicht nachkommen, wenn die Kirche gegen Entscheidungen des Königs ihr Veto einlegte. Genau dieses Veto beansprucht das Papsttum in der Rechtsfigur der *potestas indirecta*. Der Papst kann (katholische) Christen vom Gehorsam gegenüber bestimmten Gesetzen und bestimmten Gesetzen entpflichten, wenn Gesetz und Fürst gegen die Gesetze des Glaubens verstossen. Deren letztinstanzliche Deutung steht dem römischen Bischof in seinem universalen Amt als Oberhaupt der katholischen Kirche zu. Eine ganze Hälfte des ‹Leviathan› ist der Abwehr der römischen Machtansprüche und der Begründung eines Staatskirchenregimentes gewidmet, das sowohl gegen die universale Idee der katholischen Kirche als auch gegen den Pluralismus protestantischer ‹Sekten›, also der Dissenter steht.

Hobbes' Anti-Katholizismus ist allererst durch den Kampf gegen die friedensbedrohenden, weil staatsauflösenden indirekten Gewalten des Papstes begründet. In der Konsequenz zielt dieser Kampf auf die Anerkennung eines religiösen, genauer gesagt, eines kirchlichen Pluriversums als Konsequenz des politischen Pluriversums, in dem keine Macht über der Souveränität anerkannt wird. «Hieraus folgt also, dass es auf der Welt keine Kirche gibt, der alle Christen zum Gehorsam verpflichtet sind, da es auf Erden keine Gewalt gibt, der alle anderen Staaten unterstehen. Es gibt Christen im Herrschaftsgebiet verschiedener Fürsten und Staaten, aber jeder von ihnen ist dem Staat untertan, dessen Glied er ist, und folglich kann er den Befehlen einer anderen Person nicht unterstehen.»[118] Die Radikalität des Souveränitätskonzeptes zerschlägt endgültig die Fiktion der *universitas christiana*, des einen Körpers Christi, der Gestalt gewinnt in der einen – katholischen – Kirche. Das kirchliche Pluriversum, wie es von Hobbes abzuleiten ist, ist keine Konsequenz divergierender Interpretationen der christlichen Botschaft, wie es die theologisch inspirierte Reformation auf dem Kontinent nahe legt; das kirchliche Pluriversum ist die institutionelle, die ekklesiologische Konsequenz der Souveränitätslehre. Damit zeichnet Hobbes sehr präzise die Entstehung der anglikanischen Kirche unter Heinrich VIII. nach. Das kirchliche Pluriversum ist nicht auf die Botschaft Christi rückbezogen, es ist nicht das Ergebnis eines theologischen Dissenses; das kirchliche Pluriversum ist eine Konsequenz aus der radikalen ‹Verbürgerlichung› aller Sichtbarkeiten. Die Radikalität des Souveränitätskonzeptes befördert zugleich die Säkularisierung der christlichen Religion. Deren Status ist jetzt schwer einzuschätzen: Sie ist sicher mehr als blosse Zivilreligion, doch ihre institutionelle Bindung an die Wirklichkeit des Staates lässt gerade den entscheidenden Status der Offenbarung – und damit das sperrige und unverfügbare Element der Religion – ausser Acht.

Hobbes zieht den Schlussstrich unter jede Version des politischen Augustinismus; nicht nur die katholischen, auch die reformatorischen Konzepte einer Zwei-Regimenten-Lehre im Anschluss an Luther haben vor seinen gestrengen Augen keinen Bestand. «Zeitliches und geistliches Regiment sind nur zwei Worte, die aufgebracht wurden, damit die Menschen doppelt sehen und sich über den gesetzlichen Souverän täuschen sollen.»[119] Gegen jede Deutung der Religion, die ihr einen – wie auch immer konkret bestimmten – innerweltlichen politischen Einfluss eröffnen könnte, verschliesst Hobbes den politischen Raum, indem er strikt zwischen dem kommenden Reich Christi und dem bürgerlichen *Commonwealth* unterscheidet. In jenem ist Jesus Souverän, doch die Wirklichkeit dieses Reiches ist nicht mit der Fleischwerdung des Wort Gottes angebrochen, sondern steht erst noch bevor. Im Reich dieser Welt gibt es nur einen Souverän, dem wir unter allen Bedingungen Gehorsam schulden: den bürgerlichen Souverän. Deshalb kann die Religion keine eigenständige institutionelle Wirklichkeit gewinnen; immer erscheint die Kirche ins politische Gefüge von Staat und Souverän integriert: «Eine Kirche ist eine Gesellschaft von Menschen, die sich zur christlichen Religion bekennen und in der Person eines Souveräns vereint sind, auf dessen Befehl sie sich versammeln müssen und ohne dessen Autorität sie sich nicht

---

[118] Thomas Hobbes: Leviathan. Frankfurt 1984, S. 357.
[119] Hobbes, Leviathan, S. 357.

versammeln dürfen.»[120] Polemisch ist diese Bestimmung gegen den Presbyterianismus der Puritaner ebenso gerichtet wie gegen das katholische Kirchenverständnis. Diese juridische Definition reduziert den theologischen Gehalt der Kirche auf das öffentliche Glaubensbekenntnis ihrer Mitglieder. Der Kirche als Institution dagegen kommt kein theologischer Gehalt zu; sie wird ganz und gar in das juridische Schema eingefügt, welches durch die Legitimitätsbedingungen des *civil Commonwealth* geprägt ist.

Der Souverän ist mit Hobbes' Worten «God's supreme lieutenant on earth», Gottes Stellvertreter auf Erden. Er ist nicht einfach in Personalunion Oberhaupt des politischen Körpers und einer regional beschränkten Kirche. Tatsächlich ist Kirche nicht mehr und nicht weniger als eine Erscheinungsform des politischen Körpers – zumindest für Hobbes, der von der unangefochtenen Stellung des christlichen Glaubens ausgehen kann. Die im Konzept der Souveränität angelegte Monopolisierung des Politischen verbietet eine jede selbstständige politische Deutung der religiösen Wirklichkeit, und zwar allererst ihrer institutionellen Umsetzung. In Anlehnung an die kanonistische Figur der Stellvertretung Christi durch den römischen Bischof beschreibt Hobbes den bürgerlichen Souverän als Gottes obersten Statthalter, in dessen unwiderstehliche Regelungskompetenz alles fällt, was öffentlich ist. – Und von dessen Regelungskompetenz alles ausgenommen ist, was privat, unsichtbar, geheim ist: Im Geheimnis seines Herzens, so Hobbes, ist der Mensch frei. – Da der Herrschaftsanspruch des Souveräns allumfassend ist und sein muss, wenn er seine Aufgabe der Friedenssicherung erfüllen soll, kann keine Institution, wie auch immer sie begründet sein mag, von der Regelungskompetenz des Souveräns ausgenommen sein. Das gilt für die Kirche wie für jede Korporation, die sich nur mit Erlaubnis des Souveräns konstituieren darf.

Diese politische Entwertung der katholischen Kirche ist letztlich, wenn man die harsche Position Hobbes' in einen etwas grösseren historischen Kontext einordnen möchte, eine Frucht der Entstehung der Nationalstaaten. Innozenz III. selber hatte diese Entwicklung mit seiner Dekretale «Per venerabilem» (1202) befördert, in der vom französischen König gesagt wurde, dass er in seinem Königreich keinen Höheren in zeitlichen Dingen anerkennt. Diese Formel, die wohl aus England stammt, spielt in der kanonistischen Diskussion des folgenden Jahr-

---

[120] Hobbes, Leviathan, S. 357. Das ist deutlich gegen die christliche Tradition gesprochen. In der Predigt gegen Auxentius schreibt zum Beispiel Ambrosius unter Bezug auf die paulinische Unterscheidung von Gesetz und Glaube, doch tatsächlich mit Blick auf die Kompetenz des Kaisers: «Non lex Ecclesiam congregavit, sed fides Christi.» Nicht durchs Gesetz wird die Kirche versammelt, sondern durch den Glauben.

hunderts eine grosse Rolle, weist sie doch einen Weg aus der grossen politischen Vorstellung des Reiches hin zu den so genannten Nationalstaaten. Hobbes zieht die letzte Konsequenz aus dieser Formel, indem er sie auf jeden Souverän bezieht und die Vorstellung einer höheren geistlichen indirekten Gewalt vollends verabschiedet. Hier wird einmal mehr deutlich, in welchem Masse das Papsttum gerade auf der Höhe seiner Macht, einen Grund seiner *politischen* Geltung ignorierend, zu seiner eigenen Schwächung beigetragen hat. Die ideologische Schwächung der universalen Ansprüche des Kaisertums sollte auf lange Sicht auch die universalen *politischen* Ansprüche der universalen katholischen Kirche mit ihrer zentralen hierarchischen Figur des Papsttums ins welthistorische Abseits verschieben.

3. Toleranz

«Da das Christentum heute so viele Sekten umfasst, dass man sehr viel wissen muss, um sie zu zählen, und da jede dieser Sekten sich selbst als christlich betrachtet, alle anderen jedoch als häretisch, akzeptieren wir einen Krieg, wie die Midianiter ihn hatten (Ri 6–7), wenn wir die Gesetze zur Verfolgung der Häretiker beachten» (Sebastian Castellio, Conseil à la France désolée, 1562).

Toleranz ist ein politisches Konzept. Es erscheint als die Bedingung des Friedens angesichts des verheerenden Einflusses der religiösen Differenzen seit dem Ausbruch der Reformation. Auf der politisch-theologischen Tagesordnung erscheint das Problem der Differenz in aller Deutlichkeit seit dem Ausbruch des französischen konfessionellen Bürgerkrieges 1562. Die Geschichte des modernen Staates ist engstens mit der Frage der Toleranz verbunden – allerdings nicht auf ganz eindeutige Weise, denn der Versuch, die Autorität des Staates durch das Bündnis von Thron und Altar zu stützen, weist nur zu deutlich in die Richtung einer religiösen Intoleranz. Doch mit den Politiques erhebt eine mächtige Strömung ihr Haupt, die letztlich den modernen Staat kennzeichnen soll: Die legitime Autorität des Staates bezieht sich nur auf innerweltliche Angelegenheiten. Eine klare Grenze trennt das Politische vom Religiösen – und die Kompetenzen des Staates erstrecken sich nicht auf das Religiöse.

Toleranz ist das eindringlichste Beispiel der Verflechtung von Religiösem und Politischem in der frühen Neuzeit. Die Grenze von Toleranz und Intoleranz wird denn auch durch eine politico-theologische Diskussion bestimmt. Die Frage der Religions- oder Gewissensfreiheit ist die grosse Frage des neuzeitlichen Staates. In ihr steht alles zur Debatte: die Frage nach der Freiheit des Individuums, die Frage nach dem Verhältnis des Staates zu religiösen Fragen, die Frage nach der Bedeutung organisierter Religion, die Frage nach den disziplinarischen Möglichkeiten des modernen Staates, die Frage nach den Bedingungen des politischen Friedens und die Frage nach den Bedingungen des Heils. Untrennbar sind diese

Fragen miteinander verbunden und keine Antwort kann auch nur eine dieser Fragen unberücksichtigt lassen.

Toleranz ist allererst ein pragmatisches Konzept, mit dem keinerlei grundsätzliche Entscheidungen verbunden sein müssen. Die Begründung und der Umfang von Toleranz kann deshalb völlig unterschiedlich ausfallen: Toleranz kann ebenso auf einem Machtkalkül beruhen wie auf grundsätzlichen Erwägungen über die Freiheit des Individuums, sie kann einer einzigen religiösen Gruppe ebenso gelten wie jedem Glauben oder Nicht-Glauben. Ein Blick auf die Ideengeschichte der Toleranz zeigt sehr schnell, in welchem Masse dieses Konzept durch säkulare Erwägungen geprägt ist. Eine genuin christliche Interpretation der Toleranz ist nicht einfach zu finden. Das ist kein Zufall: Die Intoleranz der Konfessionen ist nicht einfach eine unangenehme Begleiterscheinung von Religion, sie hat, wie die Autoren der Aufklärung ganz zu Recht bemerken, etwas mit dem Wesen von Religion zu tun, die sich als Verfassung des Absoluten versteht.

Der erste wichtige Schritt in die Richtung religiöser Toleranz wird im Reich mit dem Augsburger Religionsfrieden (1555) vollzogen, in dem der konfessionelle Status quo akzeptiert wird. Hier wird die religiöse Toleranz als ein politisches Prinzip entfaltet, das sich allerdings nicht auf Individuen, sondern auf Staaten bezieht. Um dem Reich Frieden zu bringen, heisst es dort, wird beschlossen, dass weder Kaiser noch Kurfürsten noch Fürsten, irgendeinem Staat des Reiches Gewalt antun wegen des Augsburger Bekenntnisses, also der lutheranischen Glaubensformel, sondern allen sei zugestanden ihr religiöser Glaube ebenso wie der Genuss ihrer Länder, Rechte und Privilegien in Frieden. Ebenso sollen alle Staaten, die das Augsburger Bekenntnis angenommen haben, alle Staaten, die der alten Religion, also der römisch-katholischen anhängen, in absolutem Frieden leben lassen. Wer jedoch keinem dieser beiden Bekenntnisse anhängt, soll nicht in diesen Frieden aufgenommen werden. Dass dieses Dokument einer jeden theologischen Begründung entbehrt, ist nicht verwunderlich, und dass dieser Vertrag nur die Staaten ins Visier nimmt – den Individuen allerdings das Recht auf Auswanderung zugesteht – ist ebenfalls nicht verwunderlich, handelt es sich doch um einen völkerrechtlichen Vertrag. Mit dem ersten Satz ist alles gesagt: Um den Frieden im Reich zu sichern, wird dieser Vertrag abgeschlossen. Und der Frieden, so die Grundüberlegung des Vertrages, ist dann gesichert, wenn den Ländern die Ausübung der von ihnen gewählten Religion zugesichert wird. ‹Cuius regio eius religio›, das ist die Kurzformel des Augsburger Religionsfriedens, der sich nicht um die Freiheit des einfachen Christenmenschen schert, sondern die Bestimmung der Religion als Bestandteil der Kompetenz des Staates deutet. Erstens also wird der Umfang der Toleranz im Augsburger Religionsfrieden dadurch begrenzt, dass sie sich auf Staaten, nicht auf Individuen bezieht, zweitens werden

durch diesen Vertrag nur zwei Konfessionen benannt, auf die sich das Toleranzgebot bezieht: Lutheraner und Katholiken nämlich. Ausgeschlossen bleiben die
Reformierten, die Calvinisten also – von den Juden ganz zu schweigen.

Ein Blick auf die späteren Religionsfrieden, das Edikt von Nantes von 1589
und den Westfälischen Frieden von 1648, zeigt eine zunehmende Individualisierung der Religionsfreiheit. So bestimmt der Westfälische Frieden, dass denjenigen Untertanen, deren Religion von der des Landesherren sich unterscheidet, die
gleichen Rechte zugestanden werden sollen, wie allen anderen Untertanen. Der
Fokus hat sich verändert: Die souveräne Bestimmung des Glaubens der Untertanen nach dem Glauben des Landesherrn hat sich als nicht praktikabel erwiesen,
jetzt scheint es, als ob der politische Friede nur dann gesichert werden kann,
wenn der religiöse Pluralismus auch innerhalb der politischen Einheit eines Staates akzeptiert wird. Und auf lange Sicht wird man sagen müssen, dass diese Position stärker ist als die des Augsburger Religionsfriedens, weil sie den Staat aus
dem Quell der Streitigkeiten gerade entlässt, um ihn als den grossen Friedens-
bringer stilisieren zu können.

«Die Summe unserer Religion ist der Friede und die Eintracht der Seelen. Sie
können kaum bestehen, wenn wir uns nicht in unseren Definitionen auf die ge-
ringstmögliche Anzahl beschränken und wenn wir nicht viele dieser Dinge dem
freien Urteil des Einzelnen überlassen.»[121] Gleich zu Beginn der Reformation
erhebt Erasmus seine Stimme, eine Stimme der Versöhnung. Erasmus sieht, was
auf die westliche Christenheit zukommt: Die dogmatischen Diskussionen werden
Unfrieden stiften, sie werden es unmöglich machen, dass die Religionen noch
ihrem Wesen, nämlich die Eintracht der Seelen zu befördern, gerecht werden.
Erasmus' Mahnung ist pragmatischer Natur, doch sie hat auch eine theologische
Pointe. Erasmus fordert eine rigorose Beschränkung der dogmatischen Diskussionen, die ja später die nicht-katholischen Kirchen immer weiter zerstückeln werden, auf zentrale Glaubenssätze. Er fordert, und das ist die theologische Pointe
der Diskussion, den Aufschub der Glaubensdiskussion bis zu dem Zeitpunkt, da
wir Gott von Angesicht zu Angesicht sehen. Denn diese dogmatischen Diskussionen sind nicht nur verheerend; sie sind darüber hinaus sinnlos, da ihre Gegen-
stände von Natur dunkel und dem Menschen unbegreiflich sind. Und so wird
nicht das Bekenntnis im Dogma, sondern die Praxis zum Kennzeichen wahrer

---

[121] Erasmus, ep. 1334 an Jean Carondolet 1523. Ganz im Sinne des Erasmus fordert
Calvin in den Institutionen (IV,1,7ff) doktrinäre Toleranz. Die Einheit der Kirche ist
so wichtig, dass grösstmögliche Toleranz in Hinsicht auf die Adiaphora zu wahren
ist. Das gilt sogar noch für eine fehlerhafte Verwaltung der Lehre oder der Doktrin
(Inst. IV,1,12).

Christlichkeit: Nächstenliebe, Barmherzigkeit, Vergebung, kurz: die Tugenden, welche die Toleranz befördern.

Neben den politisch begründeten Positionen der Toleranz verläuft also eine zweite Linie, die philosophische und theologische Argumente entfaltet, welche den Zusammenhang zwischen zentralen Erkenntnissen der Reformation – wenngleich teils gegen die Intention ihrer Gründungsväter – und der Aufklärung herstellt. Der Ausgangspunkt dieser Argumentation ist doppelter Natur: In ihm verbindet sich eine aus ihrem Wesen abgeleitete klare Begrenzung der so genannten bürgerlichen Gewalt mit der Reflexion über das Wesen des Gewissens. Während die Literatur des 16. Jahrhunderts auf das Problem des konfessionellen Pluralismus mit dem Topos des Widerstandes antwortet – egal ob hugenottisch oder katholisch –, wird im 17. Jahrhundert der Ruf nach Toleranz immer lauter – was nicht heissen soll, dass nicht die intolerante Position eines Staatskirchentums die lauteste Stimme gewesen wäre. Dieser Ruf entfaltet sich am Rande des konfessionellen Spektrums einerseits und im Herzen einer neuen säkularen, später dann immer religionskritischer werdenden Literatur. Der Ruf nach Toleranz ist natürlich immer dort am stärksten, wo konfessionelle Minoritäten, bedroht durch intolerante Mehrheiten, ihre religiösen und bürgerlichen Rechte gesichert sehen möchten.

Die theologische Begründung der Toleranz dreht sich um die Freiheit des Gewissens. Mit keinem Wort, so die Verfechter der Toleranz, ist weder im Alten noch im Neuen Testament davon die Rede, dass Andersgläubige zum rechten Glauben gezwungen werden müssten. Der Hass zwischen Christen unterschiedlicher Denomination kann nur unchristlich genannt werden, er steht im offensichtlichen Gegensatz zum Gebot der Nächstenliebe. Das entscheidende Argument wird in aller Deutlichkeit erst im 17. Jahrhundert entfaltet: An die Stelle der Autorität einer etablierten Kirche tritt die Autorität des Gewissens. Niemand darf gegen sein Gewissen gezwungen werden, weil sich nur in der Überzeugung des Gewissens Gottes Wille uns offenbart. Die Freiheit gehört zum Kern der christlichen Botschaft, deshalb kann Zwang in Glaubensdingen nur schädlich sein. Der Spruch einer äusseren zwingenden Autorität erschiene wie ein Gesetz in einer unverständlichen Sprache. Tatsächlich sind solche theologischen Argumente im Kampf um religiöse Toleranz relativ selten. Erst spät wird die normative Bedeutung – im Gegensatz zu ihrer pragmatischen Bedeutung – der Gewissensfreiheit entfaltet. Dies nun allerdings weniger in einer genuin theologischen Argumentation; tatsächlich scheint es eher, als ob auch der theologische Diskurs einer säkularen Begründung der Gewissensfreiheit aus der naturrechtlichen Intuition von der Freiheit des Individuums folgt.

Eine paradigmatische Stimme im Kampf um Toleranz gehört John Locke (1632–1704), dem ersten grossen Denker des Liberalismus. In der zweiten Hälfte des 17. Jahrhunderts ist die Religionsfrage in England komplizierter als man sie sich nur vorstellen kann. Auf der einen Seite finden wir ein weites Feld religiöser Organisationen und Nicht-Organisationen, auf der anderen Seite ein Gewaltenverhältnis zwischen Königtum und parlamentarischer Souveränität, in dem die Rollen äusserst unklar verteilt sind. Lockes Argument für Toleranz nimmt seinen Ausgang in der Bestimmung und Abgrenzung von Staat und Kirche. Der Staat, das *Commonwealth*, ist eine Institution, der sich die Bürger um der Sicherung ihrer bürgerlichen Interessen willen unterwerfen: also um der Sicherung ihres Lebens, ihrer Freiheit und ihres äusserlichen Eigentums. Aus dieser Staatszweckbestimmung folgt schon, dass dem Staat in religiösen Dingen keine Kompetenzen zustehen. Andererseits stehen aber auch der Kirche eines Staates keine Zwangsmittel zur Verfügung, denn Kirche ist «eine auf Freiwilligkeit beruhende Gesellschaft von Menschen ..., die sich nach eigener Vereinbarung zusammentun, um Gott in der Weise zu verehren, die sie als annehmbar für ihn und als wirksam für ihr Seelenheil betrachten»[122]. Mit dieser Bestimmung der Kirche auf der Basis der Freiwilligkeit ist der grosse Bruch mit jener Tradition vollzogen, die ein Übergreifen der Kirche auf die Mitglieder anderer Konfessionen überhaupt erst erlaubte. Diese Bestimmung der Kirche zeigt andererseits eine seltsame Verwandtschaft von Kirche und Staat auf: So nämlich, wie die Menschen sich freiwillig zum Staat zusammenschliessen, von dem sie die Sicherung ihres Lebens und ihres Eigentums erwarten, so schliessen sie sich zu der Kirche zusammen, von der sie das Seelenheil erwarten.

Die Bestimmung der Kirche als einer Gesellschaft, die auf Freiwilligkeit beruht, nimmt eine Aussenperspektive ein. Da über den Wahrheitsgehalt einzelner Kirchen nicht geurteilt werden kann, bleibt nur der Rekurs auf die Mitgliedschaft, die aus einer individuellen Entscheidung hervorgegangen ist. Das ist eine dezidiert politische Bestimmung von Kirche auf der Grundlage der Akzeptanz eines religiösen Pluralismus und eines theologisch-philosophischen Skeptizismus. Kirchenzugehörigkeit erscheint als das Resultat einer Entscheidung, über deren Wahrheit nicht geurteilt werden kann. Nun würde keine Kirche dieser Bestimmung zustimmen, theologisch ist Kirchenzugehörigkeit nicht das Ergebnis einer Entscheidung, sondern eine Frucht der Gnade. Da eine solche Definition jedoch mit den säkularen Prämissen der Zugehörigkeit zu einer Institution unvereinbar ist, nimmt der Vertragstheoretiker Locke eben die politische Aussenperspektive ein. Allerdings soll nicht übersehen werden, dass dieses Konzept der Toleranz

---

[122] John Locke: Brief über Toleranz. Hamburg 1957, S. 19.

zugleich Erkenntnisse aufgreift, die in den genuin reformatorischen Kontext gehören. John Lockes Liberalismus ist sicherlich säkularen Charakters; er gründet im naturrechtlichen Fundament der Freiheit des Individuums. Gleichzeitig ist ebendieses Fundament mit ‹theologischen› Erwägungen verbunden, die das Heil des Menschen nur dort erhoffen können, wo der Mensch in Freiwilligkeit und aus einer eigenen Gewissensentscheidung heraus dem Ruf Gottes antwortet. «Kein Weg, welchen ich auch immer gegen die Aussprüche meines Gewissens wandele, wird mich je zu den Wohnungen der Seligen bringen. ... ich kann nicht selig werden durch eine Religion, der ich misstraue und durch einen Gottesdienst, den ich verabscheue.»[123] Die naturrechtliche Begründung der Toleranz verbindet sich in dieser Gestalt mit der individualistischen Konsequenz des *Sola-fide*-Argumentes der Reformation.

Lockes letztes Argument schliesslich besteht in der Lehre, die er aus der Vorfindlichkeit des religiösen Pluralismus zieht. Wer, so Locke, mit Calvin die Ausrottung des Katholizismus in Genf rechtfertigt, der muss auch die Ausrottung der Protestanten in Frankreich in Kauf nehmen. Die Verbindung von Kirche und Staat, so Locke gegen das anglikanische Staatskirchentum, ist nur unglückselig zu nennen, da sie das religiöse Heilsversprechen an den Partikularismus von Staaten binden muss. Doch Lockes Plädoyer für Toleranz findet seine Grenze am römischen Katholizismus und am Atheismus. Von der Toleranz ausgenommen, so Locke, sind Katholiken, weil die Organisation ihres Glaubens die Souveränität des Staates herausfordert, dessen Bürger sie doch sind. Nicht toleriert werden kann ein Glaube, der die Legitimität der weltlichen Herrschaft und das heisst die Stabilität des durch Vertrag begründeten Gemeinwesens davon abhängig macht, dass der Herrscher nicht exkommuniziert ist; denn im Falle der Exkommunikation würde die Loyalitätspflicht der katholischen Untertanen gegen ihren Herrscher enden. Damit greift Locke ein Problem auf, das Hobbes in aller Schärfe herausgearbeitet hat, und das die Einschätzung des Katholizismus seit der Mitte des 16. Jahrhunderts bis fast in die politische Gegenwart Englands bestimmt: Katholiken nämlich erscheinen als die Fünfte Kolonne feindlicher kontinentaler Mächte – namentlich Frankreichs. Wie auch immer man diese englische Intoleranz gegenüber dem römischen Katholizismus bewerten mag: Sie reflektiert doch auch mit feinstem Gespür die Herausforderung, welche die Existenz einer katholischen, das heisst universalen Kirche für den sich abschliessenden Nationalstaat und sein Prinzip der Souveränität bedeutet.

Ebenfalls nicht unters Toleranzgebot fallen bei Locke Atheisten. Und dies aus zweierlei Gründen: Erstens fällt mit dem Atheismus das Band menschlicher Ge-

---

[123] John Locke: Brief über Toleranz. Hamburg 1957, S. 53f.

sellschaft selbst weg, nämlich Versprechen, Bünde und Schwüre. Lockes Theorie der Gesellschaft behauptet ja, dass ein Vertrag ihre Grundlage darstellt. Doch ohne den Glauben an Gott, so Lockes Argumentation, gibt es nichts, was den Verträgen und Schwüren Gültigkeit verschafft. In diesem Sinne sind Atheisten Feinde der Gesellschaft. – Dieses Muster findet sich übrigens auch in dem so wichtigen «Act concerning Religion» von Maryland aus dem Jahre 1649, und nur Roger Williams, der Gründer von Rhodes Island formuliert tatsächlich umfassende Toleranz. – Diese Begründung mag in politischer Hinsicht wichtig sein, in systematischer Hinsicht und weil sie *ex negativo* in die Zukunft weist, ist die zweite Begründung der Intoleranz gegenüber dem Atheismus entscheidend: «Die, die durch ihren Atheismus alle Religion untergraben und zerstören, (können) sich nicht auf eine Religion berufen, auf die hin sie das Vorrecht der Toleranz fordern könnten.»[124] Zwar begründet Locke die Freiheit der Religion mit der Gewissensfreiheit; allein die Freiheit des Gewissens erscheint dort als inakzeptabel, wo sie den Rahmen der Religion selbst verlässt. Man mag versuchen, diese Intoleranz durch die Zeit zu entschuldigen, in der Locke geschrieben hat; doch damit ist nicht alles erklärt. Es scheint viel eher so, dass unsere gegenwärtige Gleichsetzung von Gewissensfreiheit und Religionsfreiheit einen systematischen Fehler begeht, dessen für die Religion problematische Konsequenzen in den ‹säkularen› Gesellschaften der Gegenwart offenbar werden. Die zunehmend negative Deutung der Religionsfreiheit, wie sie in den Vereinigten Staaten und in Deutschland zu beobachten ist – so z. B. im Kruzifixurteil – ist eine Frucht des Schwenks, den das Doppelkonzept Religionsfreiheit/Gewissensfreiheit erlitten hat. Dieser Schwenk setzt im 18. Jahrhundert ein, und er gehört zu den entscheidenden Merkmalen westlicher ‹säkularer› Gesellschaften.

Dem Staat, der es sich zur Aufgabe gemacht hat, die Freiheit der Bürger zu achten, diesem Staat erscheint zunehmend der Komplex der Religion selbst als problematisch: nicht nur, weil er sich der Kontrolle des Staates immer zu entziehen droht, sondern weil er letztlich als das Überbleibsel einer Epoche erscheint, welche durch den Prozess der Aufklärung, durch die Herrschaft der Vernunft und die Säkularisierung des Staates beendet scheint. In die weitere Entwicklung des Konzeptes der Toleranz wird deshalb der Atheismus – als Frucht der Gewissensfreiheit – nicht mit einbegriffen. Umgekehrt wird der Atheismus selbst zu einem Motor der Toleranz. Jetzt verbindet sich philosophischer Skeptizismus mit Ideologiekritik. Was auf den ersten Blick als ein Fortschritt in der Geschichte der Toleranz erscheint, erweist sich jedoch mit Blick auf die religiöse Toleranz als ambivalent: Jetzt steht das Licht der Vernunft gegen das Dunkel der Religion –

---

[124] John Locke: Brief über Toleranz. Hamburg 1957, S. 93.

und unter dem Schirm der Gewissensfreiheit beginnt eine Bewegung, die letztlich die Freiheit der Religion ins Abseits drängt, welche den Ausgangspunkt der Diskussion über die Gewissensfreiheit bestimmte. Am Ende dieser Entwicklung erscheint Religion selbst als die Grenze der Toleranz, als das, was im säkularen Staat der Gegenwart nicht toleriert werden kann, weil die Religion selbst als der Feind der Gewissensfreiheit erscheint.

Auf dem Zweiten Vatikanischen Konzil (1962–1965) ringt sich auch die katholische Kirche zu einer Erklärung über die religiösen Freiheiten durch, und nimmt die modernitätskritischen Erklärungen Pius IX. (1846–1878) zurück. Dieser hatte 1864 das Dogma der Glaubens- und Gewissensfreiheit auf der Liste der grossen Irrtümer der Zeit verzeichnet.[125] Wie immer man dieses Dokument, den Syllabus, beurteilen mag, zweierlei ist zu bemerken: Erstens hat Pius IX. in aller Deutlichkeit die mögliche Konfliktlinie zwischen politischen und religiösen Erwägungen markiert, indem er den absoluten Wahrheitsanspruch der katholischen Kirche betonte gegen eine jede vielleicht politisch gebotene Kompromisshaltung; zweitens hat Pius IX. in einem Moment, da die religiöse Landkarte Europas sehr stabil war, versucht, den monopolistischen Anspruch der katholischen Kirche in den Gebieten zu befestigen, in denen sie eine Mehrheitsposition einnahm. Nach und während der Bedrohung durch die totalitären Regime des 20. Jahrhunderts verändert sich die Wahrnehmung des Problems. Mit Blick auf das globale plurale religiöse Leben einerseits, mit Blick auf die Unterdrückung katholischen religiösen Lebens in den kommunistischen Staaten, erklärt die katholische Kirche auf dem Zweiten Vatikanischen Konzil die Religions- und Gewissensfreiheit als bindend für die säkularen Gewalten. Begründet wird die Religionsfreiheit durch die Würde der menschlichen Person – *dignitatis humanae personae*, so auch der Titel des Dokumentes –, die wir durch das offenbarte Wort Gottes und durch die Vernunft kennen. Ohne Zweifel lässt sich die Bedeutung des individuellen Gewissens und in der Folge die Norm der religiösen Toleranz aus der Botschaft Jesu ableiten. Allein, wie selten ist das geschehen! Letztlich argumentiert auch das Konzil naturrechtlich: Die Vernunft offenbart das Naturrecht, in dem das Prinzip der Toleranz gründet. Damit weist das Konzil den Weg in die Zukunft der christlichen Religionen. Entlassen aus den Allianzen von Thron und Altar, kann das Christentum der Zukunft einerseits den gelassenen Dialog mit anderen Religionen und Konfessionen führen, andererseits sich auf die Aufgabe der Verkündigung der Botschaft Jesu konzentrieren.

---

[125] Syllabus Errorum §3 (Denzinger/Schönmetzer 1715ff).

VII. Christentum in der Moderne

1. Zivilreligion und Laizität

Der Staat der Neuzeit kann eine heilsgeschichtliche Position besetzen, er kann als das innerweltliche Instrument der Erlösung erscheinen, wenn seine Bestimmung über die liberale Position hinausschiesst. Augustinus hatte sehr deutlich jede heilsgeschichtliche Bestimmung der säkularen Gewalt vermieden. Nicht vor dem Hintergrund einer Dämonisierung ebendieser Gewalt, was ja sehr wohl möglich gewesen wäre, sondern weil Gott das eine und einzige Subjekt der Geschichte ist. Am Ende der Zeiten, so Augustinus, wird das himmlische Jerusalem, das politisch formulierte Ziel der Heilsgeschichte, vom Himmel herab kommen. Es ist kein Ziel, das die Menschen durch ihre Handlungen erstreben könnten, es ist ein Geschenk der Gnade, das dem Menschen zuteil wird. Die weltliche Gewalt ist bei Augustinus ein Instrument, an dessen Verfassung nicht viel liegt, wenn es denn nur den irdischen Frieden zu sichern vermag. Eine heilsgeschichtliche Bedeutung jedenfalls kommt der weltlichen Gewalt nicht zu. Augustinus' grosses Werk, ‹Der Gottesstaat›, bezog mit dieser Position eine Stellung zwischen zwei Fronten, zwischen der Verehrung Konstantins und der Reichshoffnung der römischen Christen einerseits und der *theologia civilis* des Varro andererseits. Augustinus schrieb dieses Werk nicht zuletzt, um die enge Verbindung von Religion und Politik zu lösen. *Theologia civilis* bedeutete demgegenüber die Einordnung des Kultes in das Ganze des römischen politischen Lebens. Im Begriff der Ziviltheologie wird das symbolische Set zusammengefasst, welches dem römischen Gemeinwesen seine spezifische Stärke gab. Die Verbindung von Politischem und Weltlichem kann nur einem Christen als Instrumentalisierung der Religion erscheinen, der die scharfe Unterscheidung zwischen dem Reich dieser Welt und dem Königreich Gottes glaubt. Einer anderen Kultur wird gerade die soziale Ordnungsleistung einer Religion bedeutsam.[126] Ihr kann die Gesellschaftsordnung selbst als heilig erscheinen, weil sie in einem ganz bestimmten Verhältnis zu den göttlichen Mächten steht, die als die Patrone des Gemeinwesens erscheinen. Augustinus hebt die scharfe Trennung von dieser und jener Welt, von der Bürgerschaft Gottes und der weltlichen Bürgerschaft hervor und tritt so einer jeden säkularen Funktionalisierung der wahren Religion und einer Vermischung von Heilsgeschichte und weltlicher Geschichte entgegen. Doch eine Tendenz des

---

[126] Vgl. Eric Voegelin: Die Neue Wissenschaft der Politik. München 1959, S. 112ff.

neuzeitlichen Denkens verschiebt diese Struktur: Die Weltgeschichte bekommt heilsgeschichtlichen Charakter, ein innerweltliches Ziel ersetzt die Hoffnung auf ein jenseitiges Ende der Geschichte, und der Staat wird zum entscheidenden Agenten dieser politischen Heilsgeschichte. Hegel ist der Kronzeuge dieser Tendenz. Er beschreibt die Geschichte als den Prozess der (Selbst-)Offenbarung der Freiheit, und der Staat erscheint als der institutionelle Gipfel dieses Prozesses, als das Reich der Freiheit selbst. Von hier aus nimmt die pathetische Deutung des Staates in der Moderne ihren Ausgang.

Gegen die antike – man wird dann sagen: heidnische – Konzeption der Religion im Rahmen einer Ziviltheologie betont die christliche Doktrin den Riss, der diese von jener Welt trennt. Die in dem Kapitel über die zwei Gewalten thematisierte Indienstnahme der weltlichen Gewalt kann nicht darüber hinwegtäuschen, dass eine christliche Zivilreligion im Sinne der römischen Antike undenkbar ist. Die Diskussion über die Zivilreligion ist denn auch erst in der italienischen Renaissance wieder aufgegriffen worden, und zwar als der Versuch, die politische Bedeutung der Religion im Dienste des Staates zu skizzieren. Mit Machiavelli (1469–1527) deutet sich die Umkehrung der christlichen Tradition an: Es wird nicht mehr gefragt, welche Funktion die weltliche Gewalt für die Kirche haben kann, es wird jetzt gefragt, welche Funktion die Religion im Gemeinwesen erfüllen kann. Und dann, wie eine Religion beschaffen sein müsste, um dem Gemeinwesen am besten zu dienen. Die Prioritäten sind eindeutig: Es geht nicht darum, ein Gemeinwesen zu schaffen, das einer vorgegebenen Religion, dem Christentum also, entspricht, sondern es geht darum, Inhalt und Organisationsform einer Religion so zu bestimmen, dass sie nicht nur nicht in Konflikt mit dem Gemeinwesen gerät, sondern dieses aktiv stützen kann. Der Staat wird zum eigenen Wert und der Staatsräson ist auch die Religion unterworfen. Doch während bei Machiavelli die Religion noch ganz und gar funktionalistisch gedeutet wird, als ein Instrument im Dienst der Stabilisierung des Staates, verändert sich in den nächsten Jahrhunderten der Fokus erheblich. Und zwar so sehr, dass am Ende der Staat selbst als Objekt der Verehrung erscheinen kann.

In dem Masse, in dem der Staat das politische Monopol erwirbt, verteidigt und befestigt, wird er mehr als eine bloss sachliche Grösse, die an der Erfüllung ihrer Aufgabe, Friedenssicherung und Administration, ihren Massstab hat. Begründet wird der Staat der Neuzeit in der Theorie durch den Nutzen, den er den Individuen garantiert: Sicherheit des Lebens und des Eigentums, ergänzt gegebenenfalls um wohlfahrtsstaatliche Güterverteilung. Doch das ist nicht alles. Immer auch wird der Staat durch ein Mehr bestimmt, durch etwas, das man in der Sprache einer vergangenen politischen Ordnung *majestas* nennen könnte. Dieser Wert des Staates kann nicht einfach aus seiner Effizienz abgeleitet werden. In der

Konsequenz jedoch bedeutet dies, dass dem Staat selber eine Art von Verehrung entgegengebracht werden soll. Aber wie kann der Staat, der doch scheinbar gerade gegen die Politisierung des Religiösen angetreten war, selber zum Gegenstand einer Religion werden? Darauf gibt die Theorie des Thomas Hobbes noch keine Antwort. Seine Bezeichnung des Souveräns als des sterblichen Gottes, dem wir unter dem unsterblichen Gott Gehorsam schulden, lässt letztlich den tiefen Graben erst deutlich sichtbar werden, der Gott und Souverän trennt.

Die Vergottung des Staates überspringt die liberale Begründung des Staates zugunsten einer neuen Intensivierung des Verhältnisses des Einzelnen zum Staat. Der Staat ist jetzt mehr als ein blosses Werkzeug der Individuen; tatsächlich verdanken die Individuen, was sie sind, dem Staat. Diesen Gedanken formuliert Jean-Jacques Rousseau (1712–1778) in seinem «Gesellschaftsvertrag» (1762), seiner Auseinandersetzung mit dem Souveränitätsgedanken des Thomas Hobbes, und er wird in veränderter Gestalt aufgegriffen von Hegel. Der Staat bekommt eine eigene Wirklichkeit; er ist mehr und anderes als eine blosse Versammlung von Individuen. Was Cyprian am Beginn des 3. Jahrhunderts für die Kirche formuliert hat, gilt jetzt für den Staat: Ausser im und durch den Staat gibt es kein Heil. Der Staat erscheint jetzt als moralische Anstalt, die den Menschen auf die Höhe seines Wesens führt, die ihn aus der egoistischen Abschottung befreit, um ihn in das Ganze der Gemeinschaft einzuführen. Der Zusammenschluss der Individuen zum Staat bewirkt in den Individuen selbst eine ungeheure Metamorphose. Aus den Egoisten werden moralische Wesen, die in der Existenz der politischen Gemeinschaft, als ob sie das *corpus Christi* wäre, ihr höchstes Interesse erblicken. Der Staat wird zum grossen Ich, dem die vielen Einzelnen ihre Existenz, ja ihr Wesen verdanken.

An der Notwendigkeit von Religion zweifelt Rousseau so wenig wie die vorherigen Theoretiker, doch deutlicher noch als bei jenen wird Religion auf ihre Funktion für das Gemeinwesen hin betrachtet. Er verweist auf Hobbes, der die zwei Köpfe des Adlers wieder vereinigt habe, indem er den Souverän als Haupt der Kirche bestimmt habe. Doch genau besehen ist für Rousseau das Christentum keine politisch akzeptable Religion. An seiner statt fordert er eine politisch begründete Zivilreligion mit wenigen, einfachen und eindeutigen Dogmen: die Existenz eines allmächtigen und guten Gottes, das ewige Leben, die Seligkeit des Gerechten und die Verdammung des Ungerechten, die Heiligkeit der Gesetze und Verträge. Diese Dogmen stellen so etwas wie Supplemente dar, die der möglichen Schwäche der Vernunft abhelfen. Dass man für das Gemeinwesen kämpfen soll, dem man die Existenz verdankt, legt die Vernunft dar; doch für alle Fälle lehrt man die Soldaten, dass sie ihre Belohnung in einem zukünftigen Leben erlangen werden. Dass man moralisch handeln soll, gebietet die Vernunft; doch sollte deren Stimme zu leise sein, so wird der Untertan daran erinnert, dass nur der Gerechte selig wird. Dass es unter allen Umständen vernünftig ist, Gesetze und Verträge – namentlich den Gesellschaftsvertrag – zu halten, lehrt Rousseaus ganzes Buch; doch sollte dem Einzelnen der Nutzen, den er aus einem Vertragsbruch ziehen könnte, verführerisch hoch erscheinen, dann würde er durch die Vorstellung von der Heiligkeit der Verträge vom Vertragsbruch abgehalten. Die wenigen Dogmen der Zivilreligion, so Rousseau, sind unerlässlich, um den Bestand des Staates zu garantieren. Zivilreligion ist die Antwort auf die Angst vor der faktischen Schwäche der Vernunft. Das Konzept der Zivilreligion ist nicht einfach zu fassen. Es bedeutet nicht einfach einen Versuch der Heiligung des politischen Gemeinwesens, sondern allererst den Versuch einer Indienstnahme von Religion. Doch einer solchen Indienstnahme steht natürlich nicht jede Religion offen, und die christliche, wie Rousseau selber hervorhebt, schon gar nicht. Dass die Dogmen der Zivilreligion der christlichen Religion entnommen sind, ist unverkennbar. Doch tatsächlich werden sie in einen säkularen Rahmen gestellt und durch eine Kombination aus geschichtsphilosophischen und soziologischen Überlegungen unterfüttert. So kann Zivilreligion zum Fundament eines Kultes der Nation werden, wie das besonders in Frankreich der Fall war und ist.

Der Staat der Neuzeit kann nur an die Stelle der Kirche treten, indem er aufhört, Staat zu sein. Rousseaus Versuch, die liberale Begründung des Staates mit einem neuen Gemeinschaftspathos zu verbinden, ist der erste Schritt zur Verkirchlichung des Staates. Der Einzelne ist auf eine ganz und gar anti-liberale Weise vom Ganzen der Gemeinschaft abhängig. Im Willen der Gemeinschaft verkörpert sich die politische Vernunft und der Einzelne hat sich dieser Vernunft zu unterwerfen, da sie – auch wenn er das nicht immer weiss – auf sein Bestes nur zielt. Der Mensch wird frei, wenn er sich dem Staat unterwirft; paulinisch gesprochen ist dies der Moment, da der Mensch den neuen Adam anzieht, aus seiner Natürlichkeit heraustritt und das neue moralische Vernunftwesen wird: nämlich ein *citoyen*. Wenn der Staat mehr als Staat ist, dann wird er eine Zivilreligion beschwören. Denn die nüchtern liberale Staatszielbestimmung garantiert nicht den pathetischen Zusammenhalt, die Vergemeinschaftung der Individuen.

Im Kern einer solchen politischen Religion steht der Staat selbst. Er wird zum Gegenstand der Verehrung, seine Gesetze sind so heilig wie die Gebote Gottes. Der Staat hat eine eigene Wirklichkeit, durch die er sich über die Existenz der vielen Einzelnen erhebt, die er unter sich zusammenfasst. Diese Neubestimmung des Staates bedeutet also auch eine Neubestimmung des Individuums. Eine Ironie der Geschichte: Kaum scheinen Renaissance und Reformation das Individuum freizusetzen, da wird es durch eine neue Theorie des Staates auf unerhörte Weise an den Staat gebunden. Diese Bindung an den Staat setzt allererst dessen Laizität voraus. Eine ‹Wall of Separation›, wie es in der Sprache des amerikanischen Verfassungsrechtes heisst, trennt den säkularen Staat von den Kirchen, trennt Politik und Religion. An den zwei zentralen Bestimmungen des amerikanischen Verfassungsrechtes kann man sehr schön sehen, wie diese Mauer aufgebaut wird. In der Verfassung heisst es, dass niemals eine religiöse Überprüfung zur Bedingung der Übernahme eines öffentlichen Amtes gemacht werden darf. Diese Bestimmung steht ganz offensichtlich in der Erinnerung an den «Religious Test Act» von 1673: Wer immer in England ein öffentliches Amt übernehmen wollte, musste die Eucharistie nach den Gebräuchen der Kirche von England feiern und eine Erklärung zur Transsubstantiation unterschreiben. Gegen die Katholiken gerichtet, blieb dieses Gesetz bis 1829 in Kraft und wurde endgültig erst im Jahre 1863 zurückgenommen. – Und im «First Amendment» zur Verfassung von 1791 wird – ebenfalls in Erinnerung an das englische Mutterland – bestimmt, dass der Kongress kein Gesetz erlassen darf, das eine Religion zur Staatsreligion macht oder die freie Ausübung einer Religion verbietet.

Diese Trennmauer ist die institutionelle Fassung der religiösen Toleranz. Nur indem der Staat von allen religiösen Angelegenheiten getrennt ist, kann er zum Objekt der Identifikation all seiner Bürger werden. Die Abtrennung des Staates von der Religion im klassischen Sinne befördert eine neue Religion: die des Patriotismus nämlich. Der Christ hat seine Heimat im Himmel, so Augustinus in der Tradition des Epheser- und Hebräerbriefes. Allein, dieses Heimatland ist so fern und es ist letztlich immer nur das Heimatland des geistlichen Menschen. Doch der natürliche Mensch hat seine Heimat im Hier und Jetzt, und der moderne Staat bietet ihm eine Möglichkeit der Heimatverehrung, die den natürlichen Horizont der blossen Erdverbundenheit überschreitet. Patriotismus ist die Religion des modernen Staates, in der der Staat als der Vater der vielen Einzelnen erscheint, die in ihm als in einem grossen Ganzen aufgehoben wären. Es ist nun nicht so, dass der Staat, der patriotisch verehrt wäre, gänzlich irreligiös sein müsste – wie das, in der Tradition der französischen Revolution durchaus der Fall sein kann. Entscheidend ist lediglich, dass er religiös bzw. konfessionell neutral ist, um keinem seiner Bürger den Weg zum politischen Heil durch ein konfessionelle Engführung zu verschliessen.

Neben dem amerikanischen Modell einer Trennung von Staat und Kirche, die im Geiste der Gründungsväter Religionsfreiheit sichern und politische Freiheit von allen Glaubensfragen abkoppeln möchte, findet sich ein zweites Modell der Trennung von Staat und Kirche in der französischen Tradition des Laizismus. Hier bedeutet die Trennung von Staat und Kirche etwas ganz anderes als in Amerika: Der Laizismus sieht sich in der Tradition des philosophischen Skeptizismus der Aufklärung und in der politischen Tradition der Revolution von 1789, die die Nation erschaffen hat.

In ihrem ausdrücklichen Anti-Klerikalismus erscheint die französische Revolution als die Konsequenz der Aufklärung. Sie beschwört das helle Licht der Aufklärung gegen die Unwissenheit, in der das Volk durch die Geistesherrschaft der Finstermänner der Kirche gehalten werde. Der französische Laizismus ist durch und durch polemischer Herkunft. Anders als das amerikanische Modell einer Trennung von Kirche und Staat vor dem Hintergrund des religiösen Pluralismus bedeutet der französische Laizismus den Versuch einer radikalen Zurückdrängung von Religion. Ja, er bedeutet den Versuch, den Staat selbst an die Stelle der Kirche zu setzen. Das amerikanische Modell der religiösen Neutralität ist die Frucht einer Kalkulation, welche das unbedingte Gebot der Sicherung individueller Gewissens- und Glaubensfreiheit als eines Menschenrechtes mit der historisch-soziologischen Erfahrung des Unfriedens verbindet, welcher entsteht, wenn die Fragen der Religion den politischen Raum besetzen. Dem französischen Laizismus sind diese Überlegungen fremd. Er beerbt weder die Politiques, jene Gruppe französischer Publizisten, Politiker und Philosophen des 16. Jahrhunderts, die angesichts der Bedrohung der staatlichen Einheit durch die konfessionellen Differenzen den Staat als Akteur über ebendiesen religiösen Differenzen zu situieren versuchen, noch beerbt er die grosse Tradition der humanistischen Gewissensfreiheit. Zwar vermag er es, sich in gewisser Weise mit diesen Traditionen zu verbinden. Doch das Motiv des Laizismus ist allererst der Kampf gegen die Kirche und der Kampf gegen den Aberglauben des Volkes.

Die französische Kirche war – das muss gesagt werden, um dem Kampf der Ideen den Boden zu geben, auf dem er stattfindet – völlig aristokratisiert und in diesem Sinne mit dem *Ancien Régime* bis zur Ununterscheidbarkeit verflochten. Politisch schlägt sich dieser Kampf allererst in einer riesigen Enteignungswelle – dem Einzug kirchlicher Güter: Säkularisation – während der Revolution nieder, einer Enteignungswelle, die dann auch in Deutschland im Zusammenhang mit den Napoleonischen Kriegen fortgeführt worden ist. Im Jahre 1790 wird in Paris die «Constitution civile» über den Klerus erlassen, welche bestimmt, dass Diözesangrenzen künftig mit den Grenzen der Départements identisch werden, dass dem römischen Bischof keine Autorität über die Gallikanische Kirche zukommt, und dass die Bischöfe durch die bürgerliche Wählerschaft des Départements gewählt werden. Schliesslich wurde allen Geistlichen, die im Amt bleiben wollten, ein Eid auf ebendiese Konstitution abgenommen. Die bürgerliche Verfügungsgewalt über die Verfassung der Kirche gewinnt in der Verbindung mit der Idee der Souveränität der Nation ganz neue Kraft. Die (Leidens-)Geschichte der Kirche und des Klerus während der französischen Revolution ist oft genug erzählt worden; hier genügt es, darauf hinzuweisen, dass Napoleons Konkordat mit dem Heiligen Stuhl von 1801 die Ergebnisse der Revolution zum grossen Teil festschreibt: Die Kirche akzeptiert die Enteignungen, dafür wird der französische Klerus fortan durch den Staat bezahlt, und der Staat – genauer: der erste Konsul – ernennt, nachdem alle Bischöfe zurückgetreten sind, die neuen Bischöfe. Die Restauration der Altäre ist um einen teuren Preis erkauft, und das ist noch nicht das letzte Wort.

Im Verlaufe des nächsten Jahrhunderts wird die Kirche in Frankreich immer stärker zurückgedrängt. Dabei geht es nicht, wie in Amerika, um eine Trennung von Staat und Kirche, sondern allererst um einen Kampf gegen die Kirche, in dem ein Amalgam von philosophischem Skeptizismus, Fortschrittsgläubigkeit, Anti-Klerikalismus und Nationalismus wirksam wird. Die Zurückdrängung der Kirche aus dem öffentlichen Leben Frankreichs – 1880: Verbot der Societas Jesu, 1882: Abschaffung des Religionsunterrichtes – ist begleitet von einem Machtgewinn des Staates, der sich seit 1901 beispielsweise das Recht vorbehält, staatliche Lizenzen für Niederlassungen oder Neugründungen von religiösen Gemeinschaften auszustellen. Im Jahre 1905 wird dann schliesslich das Konkordat von 1801 mit dem Gesetz über die Trennung von Staat und Kirche aufgehoben. Jetzt gibt es keine Unterstützung der Kirche aus öffentlichen Mitteln mehr, kirchliche Gebäude gehen in das Eigentum des Staates über, der sie den örtlichen Kultvereinen zur unentgeltlichen Nutzung überlässt, über das Finanzgebaren der Kirchen führt der Staat die Aufsicht.

Das französische Modell des säkularen Staates hat mit dem amerikanischen nichts gemein. Es zielt nicht darauf, die religiöse Freiheit zu sichern, indem dem Staat jeder Einfluss auf religiöse Angelegenheiten genommen wird, sondern es zielt darauf, die Religion aus dem öffentlichen Raum zurückzudrängen. In dieser Unterscheidung spiegeln sich die unterschiedlichen Nährböden der politischen Kultur: die Betonung der Freiheit mit ihrer individualistischen Unterfütterung auf der einen Seite, die Betonung der Allgemeinheit des Gesetzes mit dem Exklusivitätsanspruch der politischen Grösse der Nation auf der anderen Seite. Religion wird nicht nur in einem ganz besonderen Sinne Privatsache. Die Freiheit, welche die Revolution und welche der französische Staat verspricht, ist die säkulare Freiheit der grossen Nation. Und die institutionelle Schwächung der Kirche dient nicht zuletzt dazu, die Nation, die sich in der Tradition der *Lumières* und der Revolution deutet, selber zum Gegenstand der Verehrung werden zu lassen. – Es sei allerdings angemerkt, dass in den letzten zwanzig Jahren das französische Modell sich in der westlichen Welt durchzusetzen beginnt. Religionsfreiheit wird jetzt nicht mehr als positive Freiheit, nämlich als die Freiheit zur Religion bestimmt. Immer mehr tritt das Konzept der negativen Religionsfreiheit in den

Vordergrund: Religionsfreiheit als Freiheit von der Religion. Staats- und Verfassungsrecht bewegen sich in Deutschland und in den USA in diese Richtung.[127] In Deutschland steht dafür das umstrittene Kruzifixurteil des Bundesverfassungsgerichtes. Es scheint, als ob heute, ganz in der Tradition des französischen Modells, Religion als das erscheint, was im säkularen Staat nicht mehr toleriert werden kann.

Die Nation kann zum Gegenstand der Verehrung werden, weil und insofern sie ihren Bürgern politisches Heil in der Gestalt von Freiheit, Recht und Brüderlichkeit verspricht. Der politische Mythos der französischen Revolution verspricht den Menschen, die bisher nur Untertanen waren, den Status von Bürgern, von freien Menschen, die an der Gestaltung des Gemeinwesens partizipieren. Das patriotische Fieber der französischen Revolution kennt keine Grenzen, denn es war tatsächlich nicht auf den Boden bezogen, sondern auf die Universalität ihrer Ideen. Demokratie, Rechtsstaatlichkeit und ein soziales Element werden zum Leitstern einer politischen Entwicklung, die in sich selbst die Garantie ihrer Wahrheit trägt.

Der neue Staat erscheint gegen die Finsternis des Aberglaubens als die Verkörperung der hellen Vernunft. Aus diesem Grund entfaltet die französische Revolution einen Kult der Vernunft, der den christlichen Kult ersetzen soll. Doch in diesem Kult der Vernunft feiert der neue Staat sich selbst, genauer gesagt: Der Kult der Vernunft ist nichts anderes als der Kult einer Nation, die sich selbst an der Spitze der Weltgeschichte sieht. Jedes Element von Transzendenz wird verdrängt, der Kult der Vernunft ist ein Kult der Immanenz. In ihm feiert die aufgeklärte Nation das Modell der Selbstherrschaft. Der Gott des Christentums wird als Idol entlarvt, welches die Menschen in der Unmündigkeit halten soll. Dagegen verspricht die Revolution die Autonomie der Nation.

Der Staat selbst, das Ensemble der Verwaltung, kann nicht Gegenstand der Verehrung werden. Die Verehrung im politischen Feld muss deshalb eine Transformation des Politischen vornehmen. Gegenstand der Verehrung sind die Nation, das Volk, die Arbeiterklasse und ihre Partei, die Menschheit. Der Staat er-

---

[127] Mit der Norm des *disestablishment*, also des Verbotes der Errichtung einer Staatskirche, hatten die Verfassungsväter weniger den Schutz des Staates vor den Kirchen als vielmehr allererst den Schutz der Religionsgemeinschaften vor dem Staat zu befördern versucht. Doch die amerikanische Rechtssprechung der letzten Jahre zielt, unter seltsamer Verwendung dieser Norm, immer mehr darauf, den Religionsgemeinschaften politischen Einfluss zu verwehren. Vgl. Winnifred F. Sullivan: Paying the Words Extra. Religious Discourse in the Supreme Court of the United States. Cambridge, Mass. 1994.

scheint, das wird im 20. Jahrhundert ganz deutlich, als eine blosse Maschine, die in den Konflikt der Interessen eingespannt ist und durch Verwaltung bestimmt wird. Doch die anderen Grössen, die Nation, das Volk etc. erscheinen in einem besonderen Verhältnis zu einer politischen Wahrheit. Man mag ideologiekritisch einwenden, dass diese Grössen sich letztlich einer Versteinerung des politischen Prozesses verdanken. Doch das spielt für die Selbstwahrnehmung keine Rolle. Entscheidend ist vielmehr, dass jetzt das Politische verkirchlicht wird; dass der politische Prozess liturgische Dimensionen gewinnt und der Kern der politischen Gemeinschaften eine eucharistische Charakteristik gewinnt.

Mit dem Konzept der politischen Religionen wird die besondere Charakteristik des verehrten Staates ins Auge gefasst, der aufhört, Staat zu sein. Hinter diesem Konzept steht die Diagnose eines verheerenden Funktionsverlustes der etablierten Religionen, die, durch den anhaltenden Prozess der Säkularisierung seit der frühen Neuzeit geschwächt, nur noch ein Schattendasein führen. Jetzt wird Innerweltliches verehrt, weil der Mensch im Glauben an seine Allmacht sich selbst an die Stelle Gottes gesetzt habe. Da der Mensch jedoch unter dieser Last zusammenzubrechen droht, verehrt er nicht solipsistisch sich selbst, sondern findet in den Kollektiven, die das 20. Jahrhundert hervorbringt, einen geeigneten Gegenstand der Verehrung, der ihn zugleich von der Verantwortung der Selbstregierung entlastet. Die Flucht ins Autoritäre, sozialpsychologisch als Furcht vor der Freiheit gedeutet, verbindet sich mit einem symbolischen Set, das den etablierten Religionen eigen war. Der Staat erscheint als Kirche, Politik wird durch Liturgie bestimmt, und im Herzen der Gemeinschaft waltet ein eucharistisches Geheimnis. Durch die symbolische Teilhabe am Ganzen der Gemeinschaft projiziert sich der Einzelne in ein monumentales Ich, das seine Existenz garantiert. Das ist der Kern der ins Politische gewendeten Hoffnung auf Erlösung.

Im totalitären Staat wird das Politische religiös in dem Sinne bestimmt, dass der völkischen Gemeinschaft oder der klassenlosen Gesellschaft eine Heiligkeit zukommt, dass das Politische selbst Gegenstand der Verehrung wird – und damit aufhört, politisch zu sein. Im Konzept der Politischen Religionen ist diese Seite des Totalitarismus schon seit den späten dreissiger Jahren gefasst worden. Dabei handelte es sich um den Versuch, die irrationale Seite des totalen Staates – faschistischer oder kommunistischer Gestalt – zu analysieren und dem Geheimnis seines Erfolges auf die Spur zu kommen. Auf die politikwissenschaftliche Diskussion dieses Modells soll hier nicht eingegangen werden – dem nur zu gerne vorgeworfen wird, von den wirklichen Ursachen der Katastrophe des 20. Jahrhunderts abzulenken, und gemeint sind damit die ökonomischen Hintergründe. Das Konzept der Politischen Religion richtet das Augenmerk auf die symbolische Dimension des totalitären Staates. Und in dieser Hinsicht beerbt der totalitäre

Staat einen Prozess, der mit der französischen Revolution zwar nicht erst begonnen hat, der jedoch im Staat der französischen Revolution seine modernen Wurzeln hat.

2. Politische Theologie

In den zwanziger Jahren des 20. Jahrhunderts findet eine intensive Diskussion über die Politische Theologie statt. In ihr formuliert sich eine intellektuelle Stellungnahme zur Moderne nach der Katastrophe des Ersten Weltkrieges. Der Fortschrittsoptimismus des 19. Jahrhunderts ist verschwunden, der Krieg erscheint als eine Niederlage der Vernunft, die den Gang der Geschichte doch nicht so bestimmt, wie das geglaubt worden war. In diesem Klima findet das Problemfeld von Religion und Politik ganz neue Aufmerksamkeit. Allerdings in verschiedenster Gestalt: Der Bogen reicht von katholischen Reichsphantasien über Visionen einer karitativen Durchdringung der säkularen Gesellschaft und sozialistischen Utopien bis zu scharfsinnigen Analysen über die Moderne, die in der Theologie und der Frage nach Gott das Verdrängte einer sich ganz und gar verweltlicht deutenden Gesellschaft ausmachen.

Man mag versuchen, in der neuzeitlichen Politischen Philosophie die Spur jener herrschaftlichen Diskurse wiederzufinden, die gerade verdrängt wurden. Unter dem Titel ‹Politische Theologie› hat dieser Versuch Wissenschaftsgeschichte geschrieben. Politische Theologie sei eine «Soziologie juristischer Begriffe»[128], welche beweisen könne: «Alle prägnanten Begriffe der Staatslehre sind säkularisierte theologische Begriffe.»[129] Dieser Begriff der ‹Politischen Theologie› hat die Diskussion der letzten Jahrzehnte bestimmt. Carl Schmitts Begriffsprägung war im hohen Masse polemisch gedacht. Sie stellte unter der Hand die Frage nach einer bestimmenden Erblast des aufklärerischen Denkens, von der dieses nichts weiss. Politische Theologie im Sinne Schmitts spürt dem Gespenst der Theologie im politischen Diskurs der Moderne nach. In diesem Sinne bedeutet Politische Theologie eine Kritik der herrschenden Staatsrechtslehre, die von den Idealen der Aufklärung, der Rationalität, der Normalität und der methodischen Immanenz beherrscht wird. Deshalb wird die Lehre vom Ausnahmezustand von Carl Schmitt im Rahmen der ‹Politischen Theologie› in methodischer Hinsicht entfaltet. Mit ihrer Hilfe soll nicht bloss das Illusionäre einer Staatsrechts-

---

[128] Carl Schmitt: Politische Theologie. Vier Kapitel zur Lehre von der Souveränität. Berlin 1934, S. 50.
[129] Schmitt, Politische Theologie, S. 49.

lehre entlarvt werden, die das Politische nicht mehr denken kann, weil sie ganz
der blassen Utopie des Rechts verfallen wäre; mit ihrer Hilfe soll darüber hinaus
das unsichere Fundament der staatsrechtlichen Aufklärung ans Licht gezerrt
werden: die Verherrlichung der Normalität und die verdrängte, nämlich säkularisierte theologische Grundstruktur der Argumentation.

Schmitts Begriff der ‹Politischen Theologie› ist gerne aufgegriffen geworden:
von näheren und ferneren Freunden in modernitätskritischer Absicht, von Kriti-
kern mit dem Bestreben, eine prinzipielle historische Fehlwahrnehmung[130] oder
eine grundlegende methodische Fehlentscheidung Schmitts zu dekouvrieren.[131]
Doch tatsächlich hat Schmitt mit seiner Deutung dieses Begriffes den Prozess der
Säkularisierung nur noch fortgetrieben. Denn er opfert den theologischen und
religiösen Einsatz einer Politischen Theologie um ihrer politisch-polemischen
Funktion willen. Schmitts Begriff der Politischen Theologie ist selber insofern
ultra-modern, als er mit leichter Hand Theologie und Metaphysik identifiziert –
und damit um eines polemischen Effektes willen die ganze These bedroht.[132] Die
Möglichkeit, staatsrechtliche Strukturen als Analogien von metaphysischen Modellen zu bestimmen, ist ganz ohne Zweifel in heuristischer und polemischer
Absicht fruchtbar; doch sie hat mit einer genuin theologischen Rede von Politik

---

[130] Vgl. Hans Blumenberg: Säkularisierung und Selbstbehauptung. Frankfurt/M. 1974.
S. 103ff.
[131] So zuletzt im grossen Rahmen von Heinrich Meier: Die Lehre Carl Schmitts. Vier
Kapitel zur Unterscheidung zwischen Politischer Theologie und Politischer Philosophie. Stuttgart, Weimar 1994. Vgl. schon ders.: Carl Schmitt, Leo Strauss und der
‹Begriff des Politischen›. Zu einem Dialog unter Abwesenden. Stuttgart 1988.
[132] Vgl. Carl Schmitt, Politische Theologie, S. 59. Die gleichzeitige und und gleich-
wertige Nennung von Theologie und Metaphysik bedroht unter der Hand die ganze
These. Die Analogie von metaphysischen und innerweltlichen Ordnungsvorstellungen
kann seit Platons ‹Politeia› niemanden überraschen. Erst die Zuspitzung auf die *theologische* Fundierung der politischen Ordnungsvorstellungen nach der Moderne gibt
der Analogiethese ihre eigentliche Schärfe. Sie erlaubt mit der Einführung des bewusst vieldeutigen Begriffes der Säkularisierung sowohl die Frage nach der Legitimität der politischen Moderne als auch die Kritik an ihren Selbstbegründungsphantasien.
Doch in der seltsamen gleichzeitigen Nennung von Metaphysik und Theologie erscheint die Theologie als ein – wenngleich etwas besonderer – Fall von Metaphysik
und verliert damit ihre besondere Qualität. Dann aber verblasst auch die These und
ihre modernitätskritisch-polemische Funktion geht verloren. Wenn man Schmitts
Worte in diesem Zusammenhang wirklich à la lettre nähme, dann trügen sie nicht
weiter als bis zur Behauptung einer Analogie des Weltbildes einer Epoche mit ihren
Vorstellungen von Regierung.

145

nichts, aber auch gar nichts gemein. Tatsächlich, so scheint es, ist der Begriff der Politischen Theologie von Schmitt gewählt worden, weil er als Waffe so tief ins Selbstbewusstsein der säkularen Moderne zu dringen in der Lage ist. Der Begriff der ‹Politischen Theologie› eignet sich als ein scharfer Vorwurf gegen die politische Moderne, deren Identität aufs Engste mit der Zurückdrängung des theologischen Denkens verknüpft ist. Denn ebendiese Verdrängung ist die Bedingung für die Herrschaft der Selbstgestaltungsphantasien, in denen der moderne *homo faber* sich und seine Umwelt, Autonomie verbürgend, gestaltet.

Erik Peterson hat in einer berühmten Fussnote gegen Carl Schmitt «die theologische Unmöglichkeit einer ‹politischen Theologie›» behauptet.[133] Die zentralen Elemente des christlichen Glaubens, so Peterson, sperren sich einer Übersetzung in politische Strukturen. Mit dem gekreuzigten Christus ist kein Staat zu machen und die Dreieinigkeit eignet sich denkbar schlecht als ein Modell säkularer Monarchie, da sie sich einer innerweltlichen Repräsentation versperrt. Peterson rückt mahnend den Begriff der ‹Politischen Theologie› zurecht. Sein Argument ist gerade nicht formalistischer Art, wie der Hinweis auf die Nichtübersetzbarkeit des dreieinigen Gottesbildes auf die Struktur der politischen Führung nahe legen könnte; seine Mahnung zielt auf die Wahrnehmung der Substanz des christlichen Glaubens, die Schmitt mit seiner Einführung des Begriffes der Politischen Theologie schlicht unterschlagen hat. Politische Theologie ist bei Schmitt ein technischer Begriff der Geschichtsphilosophie; Politische Theologie bezeichnet mithin eine fragwürdige, zur Waffe geschmiedete Säkularisierungsthese, die an der Substanz und Qualität der im theologischen Diskurs aufgehobenen religiösen Erfahrung nur wenig Interesse zeigt. Carl Schmitt verbindet mit dem Konzept der Politischen Theologie kein theologisches, sondern ein politisches Interesse. Die Säkularisierungsthese instrumentalisiert lediglich in modernitätskritischer Absicht theologische Topoi mit dem Ziel, die philosophische und damit auch politische Fragwürdigkeit der Moderne zu erweisen.

Petersons These von der Unmöglichkeit einer christlichen Politischen Theologie ist nur solange nicht fragwürdig, als sie ganz eng auf die Unmöglichkeit der trinitarischen Repräsentation im politischen *saeculum* beschränkt bleibt. In dem Moment jedoch, da die These verallgemeinert wird, in dem Augenblick, da ihre formelle oder strukturelle Perspektive aufgegeben wird, spricht eine grosse und umfangreiche Tradition gegen sie. Petersons Einspruch zielt auf den von Schmitt unterschlagenen Kern des Begriffes, auf die Frage nach der Möglichkeit einer legitimatorischen Funktion Politischer Theologie. Ebendiese Frage beantwortet

---

[133] Erik Peterson: Monotheismus als politisches Problem. Ein Beitrag zur Geschichte der politischen Theologie im Imperium Romanum. Leipzig 1935. S. 99f.

Peterson in seinem Text mit einem einzigen theologischen Argument abschlägig. Die Dreifaltigkeit, zentrales Dogma des christlichen Glaubens, verbietet jede religiöse oder para-religiöse Überhöhung der politischen Wirklichkeit. Eine genuin christliche Politische Theologie der säkularen politischen *Institutionen* wäre ein Widerspruch in sich, da keine politische Institution vorstellbar ist, die die Struktur der Dreieinigkeit repräsentieren könnte.

Es mag dahingestellt bleiben, ob damit unter der Hand einer scharfen, beinahe gnostisch zu nennenden Trennung zwischen dem Reich Gottes und dieser Welt das Wort geredet wird, die nach dem Modell des Augustinus eine Delegitimierung des säkularen politischen Raumes überhaupt bewirkt. Doch diese Argumente können nur unter der Bedingung entfaltet werden, dass als der Kern der Politischen Theologie deren legitimatorische Funktion für das säkulare politische System im Allgemeinen und für die Institutionen der Herrschaft im Besonderen vorausgesetzt wird. Ob damit jedoch der Begriff der Politischen Theologie insgesamt ausgelotet ist, steht zu fragen. Dass es keine christliche Politische Theologie in dem Sinne gibt, wie man sie in Ägypten beobachten kann, steht ausser Zweifel. Einen Gott-Kaiser kann es unter christlichen Bedingungen sicherlich nicht geben. Alle Versuche, die säkularen politischen Strukturen heilsgeschichtlich aufzuladen, tragen mythische Züge, die hinter der Revolution des Christentums zurückbleiben: der hierarchischen Unterscheidung von dieser und jener Welt, dem eschatologischen Vorbehalt und der Vorstellung von der Königsherrschaft Jesu. Doch damit ist noch nichts über die prinzipielle Möglichkeit Politischer Theologie gesagt, sondern nur etwas über die Unmöglichkeit, aus den Elementen des christlichen Glaubens und seinen systematischen Formulierungen in der christlichen Theologie heraus Legitimationsmodelle für die Strukturen weltlicher Herrschaft zu entwickeln.

Petersons These ist als Mahnung an Carl Schmitt gerichtet; doch tatsächlich erfasst sie eine ganze Gruppe von Schriftstellern, die in den zwanziger Jahren und in den ersten Jahren des so genannten ‹Dritten Reichs› Politische Theologien entwerfen und Politische Theologie betreiben; katholischerseits, doch ganz besonders von protestantischer Seite. In diesem Kontext muss Petersons These wohl allererst gelesen werden. Denn tatsächlich geht es Peterson darum, an der Unterscheidung zwischen Kirche und Staat, zwischen Theologie und Politik, zwischen dieser und jener Welt festzuhalten: «Doch die Lehre von der göttlichen Monarchie musste am trinitarischen Dogma und die Interpretation der Pax Augusta an der christlichen Eschatologie scheitern», schreibt Peterson mit Blick auf die grossen Geschichtstheologen Eusebius und Orosius. «Damit ist nicht nur theologisch der Monotheismus als politisches Problem erledigt und der christliche Glaube aus der Verkettung mit dem Imperium Romanum befreit worden, sondern auch grundsätzlich der Bruch mit jeder ‹politischen Theologie› vollzogen, die die christliche Botschaft zur Rechtfertigung einer politischen Situation missbraucht.» Die historisch-systematische Erörterung ist ganz und gar zeitgeschichtlich ausgerichtet. Dabei geht es weniger darum, den analytischen Gehalt von Schmitts Politischer Theologie zu verwerfen, als vielmehr jenen Strömungen entgegenzutreten, die erneut die Ankettung des christlichen Glaubens an ein Reich anstreben. Und gegen diese Bestrebungen wird die negative Politische Theologie des Augustinus reaktiviert und einer jeden Ziviltheologie eine Absage erteilt.

Die schärfste Antwort auf diese Versuche einer Politischen Theologie in legitimatorischer Absicht hat die protestantische Synode von Barmen 1934 gegeben. Zwar waren die Deutschen Christen (DC) nach der nationalsozialistischen Machtergreifung mit ihrem Versuch gescheitert, die Struktur der evangelischen Kirche der Verfassung des Staates anzugleichen. Allein, ihre völkische Interpretation des Evangeliums – «Wir bekennen uns zu der Gottesoffenbarung der in Blut und Boden wurzelnden Volksgemeinschaft.» –, ihr Versuch, dem nationalsozialistischen Staat die Kirche anzudienen, indem sie dessen strukturelle und ideologischen Vorgaben anzunehmen gedachten, machten es in den Augen der in Barmen versammelten Synodalen notwendig, die Grenze zwischen Staat und Kirche in aller Deutlichkeit zu ziehen. Hier war der Ausnahmefall gegeben, an dem sich die reformierte Theologie Karl Barths gegen die kulturprotestantische Umdeutung der evangelischen Religion bewährte. Die 5. These der «Theologischen Erklärung zur gegenwärtigen Lage der Deutschen Evangelischen Kirche» lautet:

«‹Fürchtet Gott, ehret den König.› (1 Petr 2,17)

Die Schrift sagt uns, dass der Staat nach göttlicher Anordnung die Aufgabe hat, in der noch nicht erlösten Welt, in der auch die Kirche steht, nach dem Mass menschlicher Einsicht und menschlichen Vermögens unter Androhung und Ausübung von Gewalt für Recht und Frieden zu sorgen. Die Kirche erkennt in Dank und Ehrfurcht gegen Gott die Wohltat dieser seiner Anordnung an. Sie erinnert an Gottes Reich, an Gottes Gebot und an die Verantwortung der Regierenden und Regierten. Sie vertraut und gehorcht der Kraft des Wortes, durch das Gott alle Dinge trägt.

Wir verwerfen die falsche Lehre, als solle und könne der Staat über seinen besonderen Auftrag hinaus die einzige und totale Ordnung menschlichen Lebens werden und also auch die Bestimmung der Kirche erfüllen.

Wir verwerfen die falsche Lehre, als solle und könne sich die Kirche über ihren besonderen Auftrag hinaus staatliche Art, staatliche Aufgaben und staatliche Würde aneignen und damit selbst ein Organ des Staates werden.»

Die Barmer Erklärung beginnt mit zwei christologischen Thesen, in denen deutlich gemacht wird, dass es für den Christen nur einen Führer geben kann: Jesus Christus. Nicht der Staat verspricht Befreiung und Erlösung, sondern Jesus Christus. Auf dieser Grundlage kann dem Totalitätsanspruch des Staates ebenso widerstanden werden wie den Versuchen, die Kirche als Organ des Staates zu bestimmen. Die bescheidene Würdigung der Rolle des Staates wird durch die Betonung seiner Bindung an das Wort Gottes nicht verstärkt, sondern noch gemindert. Ebenso bedeutet die Erinnerung an das Reich Gottes und an Gottes Gebot keine Stärkung des Staates, sondern die Mahnung, den Staat nur in dem Rahmen zu deuten und ihn auf den Rahmen zu beschränken, der durch das Reich Gottes und Gottes Gebot begrenzt wird. So werden Staat und Kirche an ihre originären Aufgaben erinnert: innerweltliche Friedenssicherung einerseits, andererseits «durch Predigt und Sakrament die Botschaft von der freien Gnade Gottes auszurichten an alles Volk» (6. These). In einer historischen Situation der Not besinnt sich die Kirche auf ihr eigenes Wesen. Dass sie es allerdings in diesem Masse nötig hat, an dieses Wesen zu erinnern, ist kein historischer Zufall. Tatsächlich lässt sich die Erklärung der Barmer Synode nicht nur vor dem Hintergrund der Herausforderung durch den totalitären Staat und durch die «verwüstenden Irrtümer der Deutschen Christen und der gegenwärtigen Reichskirchenregierung» – so die Präambel zur Erklärung – deuten. Vielmehr macht die notwendig harsche und kompromisslose Erklärung deutlich, wie verheerend die Erbschaft des 19. Jahrhunderts im 20. Jahrhundert wirkt.

Der Fortschrittsoptimismus, der sich in wichtigen Kreisen gerade der evangelischen Kirche breit gemacht hatte, die Vorstellung vom Aufgehen der Kirche in der Gesellschaft, die geschichtsphilosophische und kulturelle Umdeutung der christlichen Heilsbotschaft: All das hat Teile des Protestantismus in Deutschland anfällig werden lassen für die Verführung eines Staates, der mehr als ein Staat sein wollte. Und zwar gerade weil dieser Staat mehr als ein Staat sein wollte; denn so konnte er als die Vollendung der Geschichte erscheinen. Und die Trennung von Staat und Kirche, von Politik und Religion erscheint als das Zeugnis einer unglücklichen Epoche, die jetzt überwunden wäre. Das Christentum hätte seine Inkulturationsaufgaben erfüllt. Und nun geschieht etwas Merkwürdiges: Die Christentums- und Religionsferne der Gesellschaft kann als die Vollendung des Christentums gedeutet werden, das jetzt in die Tiefen der Gesellschaft gleichsam diffundiert wäre. Dagegen stellt die Erklärung von Barmen eine klare Kompetenzabgrenzung, die, an das Wesen der Kirche erinnernd, einen Staat in seine Grenzen weist, der sich gerade durch die Aufhebung der Kompetenzabgrenzung bestimmt. Im Prinzip wiederholt die Barmer Erklärung den Gestus von Augustinus ‹Gottesstaat›. Keine Apologie des Christentums in einer christentumsfeindlichen Welt, sondern eine Mahnung an die Christen, sich dieser Welt nicht in die Arme zu werfen, nicht zu glauben, dass eine spezifische historische Situation die Vollendung der Heilsgeschichte bedeute. Der beinahe vollständige Verzicht auf eine moralische Argumentation in der Barmer Erklärung ist auffällig genug: Wie bei Augustinus geht es um das Christentum und um die Kirchen in einer existenziellen Krise. Und diese Krise kommt nicht einfach von aussen auf das Christentum zu, sie stellt sich nicht nur als eine äussere Bedrohung dar. Existenziell ist diese Krise, weil es in dem zeitgenössischen Christentum Elemente gibt, die es ermöglichen, diese Bedrohung nicht als Bedrohung wahrzunehmen, sondern als Vollendung. Die heute grotesk und realsatirisch erscheinende Position der Deutschen Christen kann nur zu leicht darüber hinwegtäuschen, dass hier mehr auf dem Spiel stand als der Ausschluss einer völkischen Verbiegung des Christentums und die Weigerung, sich dem nationalsozialistischen Kirchenregime weiter zu beugen. Tatsächlich stand mit der Barmer Erklärung – nicht zuletzt vor dem Hintergrund der Theologie Karl Barths – die Frage nach der Einfügung des Christentums in Staat und Gesellschaft überhaupt auf dem Spiel. 1934 ist sozusagen der Ausnahmefall, der den problematischen Charakter der normalen Deutung des Verhältnisses von christlicher Religion und Gesellschaft im 20. Jahrhundert erweist.

Mit aller politischen und theologischen Entschiedenheit ist seit den sechziger Jahren des 20. Jahrhunderts ein Begriff von Politischer Theologie entfaltet worden, der in programmatischer Absicht die ethischen und politischen Implikationen des christlichen Glaubens zu deuten versucht. Hier wird der Glaube und sein Wissen, hier wird die Theologie selbst ins Politische gewendet. Und zwar ausdrücklich nicht in einer Bewegung der Säkularisierung, sondern verstanden als Mitarbeit an der Aufrichtung des Gottesreiches in dieser Welt. Die Heilsbotschaft des christlichen Glaubens ist nicht politisch indifferent; die zentralen Lehrsätze des christlichen Glaubens haben eine soziale und politische Bedeutung, die durch eine streng individualistische Deutung – die Beschränkung auf die Perspektive des individuellen Seelenheils – und durch die para-gnostische Unterscheidung zwischen dem *saeculum* und dem jenseitigen Reich Gottes, so die so genannte ‹Politische Theologie› nur zu gerne unterschlagen wird. Hinter den sozialen, ethischen und politischen normativen Implikationen des Neuen Testamentes bleibt die Wirklichkeit weit zurück; sie wird gekennzeichnet durch die Struktur der Sünde. Diese Politische Theologie, die in Lateinamerika als ‹Befreiungstheologie› grösste politische Bedeutung gewonnen hat, klagt die innerweltlichen Konsequenzen der Erlösungstat ein und ruft zur Umkehr auf. In Übereinstimmung mit dem christlichen Gebot der Nächstenliebe muss das Zusammenleben der Menschen neu gestaltet werden.

Im Kampf gegen eine privatistische Deutung des christlichen Glaubens einerseits, im Kampf gegen «staatskirchliche Residuen in Kirche, Christentum und Theologie»[134] andererseits wird die eschatologische Dimension des Christentums beschworen. Damit ist allererst die Ankündigung des Reiches Gottes gemeint. Diese zentrale Verkündigung deutet die Politische Theologie im und als den Rahmen der menschlichen Freiheitsgeschichte. Damit ist aber schon gesagt, dass das versprochene Heil nicht privatisiert werden kann; das verheissene «‹Heil allen Fleisches› liegt ursprünglich und nicht nachträglich in der konkreten sozialen Dimension menschlichen Daseins»[135]. Niemals jedoch können – und das ist die Leistung des ‹eschatologischen Vorbehaltes› – «diese Verheissungsgehalte der neutestamentlichen Botschaft mit einem bestimmten politischen Zustand der Gesellschaft identifiziert und so innerhalb dieses Status direkt politisiert werden»[136]. Politische Theologie in diesem Sinne ist eine Theologie der Kritik: Vor dem Hintergrund des verkündeten Gottesreiches fordert sie sowohl Staat als auch Kirche heraus. Nur vor dem Hintergrund einer ‹schöpferisch-kritischen Eschatologie› kann man umgekehrt diese Politische Theologie deuten.[137] Sie ist weder eine Übersetzung der modernen Zukunftshörigkeit in einen theologischen Diskurs, noch der Versuch, den Marxismus theologisch zu wenden. Die Zukunft ist ihr umgekehrt die Dimension der Verheissung, die uns zur Mitarbeit aus dem Glauben und nicht aus dem Wissen aufruft, und die Solidarität mit den Ärmsten erscheint ihr als der politische Gehalt der Botschaft Jesu: als die konkrete Gestalt der Nächstenliebe. Befreiung ist ihr zentrales Motiv, doch Befreiung bedeutet nicht einfach die Abschaffung der Abhängigkeitsstrukturen in der Dritten Welt, bedeutet nicht einfach die Übernahme des europäischen Klassenkampfmotivs, sondern die Befreiung wird als das ‹totale Geschenk› der Erlösung in Christus bestimmt. Doch da dieses Geschenk der Befreiung «alle bedeutsamen Ebenen erfasst und dem ganzen Befreiungsprozess seinen tiefen Sinn und seine volle und unvorhersehbare Erfüllung gibt», kann der Befreiungsprozess selbst als ‹Heilsprozess› erscheinen.[138]

Die Verquickung von soziologischer und theologischer Argumentation, von politischer und religiöser Praxis ist auf grossen Zuspruch und auf grosse Ableh-

---

[134] Johann Baptist Metz: Politische Theologie in der Diskussion, in: Helmut Peukert (Hg.): Diskussion zur ‹politischen Theologie›. München, Mainz 1969, S. 270.
[135] J. B. Metz: Kirche und Welt im eschatologischen Horizont, in: ders: Zur Theologie der Welt. Mainz, München 1968, S. 87.
[136] J. B. Metz, Politische Theologie in der Diskussion, S. 275.
[137] J. B. Metz, Kirche und Welt im eschatologischen Horizont, S. 84.
[138] Gustavo Gutiérrez: Theologie der Befreiung. München, Mainz 1973, S. 3.

nung[139] gestossen. Die Verbindung mit Elementen der marxistischen Ideologie hat die Rezeption dieser Politischen Theologie ganz erheblich erschwert. Sicherlich ist die Befreiungstheologie Politische Theologie – und insofern gilt, was über die Politische Theologie der späten Weimarer Republik und des frühen Dritten Reiches gesagt worden ist, auch für sie. Doch zugleich ist sie durch ihren kritischen Charakter, durch ihren Bezug auf den prophetischen Zug der Botschaft Jesu zum Teil vor den Vorwürfen gefeit, die dieser Politischen Theologie galten. Nicht vor allen, wohlgemerkt: Das gilt besonders für die problematische Verquickung von säkularer Geschichte und Heilsgeschichte. Doch zugleich macht ebendiese Verquickung die Stärke der Theologie der Befreiung aus: Denn sie deutet nicht nur den Glauben politisch, sondern bezieht zugleich das Politische auf den Glauben. Der akademische Streit um die Befreiungstheologie mag heute befremden. Er hat gleichwohl seine Aktualität nicht verloren, insofern er ein Kernproblem beleuchtet: die politische Deutung des Glaubens, die Frage nach dem Sitz im Leben und die Frage nach der Möglichkeit, das Verhältnis des Glaubens zur Welt jenseits einer Fixierung auf die Frage nach der politischen und sozialen Bedeutung der kirchlichen Institutionen zu bestimmen. Es kann kein Zweifel daran bestehen, dass der Christ als Christ in die Sorge um die Welt durch das Gebot der Nächstenliebe berufen ist. Die Theologie der Befreiung ist eine Entfaltung ebendieser Sorge – und bei ihrer Beurteilung hängt alles davon ab, ob man auf die soziologischen und politischen Koalitionen schaut oder auf den Glauben der Handelnden.

3. Individualisierung

Die Moderne wird durch eine seltsame Ambivalenz bestimmt, durch die Gleichzeitigkeit nämlich von Individualisierung und Kollektivierung. Auf der einen Seite die fortschreitende Herauslösung des Einzelnen aus festen Lebens- und Gemeinschaftsbezügen, auf der anderen Seite die Beschwörung und Herstellung von Kollektiven, in denen der Einzelne erst Identität gewinnt. Tatsächlich sind beide Tendenzen nur zwei Seiten einer Medaille. Kollektivierung, so könnte man sagen, ist die Fratze einer Individualisierung, die dem Einzelnen Unerträgliches auflastet. Kollektivierung bedeutet die Formierung eines Massen-Ichs, das den Einzelnen von der Wahrnehmung der Lebensverantwortung entlastet. Ebendiese

---

[139] Im Jahre 1984 hat die Glaubenskongregation «Libertatis Nuntius» veröffentlicht und mit allem Nachdruck auf die Untrennbarkeit von marxistischer Analyse und marxistischer Ideologie hingewiesen.

Verantwortung lastet in der Moderne in ungeheurem Masse auf dem Einzelnen. Die soziale Entwicklung der westlichen Gesellschaften stellt den Einzelnen immer mehr auf sich, sie löst ihn zunehmend aus Sinn- und Erwartungskontexten, die das Leben des Einzelnen immer schon bestimmt hätten. Die Spuren der Individualisierung finden sich in allen Lebensbereichen.

Individualisierung bedeutet allererst die Freisetzung des Individuums aus vorgegebenen Lebensmustern, aus Lebenszwängen. Ihr philosophischer Hintergrund ist die Hochschätzung der Freiheit, die wie ein roter Faden von der Renaissance über die Reformation in die Aufklärung gesponnen ist. Als Subjekt der Freiheit erscheint der Einzelne, auf dem in der Konsequenz allerdings auch die ganze Verantwortung für das Gelingen seines Lebens lastet. Herkommen und Überlieferung verlieren ihre lebensbestimmende Kraft: Tradition ist kein Geltungsargument mehr. Alles muss in der Gegenwart entschieden werden – und die Vergangenheit stellt kein Vorbild dar. Denn alles ist neu. Der Fortschrittsglaube, der das 19. und das 20. Jahrhundert so wesentlich gekennzeichnet hat, richtet den Blick der Menschen auf die Zukunft, die herzustellen ihnen aufgegeben ist. Die Vergangenheit ist das Alte, das Überwundene oder zu Überwindende. Deswegen können die Menschen nicht auf die Vergangenheit zurückgreifen. Die Moderne bedeutet die weltgeschichtliche Abschliessung gegen die Vergangenheit und damit auch gegen das Moment der Tradition als der Überlieferung einer Wahrheit über die Zeiten.

Die Moderne stellt den Einzelnen auf sich: Sie löst ihn in lebenshermeneutischer Hinsicht aus dem historischen und aus dem sozialen Kontext. Das hat entscheidende Auswirkungen auf die Bedeutung der Religion in den Gesellschaften des Westens. Wir stehen ja nicht einfach am Ende einer Säkularisierungswelle, die die Religion durch andere grosse Institutionen ersetzt hat, durch den Staat und die Bildung und die Hoffnung, durch das Streben nach Wohlstand erlange man die Seligkeit. Wenn die Lage und Bedeutung der christlichen Religion in westlichen Gesellschaften beschrieben werden soll, dann muss allererst der Individualisierung Rechnung getragen werden. Denn mit der Individualisierung wird der Rekrutierungsmechanismus der Kirchen unterbrochen. Der Glaube wird nicht einfach von den Eltern an die Kinder weitergegeben, und damit stehen die Kinder einsam in der Gegenwart. Der Glaube der Eltern verliert seine quasinaturwüchsige Überzeugungskraft für die Kinder. Deshalb muss nicht nur jede Generation, sondern mehr noch jeder Einzelne einen eigenen Weg zum Glauben finden. Das berührt den institutionalisierten Glauben besonders. Wenn der Glaube zur Angelegenheit des Einzelnen wird, dann verliert der Gedanke der repräsentierenden Kirche seine Evidenz.

Der Glaube wird zu einer individuellen Angelegenheit. Frei von allen Bindungen und Traditionen, so scheint es, entscheidet sich der Einzelne zu glauben. Alle vermittelnden Institutionen stehen deshalb im besten Falle unter dem Verdacht, wie Wegelagerer eine durch nichts zu rechtfertigende Maut zu erheben; im schlimmsten Falle stehen sie unter dem Verdacht, den Zugang des Einzelnen zu Gott zu versperren. Die Kirche gehört in dieser Perspektive zum grossen Theater der Illusionen, durch das der Mensch seine Freiheit verliert. Es ist ihr institutioneller Charakter, der den Kirchen das Misstrauen zuzieht. In einer individualisierten Kultur wird jeder Institution misstraut, weil sie Gewohnheit ist und weil sie dem Einzelnen gegenüber Loyalität beansprucht, noch bevor dieser der Institution zugestimmt hat. Das gilt für die römisch-katholische Kirche, doch dies gilt auch für die lutherischen und reformierten Kirchen. Ja, für diese Kirchen gilt es in noch stärkerem Masse. Denn unverkennbar ist die Verwandtschaft, um es vorsichtig auszudrücken, des Individualisierungsprozesses mit dem Kern der Reformation. In einem konservativen Rollback ist von Anbeginn die individualisierende Tendenz des Protestantismus gezähmt worden, ganz besonders im Deutschen Reich, wo die Reformation in die starren Institutionen der Landeskirchen mündet. Diese knüpfen insofern ungebrochen an den Charakter der ‹alten› Religion an, als sie das pneumatische, das inspirative Moment der frühen Reformation zurückdrängen, um stattdessen, wenngleich mit verändertem Bekenntnis, Institutionen zu werden. Institutionen, die genealogischer Überlieferung aufruhen, in denen der Glaube von den Eltern auf die Kinder übertragen wird, ja, Institutionen, zu denen man kraft ‹Landsmannschaftlichkeit› gehört. Doch der inspirative Kern des Protestantismus geht nicht ganz verloren; das *sola fide* und auch das *sola scriptura* stellen eine theologische Quelle des Individualisierungsprozesses dar.

Aus diesem Befund folgt für die Gegenwart zweierlei: Erstens tritt der freiwillige Charakter der Zugehörigkeit zur Kirche hervor; zweitens verändert sich das Wesen der Religion selbst. Seit dem 17. Jahrhundert ist in den grossen politischen Theorien, doch auch in staatskirchenrechtlichen Erwägungen Freiwilligkeit zum Legitimitätskriterium der Zugehörigkeit zu einer Gemeinschaft bestimmt worden. Das wurde für die Kirche ausgeführt, um die Grundlage religiöser Toleranz zu bestimmen, und das wurde für den Staat ausgeführt, um der naturrechtlichen Intuition von der vorstaatlichen Freiheit des Individuums Rechnung zu tragen. Dieser Versuch ist für die Kirche noch problematischer als für den Staat. Seit Kant behilft man sich in der Politischen Theorie mit dem Modell eines hypothetischen Vertrages, um die Freiwilligkeit der Unterwerfung unter den Staat theoretisch in den Griff zu bekommen: Legitim wäre demnach der Staat immer dann, wenn man sich vorstellen könnte, dass seine Bürger sich ihm in einem

Vertrag unterworfen hätten. Was nun die Kirchen betrifft, so steht man vor einem grossen Problem. Staatskirchenrechtlich kann nur die Norm der freiwilligen Zugehörigkeit gelten. Sie wird letztlich *ex negativo* begründet, durch die Abwehr der Zwangszugehörigkeit zu einer religiösen Gemeinschaft. Doch was soll die Freiwilligkeit theologisch bedeuten? Die freiwillige Zugehörigkeit ist ein ganz und gar säkulares Konzept, welches davon ausgeht, dass der Mensch von Natur ungebunden ist, um sich dann, üblicherweise seinem eigenen Nutzenkalkül gehorchend, zu einer Gemeinschaft zusammenzuschliessen, in der er einen Teil seiner Freiheit aufgibt. Doch Kirchenzugehörigkeit in einem nicht-rechtlichen Sinne setzt Glauben voraus, und der Glaube ist ein Geschenk der Gnade. Kann man also die Zugehörigkeit zum *corpus Christi*, zur Gemeinschaft der Heiligen, als die die christlichen Bekenntnisse Kirche bestimmen, mit dem Konzept der Freiwilligkeit beschreiben? Das Paradigma der Freiwilligkeit taugt tatsächlich nur zur juristischen Normierung einerseits und um den Veränderungen des sozial-moralischen Milieus und seiner Bedeutung für den Einzelnen Rechnung zu tragen. Andererseits wird durch die Betonung des soziologischen Blicks auf die Kirchenzugehörigkeit in der Moderne und späten Moderne die christliche Freiheit wieder zu einem Thema.

Wenn man den christlichen Glauben philosophisch bestimmen will, dann oszilliert dieses Konzept auf seltsame Weise zwischen Freiheit und Fremdbestimmung. Die Botschaft Jesu hat eine Norm der Abhängigkeit in ihrem Zentrum, die nicht als Unfreiheit bestimmt werden kann: Liebe und Gnade ist ihr Name, die Liebe zu Gott und den Nächsten also und Gottes Liebe zu den Menschen. Zu dieser Liebe wird der Mensch durch Gnade befähigt, sie gehört nicht zu seinem natürlichen Wesen. Der Mensch ist Gott ausgeliefert, da nur der von Gott geschenkte Glaube ihn befähigt, dem Bösen zu widerstehen. Doch der Widerstand gegen das Böse wird dem Menschen nur dort zugerechnet, wo er in Freiheit geschieht. Man sieht sehr deutlich, dass der philosophische Gegensatz von Freiheit und Unfreiheit hier nicht greift. Gott hat dem Menschen die Freiheit geschenkt, doch dadurch bedeutet sie immer auch etwas anderes als der freie Wille der Philosophen. Denn in der christlichen Freiheit ist immer die Abhängigkeit von der Gnade mitgedacht. Aus diesem Grunde steht die theologische Beschreibung der Kirchenzugehörigkeit quer zur Dichotomie von Freiwilligkeit und Zwang, welche für die staatskirchenrechtliche und für die soziologische Beschreibung von so grosser Bedeutung ist. Andererseits kann Kirchenzugehörigkeit – egal ob von protestantischer oder von katholischer Seite – nicht in völliger Unabhängigkeit von den soziologischen und rechtlichen Bestimmungen gedacht werden. Es scheint umgekehrt sogar sinnvoll, den normativen Kern der soziologischen und rechtlichen Erwägungen aufzugreifen, um einer theologischen Betrachtung den

Weg zu bahnen, die nicht der Gefahr verfällt, sich an Phantasmen der Vergangenheit zu orientieren.

Der hohe religiöse Organisationsgrad der westeuropäischen Gesellschaften hat dazu verführt, die grossen Kirchen als Volkskirchen zu bestimmen. In normativer Hinsicht bedeutet das nicht weniger als ein Zurücktreten des spiritualistischen Elementes und der sakramentalen Bestimmung von Kirche zugunsten einer möglichst umfassenden Ergreifung der Bevölkerung. Der Versuch, sich einer vorgeblich säkularisierten Gesellschaft anzupassen, ist heute an seine Grenzen gestossen. Die gegenwärtigen Diskussionen über die Zukunft der Kirchen – auch hier katholisch und protestantisch – entspringen einem Unbehagen, das die Kirchen sich selbst gegenüber empfinden. Eine Bestimmung von Kirche, die sich funktionalistisch an den Aufgaben orientiert, welche sie in der Gesellschaft erfüllt, wird immer deutlicher als ungenügend empfunden. Die sprachliche Anpassung an die Gegenwart – namentlich in der Liturgie – hat keineswegs den erhofften Gewinn erbracht, die Kirche stärker in der Gesellschaft zu erhalten. Es scheint als ob in einem als Modernisierung verstandenen *aggiornamento* gerade jenes verloren gegangen wäre, was Kirche auszeichnet: das Bewusstsein, *corpus Christi* zu sein. Doch die Zugehörigkeit zum *corpus Christi* hat mit dem Individualisierungsprozess der letzten Jahrhunderte eine ganz neue Bedeutung gewonnen, die an die Situation des frühen Christentums erinnert, in der die Zugehörigkeit weder soziologisch noch genealogisch fixiert war.

Individualisierung bedeutet keine Ablehnung von Gemeinschaft. Individualisierung bedeutet allererst, dass Gemeinschaften keine quasi-naturwüchsige Existenz haben und dass sie ihrer Zukunft nicht durch automatische Rekrutierung gewiss sein können. Das bedeutet für die grossen Kirchen Westeuropas, dass in ihnen das spiritualistische, das pneumatische Element eine grössere Rolle spielen muss. *Ecclesia semper reformanda* heisst ja nicht, dass die Kirchen auf jeden Zug der Zeit aufspringen müssen. *Ecclesia semper reformanda* bedeutet allererst, dass die Kirchen sich immer auf ihren Ursprung besinnen müssen. Das aber bedeutet, dass die Vorstellung der Volkskirche in Frage gestellt werden muss. Mit den Worten des Amerikaners George Lindbeck: Wenn Kirche überleben soll, dann nur als «sectarian church»; in dieser Welt also als eine Gruppe von wirklich Gläubigen mit klarer Identität.[140] Ob man diese Gruppe dann als die Avantgarde einer Re-Evangelisierung betrachtet, oder ob man den kulturellen und politischen Siegeszug des Christentums durch die ersten 1800 Jahre mit einer gewissen Skepsis betrachtet, das mag offen bleiben.

---

[140] Vgl. George Lindbeck: The Nature of Doctrine – Religion and Theology in a Postliberal Age. Westminster 1984.

VIII. Freiheit des Glaubens und Selbstbehauptung des Christentums

Die Geschichte der christlichen Politischen Theologie beginnt mit Jesu Verkündigung des Reiches Gottes, eines Reiches, das nicht von dieser Welt ist. Das Christentum ist keine Religion im römischen und keine Religion im jüdischen Sinne. Es tritt in die Welt nicht als ein neuer, grossangelegter Ordnungsversuch, sondern als ein Ausgang aus der Verwobenheit der weltlichen und göttlichen Dinge. Jesus verkündet keine Theokratie und keine Zivilreligion, keine weltliche Herrschaft, die Gott imitiert. Das Ziel ist nicht die Indienstnahme der göttlichen Angelegenheiten für die Stabilisierung des weltlichen Gemeinwesens. Doch um die Botschaft Jesu kristallisiert sich eine Gemeinschaft: *ecclesia*, die Versammlung all jener, die glauben, dass der gekreuzigte Jesus von Nazaret Christus ist, der Gesalbte, den die Schrift angekündigt hat, der Sohn Gottes. Diese Gemeinschaft überliefert die Botschaft Jesu und in der Gestalt dieser Gemeinschaft geht der christliche Glaube in die Welt und in die Geschichte ein.

Wenn der Glaube an Jesus als den Sohn Gottes nicht Kirche geworden wäre, dann wäre die Botschaft, die Gott den Menschen geschickt hat, schon lange vergessen. Im Gang durch die Geschichte allerdings ist immer wieder deutlich geworden, in welchem Masse die verfestigte Gestalt des Glaubens an die Stelle der Botschaft selbst zu rücken drohte. Nun sind die Institutionen des Glaubens jedoch nicht blosse historische Akzidenzien, nicht nur das Gefäss, in dem eine Tradition überliefert wird, sondern als Gemeinschaft des Glaubens zugleich ein Teil der Botschaft selbst. Denn der christliche Glaube ist ein Glaube, der in der Gemeinschaft seine Wahrheit hat. Über alle konfessionellen Spaltungen ist daran immer festgehalten worden. Die Botschaft Jesu führt gerade nicht zur radikalen Vereinzelung der Gläubigen, sondern in die Erfahrung einer Gemeinschaft sowohl mit Gott als auch mit den Menschen.

Die Menschwerdung Gottes bedeutet, dass Gott die Welt nicht einerlei ist. Die Menschwerdung Gottes bedeutet eine Sorge Gottes um die Welt, eine Sorge, auf die der Mensch durch das Gebot der Nächstenliebe verpflichtet ist, welche die andere Seite der Gottesliebe ist. An dieser Stelle verknüpfen sich die zwei Perspektiven der Politischen Theologie, die hier nachgezeichnet wurden: Auf der einen Seite ist die Versammlung der Gläubigen selber ein politisches Gebilde, auf der anderen Seite ist ebendiese Versammlung sowohl in individueller als auch in institutioneller Hinsicht auf andere politische Gebilde bezogen: auf die Reiche dieser Welt nämlich. Keine Politische Theologie des Christentums ist vollständig, die nicht die doppelte politische Perspektive berücksichtigt. Diese beiden Perspektiven sind streng voneinander abhängig. Denn die Reiche dieser Welt sind der Versammlung der Gläubigen nicht einfach äusserlich: Nicht nur, weil die Mitglieder der Kirche zugleich Mitglieder der Reiche dieser Welt sind, sondern weil mit der Aussendung der Apostel die universale Verbreitung der frohen Botschaft verbunden ist, so, dass die Reiche nach der Menschwerdung Gottes nicht mehr sein können, was sie vorher waren.

Wenn nach diesem Gang durch die Geschichte der Politischen Theologie ein Ausblick gewagt werden soll, dann muss dieser Ausblick den zwei Perspektiven der Politischen Theologie Rechnung tragen. Er muss einerseits nach der Bedeutung von Kirche und nach dem Vergemeinschaftungspotenzial des christlichen Glaubens fragen. Und er muss andererseits die Bedeutung des Glaubens in den Gesellschaften der Gegenwart sowie das Verhältnis von Kirchen und Staat thematisieren. Gerne wird vom Niedergang der religiösen Welt seit und im Gefolge der Reformation gesprochen. Das Aufbrechen der religiösen Einheit der westlichen Welt habe zu einer Schwächung der Religion geführt. Säkularisierung ist das Schlagwort, mit dem diese Tendenz beschrieben wird: Die Welt erobert Bereiche, die vorher nicht weltlich bestimmt waren. Nach den Exzessen der religiösen Kriege und Bürgerkriege, die das Europa des 16. und 17. Jahrhunderts verwüstet haben, hat sich in Teilen der Bildungselite ein gewisser religiöser Überdruss breit gemacht, der die Tendenz zu religiöser Neutralität und Toleranz, aber auch zu erklärtem Atheismus begünstigt. Die Deutung der Aufklärung als eines Ausganges aus der selbstverschuldeten Unmündigkeit wird die Bedeutung von Religion im gesellschaftlichen Bereich beeinträchtigen. Denn Religion selbst wird als ein System der Unmündigkeit gedeutet, in das sich der Mensch begeben hat – und das er nun, aufgeklärt, hinter sich lassen kann.

Doch die Verbindung von philosophischer Aufklärung und politischer Säkularisierung, die sich dem Wesen des Staates selbst verdankt, ist nicht das Ganze. Zugleich ist mit der Reformation und Gegenreformation eine neue Intensivierung des religiösen Lebens zu beobachten, eine Intensivierung allerdings, die sich weniger in Institutionen als allererst in individuellen Haltungen und Gewohnheiten niederschlägt. ‹Die Kirche› ist nicht das einzige Organ der Religion und des Religiösen. Die durch die Reformation bewirkte Aufspaltung des Monolithes Kirche wird im weiteren Prozess auf nicht-katholischer Seite immer weiter getrieben, und zwar hin zu neuen Gestalten von Kirche, deren institutionelle Fassungen immer weicher werden. Verbunden damit – und das gilt nun für die katholische Kirche wie für die nicht-katholischen Kirchen – ist ein Prozess der Individualisierung zu beobachten, in dem das Gewissen und der Glaube sich immer weniger mit Institutionen identifiziert. Dieser Prozess betrifft im gleichen Masse seit dem späten 20. Jahrhundert den Staat.

Wer heute nach der Bedeutung des Christentums in der Gegenwart und in der Zukunft fragt, darf deshalb nicht den methodischen Fehler begehen, nach institutionell verfestigten Machtblöcken zu suchen, wie sie aus dem Mittelalter bekannt sind. Natürlich gibt es noch Reste von *regnum* und *sacerdotium*; sie werden beispielsweise in den verschiedenen nationalen Konkordaten sichtbar. Doch man sollte sich nicht täuschen lassen: Wie bedeutsam diese Konkordate auch erscheinen mögen, so ist es doch fraglich, ob sie die Tendenz der Gegenwart in die Zukunft hinein angemessen repräsentieren. Wer heute nach der politischen Bedeutung von Religion fragt, der wird – von einigen als zentral empfundenen Fragen wie der Abtreibung oder der Frage der Bedeutung der Konfessionen für das Schulsystem abgesehen – wenig Felder finden, in denen sich die Frage nach der politischen Bedeutung von Religion in den westlichen Staaten überhaupt noch institutionell verankern lässt. Eine defensive Antwort auf diese Frage besteht im Hinweis auf die zentrale Bedeutung des Christentums für die Werte der westlichen Gesellschaft. Freiheit, Demokratie, Gerechtigkeit, Menschlichkeit, so wird angenommen, seien das Erbe einer christlichen Kultur. Und sie seien nur durch eine christliche Kultur zu bewahren. Der Rückblick auf die Totalitarismen des 20. Jahrhunderts wird gerne herangezogen, um diese Behauptung zu untermauern.

Die Hinwendung der Kirchen und kirchlichen Organisationen zu den Fragen politischer Gerechtigkeit scheinen diese These zu stützen. Kirchen und kirchliche Organisationen erscheinen als das Gewissen der westlichen Welt. Doch in dieser Hinsicht stellt sich erstens die Frage, ob diese Rolle die genuine Funktion von christlicher Religion und Kirche ist. Und es stellt sich zweitens die Frage, ob nicht die Verstrickung der Kirchen in die Weltläufe und die Schuld, die sie im Laufe der Geschichte auf sich geladen haben, diese Rolle im richtigen Licht erscheinen lassen. Als politisches und soziales Gewissen jedenfalls sind die christlichen Grossorganisationen noch nicht allzu lange bekannt. Natürlich finden sich Spuren davon immer schon, es sei nur daran erinnert, wie Ambrosius den Kaiser Theodosius nach dem Massaker von Thessaloniki im 4. Jahrhundert vom Gottesdienst ausschliesst. Doch wird diese Rolle erst mit der Wahrnehmung der sozialen Frage im 19. Jahrhundert wirklich bedeutend. Die Behauptung, die zentralen Werte der westlichen Gesellschaft seien christlicher Natur, ist noch gewagter. Tatsächlich kann ebenso gut behauptet werden, dass die zentralen Werte der westlichen Gesellschaft, Freiheit, Demokratie, Gerechtigkeit und Toleranz, den Religionen abgekämpft worden sind. Wenn man die politische Geschichte dieser Ideen Revue passieren lässt, dann wird man feststellen, dass ihre Heraufkunft viel

stärker mit germanischen Traditionen, mit dem römischen Zivilrecht, mit naturrechtlichen Erwägungen, mit der humanistischen Renaissance der Antike und mit
dem Überdruss an den blutigen Folgen religiöser Rechthaberei verbunden ist als
mit der christlichen Lehre. In einer rechtfertigenden Geschichte des Christentums
mag man die Bedeutung des Christentums für dieses Wertesystem finden, doch
tatsächlich ist eine solche Deutung sehr fraglich. Nun mag man umgekehrt damit
argumentieren, dass dieses von uns so hoch geschätzte Wertesystem sich nur in
christlichen Gesellschaften entfaltet hat, in jener Welt nämlich, die die Westliche
genannt wird. Doch gegen dieses Argument steht die Wahrnehmung, dass all
diese Werte erst in dem Masse politisch bedeutsam geworden sind, in dem die
Bedeutung der organisierten christlichen Religionen abgenommen hat.

Wenn die politische Zukunft der christlichen Religion in ihren vielen Facetten
und Organisationsformen nicht aus einer traditionellen Verbundenheit mit dem
säkularen politischen Raum, etwa im Sinne einer Wertegarantie abgeleitet werden
kann, wohin kann dann der Blick gelenkt werden? Nun, allererst auf den Kern der
christlichen Botschaft: auf die Gotteskindschaft aller Menschen, auf die Vergebung der Sünden, auf die Mittlerschaft Jesu und auf die Hoffnung auf Erlösung.
Die politische Bedeutung des Christentums kann nicht anders als unter Bezug auf
diesen Kern gedacht werden. Wenn sich das Christentum auf die Rolle des mora-
lischen Agenten reduziert, dann wird es austauschbar. Diese Rolle können andere
gesellschaftlichen Akteure mindestens ebenso gut übernehmen, wenn nicht, da
frei von einer belastenden Geschichte, besser. Wenn das Christentum, wenn die
Kirchen nicht die Erinnerung an die Menschwerdung Gottes aufrechterhalten,
dann ist es nicht mehr Christentum. Die Frohe Botschaft geht nicht in einer mora-
lischen Botschaft auf: Die Frohe Botschaft ist die Gnade verheissende Botschaft
von der Menschwerdung Gottes, der Vergebung der Sünden. Das ist der Kern des
Christentums, und auf dieser Verheissung ruht die Hoffnung auf die Königsherrschaft Gottes auf.

Von der politisch-theologischen Zukunft des christlichen Glaubens zu sprechen
bedeutet erstens, dem Abstand Rechnung zu tragen, in dem die weltliche Organisation des Sozialen zum organisierten Glauben steht; und es bedeutet zweitens,
dem Individualisierungsschub Rechnung zu tragen, der seit der Reformation nicht
aufgehört hat, wirksam zu sein. Die Zukunft der Religion kann nicht nach den
Massstäben der Vergangenheit beschrieben werden, und der christliche Glaube
wird in der näheren Zukunft zweifellos andere Rollen spielen als die, die im
Gang durch die Geschichte der Politischen Theologie zu sehen waren. Man mag
das bedauern: Man mag den unverkennbaren politischen Bedeutungsverlust der
christlichen Kirchen in Europa beklagen und, wenngleich in modernisierter Ge-

stalt, einem Bündnis von Thron und Altar, von Demokratie und Kirche das Wort reden; man mag diesen Prozess der institutionellen Säkularisierung als Ursache eines gesellschaftlichen Niederganges und Werteverfalls geisseln. Doch es ist unverkennbar, welche Chancen die Zukunft dem Glauben und den Kirchen bietet – die Chance nämlich einer Rückbesinnung der Kirchen auf ihr Wesen. Eingebettet in das Spiel der Mächte sind die Kirchen immer Macht unter Mächten, Institution unter Institutionen: Ihre prophetische Stimme wird unhörbar im Stimmengewirr des politischen Positionskampfes, das Christentum wird zur Weltanschauung und – unabhängig davon, ob es konservativ oder kritisch auftritt – zum Sozialstabilisator.

Der Verlust der institutionellen Stabilität ist eine Chance für das Christentum, eine Chance für die Besinnung auf den Kern der christlichen Botschaft und auf den Kern der Politischen Theologie. Denn die Konzentration auf die Verteidigung der Institution, die Beharrung auf der ‹Volkskirchlichkeit› und die Teilnahme am Spiel der Mächte bedeutet unweigerlich einen Verlust der Konzentration auf den soteriologischen Kern des Christentums. Tatsächlich scheint es, als ob die institutionelle Schwächung der christlichen Kirchen unter dem Druck der Modernisierung und der so genannten ‹Säkularisierung› den Weg zu einer unerwarteten Stärkung des Glaubens freimachen könnten. In der Church of England, um nur ein Beispiel zu nennen, mehren sich die Stimmen, die das so genannte *disestablishment* der Kirche fordern, den freiwilligen Verzicht auf ihre Rolle als Staatsreligion und damit verbunden den Verzicht auf unzählige Privilegien – wie z. B. die garantierten Sitze im Oberhaus und die bevorzugte Stellung im Erziehungswesen. Denn erkauft werden diese Privilegien um den Preis einer Abhängigkeit vom Staat, die theologisch durch nichts zu rechtfertigen ist. Dabei geht es nicht nur um die Besetzung des Erzbistums von Canterbury, des *Primas* der Church of England durch den Premierminister. Tatsächlich wird von den Befürwortern eines solchen *disestablishments* angeführt, dass die Kirche nur so ihre Freiheit wieder gewinnen, nur so an die Tradition der Urkirche anknüpfen und das heisst auch nur so eine neue Attraktivität gewinnen könnte. Ähnliches deutet der vormalige Kurienkardinal Ratzinger und jetzige Papst Benedikt XVI. an, wenn er die Christen daran erinnert, dass sie einem Wort Jesu zufolge das Salz der Erde sein sollten.

Die Sorge um eine institutionelle Schwächung ist ein ganz und gar europäisches Problem, ein Problem, in dessen Sog die protestantischen Kirchen und die römisch-katholische Kirche gleichermassen geraten sind. Ob es eine solche Schwächung tatsächlich gibt, ist fraglich. Was es jedoch sicherlich gibt, ist ein Anerkennungsproblem, vor dem die Kirchen in Europa stehen. Kirchen sind fragwürdig geworden, ihre Autorität schwindet, und zwar nicht nur ihre politische Autorität, sondern auch das, was den Kern ihrer Existenz bedeutet, wird fragwürdig: die heilsverbürgende Verwaltung der Sakramente. Cyprians Satz: «Es ist kein Heil ausserhalb der Kirche» wird einer Kultur unverständlich, die darauf baut, dass der Einzelne seine Lebensfragen selbst beantwortet. Warum sollte dieser Einzelne nicht auch selber den Weg zu Gott finden, ist die Kirche nicht eine illegitime Institution, die sich zwischen den Einzelnen und Gott stellt? Der Individualisierungsschub der letzten hundert Jahre tut dazu sein Übriges. Die Schwächung der traditionalen Bande, die Schwächung der Einbettung des Einzelnen in Gruppen, die seine Identität und seine Lebensentscheidungen (mit-) bestimmen, diese Schwächung trifft ganz wesentlich die Kirchen. Der Glaube erscheint als das Resultat einer individuellen Entscheidung, nicht als das Resultat einer vorgegebenen Zugehörigkeit. Doch eben in dieser Spannung erwächst die Chance eines Christentums, das sich auf den Glauben besinnt. Vielleicht ist das Anerkennungsproblem, vor dem die Kirchen in Europa stehen, nur zu notwendig, um hervorzuheben, dass Kirche allererst *corpus Christi*, Gemeinschaft der Heiligen ist, und dann erst eine rechtlich verfasste, mehr oder weniger hierarchisch organisierte verfestigte Einrichtung in dieser Welt.

Die gegenwärtige Situation erinnert auf gewisse Weise an die Reformation: Die Zukunft ist offen, aus der Gegenwart ist sie kaum abzuleiten. Institutionell restaurativen Tendenzen stehen Tendenzen einer neuen Bescheidenheit in den Kirchen gegenüber, die es möglich machen sollten, das Wesen der Kirche wieder in den Blick zu nehmen. Das Zeitalter des aggressiven politischen Atheismus ist vorbei und hat einem schleichenden, sanften Atheismus Platz gemacht. Doch die Frage nach dem politischen Gehalt des christlichen Glaubens bleibt eine Herausforderung, an der die Christen und die Kirchen ihren Prüfstein finden. Und zwar sowohl mit Blick auf die Binnenverfassung der Kirchen als auch mit Blick auf das Verhältnis des christlichen Glaubens zur Welt. Auf diese Herausforderung gibt es nicht einfach eine richtige Antwort. Konfrontiert sind wir allererst mit einer Vielfalt von Praktiken, durch die sich Christen und Kirchen zueinander und zur Welt verhalten. Natürlich sind auch Christen Kinder ihrer Zeit und Bürger ihres Staates. Doch ihre Heimat haben sie, mit dem Brief an die Epheser zu sprechen, im Himmel, und das Reich, das sie ersehnen, ist nicht von dieser Welt. Und deshalb kann der politische Gehalt des Christentums nicht einfach im Rahmen der politischen Legitimitätsvorstellungen der Gegenwart entfaltet werden. Wo das übersehen wird, ist keine Kirche. Der christliche Glaube ist nicht das Korrektiv einer mehr oder weniger erfreulichen Gegenwart; er ist nicht einfach soziale Mahnung, Diskursfundament, moralischer Halt oder was auch immer. Der christliche Glaube ist allererst der Glaube an den dreieinigen Gott und die Verheissung der Erlösung. Und das steht einer jeden säkularen Auflösung sperrig gegenüber.

Der christliche Glaube ist nicht modern, doch er ist auch nicht anti-modern. Er steht in Distanz zu jeder Zeit, die die Weltgeschichte rechnet. Doch der Christ und die christlichen Kirchen können nicht beiseite stehen, da sie zur *imitatio Christi* aufgerufen sind. Das Vorbild der Menschwerdung Gottes und das Gebot der Nächstenliebe zwingen den Christen und die Kirchen in die Welt, in der sie sich bewähren müssen. Doch nicht nach dem Gesetz der Welt bemisst sich ihre Bewährung, sondern nach ihrem Glauben.

Die Zukunft des Christentums wird sich in der Spannung von Institution und Individuum ereignen. Diese Spannung ist nicht neu, sie bestimmt das Wesen des Christentums seit den ersten Gemeindebildungen. Das Christentum zeichnet sich gerade durch den Versuch aus, die hohe Wertschätzung des Individuums mit der Betonung der gläubigen Vergemeinschaftung zu verbinden. Nichts ist falscher als die Gegenüberstellung einer kalten Institution und des warmherzigen Gläubigen. Tatsächlich ist die christliche Institution selber ganz und gar mystisch bestimmt, als *corpus Christi* nämlich. Dass die Kirche sich ins Reich des Rechts begeben hat – und zwar sowohl die katholische als auch die protestantischen Kirchen – ändert nichts an der wesentlichen Bestimmung der Kirche als der Gemeinschaft der Heiligen. Gleichwohl ist nicht zu verkennen, in welchem Masse die Kirchen in Europa einem semantischen Wandel unterworfen sind. Aus der heilsgeschichtlichen Grösse, aus der universalen Repräsentation der Christenheit ist in der öffentlichen Wahrnehmung eine Mehrzahl von machtbesessenen Institutionen geworden, die das Leben des Glaubens eher behindern denn fördern, die den Zugang zu Gott eher verstellen denn offen halten. Das spätmoderne Ressentiment gegen Institutionen gilt den Kirchen noch mehr als dem Staat, der wenigstens durch seine Nützlichkeit gerechtfertigt werden kann. Der ökonomischen Rationalität kann Kirche nichts gelten – jedenfalls nichts, was mit dem Wesen von Kirche zu tun hätte. Dass Kirche aus Freiheit ist, erscheint dem modernen Individualismus unglaublich, der nur die grossmächtige Institution sieht, die disziplinarischen Funktionen, die zwingende Vergemeinschaftung.

Die Zukunft des Christentums wird ganz wesentlich durch seine Politische Theologie bestimmt. Durch sein Verhältnis zur Welt ebenso wie durch die interne Struktur der Gemeinschaft der Heiligen. Der Rückblick auf die Stationen und Positionen in der Entwicklung der Politischen Theologie sollte nicht zuletzt das Bewusstsein für die Notwendigkeit schärfen, das politische Potenzial des Christentums in Rechnung zu stellen – gegen die Einkapselung des Individuums gleichermassen wie gegen die Furcht vor der Übermächtigkeit der Institutionen. Die Wahrnehmung einer fundamentalen Abhängigkeit als Freiheit zu buchstabieren, das ist eine Botschaft des Christentums. Doch damit ist nicht jede Abhängigkeit legitimiert, sondern nur diejenige, die tatsächlich als Freiheit erscheinen kann.

Kommentierte Bibliografie

Im Folgenden ist die wichtigste Literatur zum Thema nach Kapiteln geordnet angeführt. Die Liste kann und will weder Repräsentativität noch Vollständigkeit beanspruchen. Eine gewisse Willkürlichkeit liess sich angesichts der Breite des Themas und der Fülle der Literatur nicht vermeiden.

I. Allgemeines

Kirchengeschichten: ein Klassiker: Adolf von Harnack: Lehrbuch der Dogmengeschichte, 4. Aufl. 1910; eine knappe Kirchengeschichte aus evangelischer Perspektive: Bernd Moeller: Geschichte des Christentums in Grundzügen, Göttingen 1996; ein neues, studienorientiertes und informationsreiches Werk: Wolf-Dieter Hauschild: Lehrbuch der Kirchen- und Dogmengeschichte, 2 Bände Gütersloh 1999f; detailliert und umfangreich: Hubert Jedin (Hrsg.): Handbuch der Kirchengeschichte, Freiburg 1962ff; ein grosse katholische Kirchengeschichte: J. Mayer (Hrsg.): Die Geschichte des Christentums, Freiburg 1991ff.

Kirchenrecht: Die klassische Ausgabe des Corpus Iuris Canonici ist herausgegeben von Emil Friedberg, Leipzig 1879; grundlegend mit weiterer Literatur: Gerhard Rau u. a.: Das Recht der Kirche. Bd. II: Zur Geschichte des Kirchenrechts, Gütersloh 1995; ein kontroverser Klassiker: Rudolph Sohm: Kirchenrecht (1892), 2. Aufl. Berlin 1923.

Der grosse Klassiker zum Verhältnis von Kirche und Staat bzw. Gesellschaft: E. Troeltsch: Die Sozialleheren der christlichen Kirchen und Gruppen, Tübingen 1911.

Unerlässlich ist der Rückgriff auf die Originaltexte der Glaubensbekenntnisse: Heinrich Denzinger (Begr.): Enchiridion symbolorum … (Kompendium der Glaubensbekenntnisse und kirchlichen Lehrentscheidungen), verbessert, erweitert, ins Deutsche übertragen, hrsg. von P. Hünermann, Freiburg 1991; Die Bekenntnisschriften der Evangelisch-Lutherischen Kirche, Göttingen 1976.

A. Mirbt (Hg.): Quellen zur Geschichte des Papsttums und des römischen Katholizismus, Tübingen 1967.

Eine hervorragende Einführungen in das Politische Denken des Mittelalters mit starker Betonung des politischen Denkens des Christentums: J. H. Burns (ed.): The Cambridge History of Medieval Political Thought c. 350–c.1450, Cambridge 1988.

Das Werk zur gegenseitigen Beeinflussung von säkularem und geistlichem politischen Denken: Ernst H. Kantorowicz: Die zwei Körper des Königs. Eine Studie zur Politischen Theologie des Mittelalters, München 1990.

Ein Überblickswerk zur Ekklesiologie: Yves Congar: Die Lehre von der Kirche, 2 Bände, Freiburg 1971.

Jan Assmann: Herrschaft und Heil. Politische Theologie in Altägypten, Israel und Europa, München 2000.

II. Paulus

Als den Begründer der christlichen Religion hat Paulus in einem einflussreichen Werk dargestellt: Wilhelm Wrede: Paulus 1905. Eine Rekonstruktion der ganzen Schärfe der paulinischen Theologie versucht Karl Barth in dem einflussreichen Römerbrief-kommentar (1922). Ein Standardwerk zu Paulus ist Günter Bornkamm: Paulus, Stuttgart 1969; eine hübsche kleine Einführung gibt E. P. Sanders: Paulus bei Reclam. Die verschiedenen Aspekte des Körper-Denkens bei Paulus entfaltet John A. T. Robinson: The Body. A Study in Pauline Theology, London 1952. Zur jüdischen Tradition des Körperbegriffes vgl. J. Rogerson: The Hebrew Conception of Corporate Personality. A Re-Examination, in: Journal of Theological Studies XXI (1970). Zu unserem Thema das einschlägige ‹Werk›: Jacob Taubes: Die Politische Theologie des Paulus. Vier Vorträge. Hrsg. von Jan und Aleida Assmann, München 1993. Einen Überblick über die antike politische Theologie gibt Jan Assmann: Politische Theologie zwischen Ägypten und Israel, München 1992 (= Carl Friedrich von Siemens Stiftung, Themen LII).

III. Kirchenväter

Die Schriften der Kirchenväter sind auf Deutsch am leichtesten in der im Kösel Verlag, Kempten erschienenen Bibliothek der Kirchenväter zugänglich (im Text als BKV, gefolgt von Bandnummer und Seitenzahl), auf französisch in den bei den Éditions du Cerf, Paris, erschienenen Sources Chrétiennes. Die autoritative Gesamtausgabe der Kirchenväter – das geht bei Migne bis zu Innozenz III. – hat J.-P. Migne unter dem Titel Patrologiae Cursus Completus – und dann L für die lateinischen Texte, G für die griechischen – zwischen 1844 und 1866 herausgegeben (Im Text als Migne gefolgt von Bandnummer und Spaltenzahl).

Ausgewählte Dokumente zum Verhältnis von Christentum und weltlicher Gesellschaft versammeln Hugo Rahner: Kirche und Staat im frühen Christentum. Dokumente aus acht Jahrhunderten und ihre Deutung, München 1961, und R. M. Grant: Early Christianity and Society, San Francisco 1977.

Einen Überblick über das Feld der Gnosis geben H. Jonas: Gnosis und spätantiker Geist, Göttingen 1934; K. Rudolph: Die Gnosis. Wesen und Geschichte einer spätantiken Religion, Göttingen 1977, und auf eine moderne Weise problemorientiert, Elaine Pagels: Versuchung durch Erkenntnis. Die gnostischen Evangelien, Frankfurt/M. 1979.

Zur Herausbildung der Ämterordnung im Christentum: Hans Freiherr von Campenhausen: Kirchliches Amt und geistliche Vollmacht in den ersten drei Jahrhunderten, Tübingen 1953; G. G. Blum: Tradition und Sukzession. Studien zum Normbegriff des Apostolischen von Paulus bis Irenäus, Berlin, Hamburg 1963; Anneliese Adolph: Die Theologie der Einheit der Kirche bei Cyprian, FfM u. a. 1993; Jean Colson: L'épiscopat catholique. Collégialité et primauté dans les trois premiers siècles de l'église, Paris 1963.

Die grosse Auseinandersetzung um die Bewertung der Institutionalisierung des Christentums fand zwischen Rudolph Sohm und Adolf von Harnack um Sohms These vom Sündenfall des Christentums durch die Entwicklung rechtlicher Organisation statt. Vgl. Rudolph Sohm: Wesen und Ursprung des Katholizismus, in: Abhandlungen der philologisch-historischen Klasse der Sächsischen Gesellschaft der Wissenschaften Bd. 27, Heft 3, (1909); ders.: Das altkatholische Kirchenrecht und das Dekret Gratians, München, Leipzig 1918; Adolf von Harnack: Lehrbuch der Dogmengeschichte, 4. Auflage Tübingen 1909f, insbesondere Harnacks Auseinandersetzung mit Sohm in: Urchristentum und Katholizismus, Leipzig 1909.

Die Einfügung der christlichen Kirche ins römische Recht entfaltet Gerda Krüger: Die Rechtsstellung der vorkonstaninischen Kirchen, Stuttgart 1935 – wichtig, da hier die römisch-rechtliche Imprägnierung entscheidender theologischer Topoi entdeckt werden kann.

Zur Herausbildung des römischen Primates: Anton Michel: Der Kampf um das politische oder petrinische Prinzip der Kirchenführung, in: Alois Grillmaier, Heinrich Bacht (Hrsg.): Das Konzil von Chaldekon, 2 Bände Würzburg 1951ff; Pierre Batiffol: Cathedra Petri. Études d'histoire ancienne de l'église, Paris 1938; Michele Maccarone: ‹Cathedra Petri› und die Idee der Entwicklung des päpstlichen Primats vom 2. bis 4. Jahrhundert, in: Saeculum 13 (1962); Walter Ullmann: Leo I and the Theme of Papal Primacy, in: Journal of Theological Studies NS 11 (1960); P. A. McShane: La Romanitas et le pape Léon le Grand. L'apport culturel des institutions impériales à la formation des structures ecclésiastiques 1979.

IV. Späte Kirchenväter und Mittelalter

H. Berkhof: Kirche und Kaiser. Eine Untersuchung der Entstehung der byzantinischen und theokratischen Staatsauffassung im 4. Jahrhundert, Zürich 1947.

Eusebius erscheint als der erste grosse christliche Theoretiker, der eine heilsgeschichtliche Deutung des Römischen Reiches darstellt: Friedhelm Winkelmann: Eusebius von Kaisarea, Berlin 1991; H. A. Drake: In Praise of Constantine. A Historical Study and New Translation of Eusebius' Tricennial Orations, Berkeley u. a. 1976; kritisch gegen eine christliche Indienstnahme des Imperiums, vor dem Hintergrund der Situation des Christentums im Dritten Reich: Erik Peterson: Monotheismus als politisches Problem. Ein Beitrag zur Geschichte der politischen Theologie im Imperium Romanum, Leipzig 1935.

Die Literatur zum grössten aller Kirchenväter ist unübersehbar. Für unser Thema das entscheidende Werk ist Augustinus: Der Gottesstaat, übers. und hrsg. von W. Thimme, München 1977. Zwei gute Einführungen: Peter Brown: Augustinus von Hippo, Frankfurt/M. 1982; R. A. Markus: Saeculum. History and Society in the Theology of St. Augustine, Cambridge u. a. 1970. Ferner Joseph Ratzinger: Volk und Haus Gottes in Augustins Lehre von der Kirche, München 1954; Armin Adam: Heilsgeschichtliche Soziologie. Augustinus' negative Politische Theologie, in: Zeitschrift für Politik 42 (1995); D. F. Donelly, M. A. Shermann: Augustine's De civitate Dei. An annotated Bibliography of Modern Criticism, New York 1991.

Zur Entfaltung der Zwei-Reiche-Lehre in eine Zwei-Gewalten-Lehre: R. A. Markus: The Sacred and the Secular: From Augustine to Gregory the Great, in: Journal of Theological Studies n. s. 36 (1985); H. X. Arquillière: L'Augustinisme Politique.

Essai sur la formation des théories politiques du Moyen-Age, 2. Aufl. Paris 1972; Walter Ullmann: Gelasius I. Das Papsttum an der Wende zur Spätantike, Stuttgart 1981; Wilhelm Ensslin: Auctoritas und Potestas. Zur Zweigewaltenlehre des Papstes Gelasius I., in: Historisches Jahrbuch 74 (1955); Wilhelm Koelmel: Regimen christianum. Wege und Ergebnisse des Gewaltenverhältnisses und des Gewaltenverständnisses. 8.–14. Jahrhundert, Berlin 1970; Ulrich Duchrow: Christenheit und Weltverantwortung. Traditionsgeschichte und systematische Struktur der Zweireichelehre, Stuttgart 1983; H. Hoffmann: Die beiden Schwerter im Hohen Mittelalter, in: Deutsches Archiv 20 (1933); Lotte Knabe: Die gelasianische Zweigewaltentheorie bis zum Ende des Investiturstreits, 1936.

Den *translatio*-Gedanken und seine Hintergründe behandeln: Horst Fuhrmann: Konstantinische Schenkung und Sylvesterlegende in neuerer Sicht, in: Deutsches Archiv 15 (1959); Werner Goez: Translatio imperii. Ein Beitrag zur Geschichte des Geschichtsdenkens und der politischen Theorien im Mittelalter und in der frühen Neuzeit, 1958; P. E. Schramm: Kaiser, Rom und Renovatio. Studien und Texte zur Geschichte des römischen Erneuerungsgedanken vom Ende des karolingischen Reiches bis zum Investiturstreit, Darmstadt 1962.

Aus der Literatur zum Investiturstreit, seinem politischen und rechtlichen Hintergrund seien herausgegriffen: Uta-Renate Blumenthal: Der Investiturstreit, Stuttgart 1982 (mit ausführlicher überarbeiteter Bibliografie in der englischen Ausgabe Philadelphia 1988); Irene Schmale-Ott: Ausgewählte Quellen zur deutschen Geschichte des Mittelalters Bd. 12 a/b, Darmstadt 1978/84 (zweisprachig, 12a ausgewählte Briefe Gregors VII., 12b über den Streit von *regnum* und *sacerdotium*); G. D. Ladner: Theologie und Politik vor dem Investiturstreit, Darmstadt 1968. Gerd Tellenbach deutet den Investiturstreit und die Reformen des 11./12. Jahrhunderts als Kampf um die Freiheit der Kirche: Libertas. Kirche und Weltordnung im Zeitalter des Investiturstreits, Stuttgart 1936. Harold J. Berman hebt die Bedeutung der Entwicklung des kanonischen Rechtes im 11. und 12. Jahrhundert für die westliche Rechtstradition hervor: Recht und Revolution. Die Bildung der westlichen Rechtstradition, Frankfurt/M. 1991.

L. J. F. Meulenberg: Der Primat der römischen Kirche im Denken und Handeln Gregors VII., Rom 1956; Hellmut Kämpf: Canossa als Wende, Darmstadt 1969; Karl Jordan: Das Zeitalter des Investiturstreits als politische und geistige Wende des abendländischen Hochmittelalters, in: Geschichte in Wissenschaft und Unterricht 23 (1972); S. Chodorow: Christian Political Theory and Church Politics in the Mid-Twelfth Century. The Ecclesiology of Gratian, 1972.

Die Übersetzung des *Corpus-Christi*-Konzeptes von der Eucharistie in ein politisches Strukturprinzip entfaltet Henri de Lubac in dem schönen Buch: Corpus Mysticum. Eucharistie und Kirche im Mittelalter, Einsiedeln 1969.

Zur Hervorhebung des päpstlichen Primates in der Kirche des Hohen Mittelalters: G. B. Ladner: The Concepts of Ecclesia and Christianitas and their Relation to the Idea of Papal Plenitudo Potestatis from Gregory VII to Boniface VIII, Rom 1954; John A. Watt: The Theory of Papal Monarchy in the Thirteenth Century. The Contribution of the Canonists, New York 1965; Jacques Rivière: In partem sollicitudinis. Evolution d'une formule pontificale, in: Revue des Sciences Religieuses 5 (1925); Walter Ullmann: The Growth of Papal Government in the Middle Ages, 1958.

Zur Zwei-Gewalten-Lehre im Hohen Mittelalter und den Protagonisten der Auseinandersetzung: J. Leclerc: L'argument des deux glaives (Luc XXII,38) dans les controverses politiques du moyen-age, in Recherches des sciences religieuses 21 (1931) und 22 (1932); H. Tillmann: Papst Innozenz III., 1954; Wilhelm Imkamp: Das Kirchenbild Innozenz III., Stuttgart 1983; M. Pacaut: L'Autorité pontificale selon Innocent IV, in: Moyen Age 66 (1960); J. B. Strayer: The Reign of Philip the Fair, Princeton 1980; Walter Ullmann: Die Bulle Unam Sanctam, in: Römische Historische Mitteilungen 16 (1974).

V. Reformation

Die politisch-theologische Dimension der Auseinandersetzung zwischen Papalisten und Konziliaristen ist in der englischsprachigen Forschung besonders entfaltet worden: Brian Tierney: Foundations of the conciliar theory. The contribution of the medieval canonists from Gratian to the Great Schism, Cambridge 1955; Brian Tierney: Origins of Papal Infallibility 1150–1350. A study on the concepts of infallibillity, sovereignity and tradition in the Middle Ages, Leiden 1972; Brian Tierney: Church, Law, and Constitutional Thought in the Middle Ages, 1979; K. Pennington: Popes and Bishops. A Study of the Papal Monarchy in the Twelfth and Thirteenth Century, 1984; William D. McCready (Hrsg.): The Theory of Papal Monarchy in the Fourteenth Century, Toronto 1982; Ludwig Buisson: Potestas et Caritas. Die päpstliche Gewalt im Spätmittelalter, 1958.

Auf den sich herausbildenden Staat beziehen die theologischen und rechtlichen Diskussionen: H. G. Walther: Imperiales Königtum, Konziliarismus und Volkssouveränität. Studien zu den Grenzen des mittelalterlichen Souveränitätsgedankens, München 1976; Gaines Post: Studies in Medieval Legal Thought. Public Law and the State 1100–1322, Princeton 1964; Ernst H. Kantorowicz: Die zwei Körper des Königs. Eine Studie zur Politischen Theologie des Mittelalters, München 1990; S. Mochi Onory: Fonte canonistiche dell'idea moderna dello stato, Mailand 1951; F. Calasso: I glossatori e la teoria della sovranità, 1957; A. H. Chroust: The Corporate Idea and the Body Politic in the Middle Ages, in: Review of Politics 9 (1947); Brian Tierney: Religion, Law and the Growth of Constitutional Thought 1150–1650, Cambridge 1982.

Friedrich Merzbacher: Wandlungen des Kirchenbegriffs im Spätmittelalter, in: ZSavRG Kan XXXIX, 1953.

Die franziskanischen Einsprüche gegen die Theo-Politik des Papsttumes werden wegweisend von William von Ockham im Dialogus, übers. und hrsg. von Jürgen Miethke, Darmstadt 1992, und von Marsilius von Padua in seinem ‹defensor pacis›, Verteidiger des Friedens (versch. Ausgaben) entfaltet. Vgl. A. S. McGrade: The Political Thought of William of Ockham. Personal and Institutional Principles, Cambridge 1974; Jürgen Miethke: Ockhams Weg zur Sozialphilosophie, Berlin 1969; J. Quillet: La philosophie politique de Marsile de Padoue, Paris 1970; Michael Löffelberger: Das Verhältnis zwischen Staat und Kirche im ‹defensor pacis›, Berlin 1992.

Zum Konziliarismus in seinen verschiedenen Ausprägungen: A. Black: Monarchy and Community. Political Ideas in the Later Conciliar Controversy, Cambridge 1970; F. Oakley: Natural Law, Conciliarism and Consent in the Later Middle Ages, 1984; Yves Congar: Quod omnes tangit ab omnibus tractari et approbari debet, in: Revue historique de droit français et étranger. 4. Serie 36 (1958) – das Thema gewinnt im Vor- und Umfeld des Zweiten Vatikanischen Konzils an Bedeutung, wie man das auch an den vermehrten Publikationen zum kollegialistischen Prinzip und zum römischen Primat in der frühen Kirche sehen kann; zu zwei grossen Gestalten des Konziliarismus vor und während Konstanz: Hermann Heimpel: Dietrich von Niem, Münster 1932; L. B. Pascoe: Jean Gerson. Principles of Church Reform, Leiden 1973; ein Forschungsüberblick: Ansgar Frenken: Die Erforschung des Konstanzer Konzils (1414–1418) in den letzten 100 Jahren, in: Annuarium Historiae Conciliorum 25 (1993); W. Krämer: Konsens und Rezeption. Verfassungsprinzipien der Kirche im Basler Konziliarismus, Münster 1980; J. W. Stieber: Pope Eugenius IV., the Council of Basel, and the Secular and Ecclesiastical Authorities in the Empire: The Conflict over Supreme Authority and Power in the Church, Leiden 1978.

Vorläufer der Reformation, neue Organisationsmodelle des Christentums: Herbert Grundmann: Religiöse Bewegungen im Mittelalter, Berlin 1935; M. J. Wilks: Reformatio Regni. Wyclif and Hus as Leaders of Religious Protest Movements, in: Studies in Church History 9 (1972).

Zur Reformation im Allgemeinen: Bernd Moeller: Deutschland im Zeitalter der Reformation, Göttingen mehrere Auflagen.

Luther: Als für den Kontext der Politischen Theologie wichtige Schriften wären zuallererst zu nennen: An den christlichen Adel deutscher Nation von des christlichen Standes Besserung; Von dem Papsttum zu Rom wider den hochberühmten Romanisten zu Leipzig; Von weltlicher Obrigkeit. Wie weit man ihr Gehorsam schuldig sei; Dass ein christlich Versammlung oder Gemeine Recht und Macht habe, alle Lehre zu urteilen und Lehrer zu berufen, ein und abzusetzen, Grund und Ursach aus der Schrift. Eine Auswahl der Werke in modernem Deutsch gibt die so genannte Calwer Luther-Ausgabe, als Taschenbuchausgabe beim Gütersloher Verlagshaus. Die autoritative Ausgabe bleibt jedoch die Weimarer Ausgabe (im Text als WA, gefolgt von Band- und Seitenzahl). Einführungen geben Heiko A. Obermann: Luther – Mensch zwischen Gott und Teufel (verschiedene Ausgaben); Dietrich Korsch: Martin Luther. Zur Einführung, Dresden 1997, und Bernhard Lohse: Luthers Theologie in ihrer Entwicklung und ihrem systematischen Zusammenhang, Göttingen 1995. Die dramatische Konfrontation untersucht auf ihren Hintergrund: G. Henning: Cajetan und Luther. Ein historischer Beitrag zur Begegnung von Thomismus und Reformation, Stuttgart 1966. Das Rechtsdenken Luthers analysiert Johannes Heckel: Lex Caritatis. Eine juristische Untersuchung über das Recht in der Theologie Martin Luthers, München 1953.

Leicht zugänglich sind Huldrych Zwinglis Texte in den im Züricher Theologischen Verlag erschienen ‹Schriften›, hrsg. von Thomas Brunnschweiler und Samuel Lutz. Eine gute Einführung gibt Ulrich Gäbler: Huldrych Zwingli. Leben und Werk, Zürich 2004; eine problemorientierte Einführung gibt Berndt Hamm: Zwinglis Reformation der Freiheit, Neukirchen-Vluyn 1988.

Calvin: Das wichtigste Werk sind die Institutionen (verschiedene Ausgaben und Auflagen), die wichtigsten restlichen Schriften Calvins sind leicht zugänglich in der Calvin-Studienausgabe, hrsg. von E. Busch u. a., Neukirchen 1994. Eine gute Einführung gibt Francois Wendel: Calvin. Ursprung und Entwicklung seiner Theologie, Neukirchen 1968. Wilhelm van't Spijker: Calvin, Göttingen 2001; J. Bohatec: Calvins Lehre von Staat und Kirche, Breslau 1937. Die Ausbreitung calvinistischen Gedankengutes skizziert M. Prestwich (Hrsg.): International Calvinism 1541–1715, Oxford 1985.

Die Entwicklung des evangelischen Kirchenrechtes skizzieren: Martin Honnecker: Cura Religionis Magistratus Christiani. Studien zum Kirchenrecht im Luthertum des 17. Jahrhunderts, München 1968, und Martin Heckel: Staat und Kirche nach den Lehren der evangelischen Juristen Deutschlands in der ersten Hälfte des 17. Jahrhunderts, München 1968.

Zum Konzil von Trient und zur so genannten Gegenreformation: Hubert Jedin: Geschichte des Konzils von Trient. 3 Bände Freiburg 1951ff; Ernst Walter Zeeden: Das Zeitalter der Gegenreformation (Freiburg 1967); Hubert Jedin: Katholische Reformation und Gegenreformation (Handbuch der Kirchengeschichte 4, Freiburg 1967). Ein umfasssendes Bild auf dem neuesten Stand der Forschung geben Robert Bireley: The Refashioning of Catholicism 1450–1700. A Reassessment of the Counter Reformation, 1999; Ronnie Po-chia Hsia: Gegenreformation. Die Welt der katholischen Erneuerung 1540–1770, Frankfurt 1998; Michael A. Mullet: The Catholic Reformation, 1999.

VI. Neuzeit

Einführungen ins politische Denken der Neuzeit: Quentin Skinner: The Foundations of Modern Political Thought, 2 Bände Cambridge 1978; J. H. Burns with Mark Goldie (eds.): The Cambridge History of Political Thought 1450–1700, Cambridge 1991; Iring Fetscher, Herfried Münkler (Hrsg.): Pipers Handbuch der politischen Ideen, Bd.3: Neuzeit, München 1985.

Machiavelli, die Geburt eines neuen Denkens und seine Konsequenzen: Herfried Münkler: Machiavelli, Frankfurt 1984; J. G. A. Pockock: The Machiavellian Moment. Florentine Political Thought and the Atlantic Republican Tradition, Princeton 1975; Friedrich Meinecke: Die Idee der Staatsräson, München 1924; Michael Stolleis: Staat und Staatsräson in der frühen Neuzeit. Studien zur Geschichte des öffentlichen Rechts, Frankfurt 1990.

Das politische Denken im Frankreich der Konfessionskriege: Das wichtigste Werk ist von Jean Bodin: Sechs Bücher über den Staat. Hrsg. von P. C. Mayer-Tasch, München 1981, und dazu als Einführung: P. C. Mayer-Tasch: Jean Bodin. Eine Einführung in sein Leben, sein Werk und seine Wirkung, Düsseldorf 2000. Roman Schnur: Die französischen Juristen im konfessionellen Bürgerkrieg des 16. Jahrhunderts, Berlin 1962; H. A. Lloyd: The State, France and Sixteenth Century, London 1983; A. Buisson: Michel de L'Hospital, Paris 1950. Zu den so genannten Monarchomachen: Eine Sammlung der drei wichtigsten monarchomachischen Texte gibt Jürgen Dennert: Beza, Brutus, Hotman. Calvinistische Monarchomachen, Köln, Opladen 1968. Dazu F. J. Baumgartner: Radical Reactionaries. The Political Thought of the French Catholic League, Genf 1975; E. Wolgast: Die Religionsfrage als Problem des Widerstandsrechts im 16. Jahrhundert, in: Sitzungsberichte der Heidelberger Akademie der Wissenschaften, Phil.-Hist. Klasse 1980.

Zur Frage der Säkularisierung: Carl Schmitt: Politische Theologie (1922), mehrere Auflagen. Karl Löwith: Weltgeschichte und Heilsgeschehen. Die theologischen Voraussetzungen der Geschichtsphilosophie (mehre Auflagen und Ausgaben); den politischen Einsatz verliert nie aus den Augen Hermann Lübbe: Säkularisierung. Geschichte eines ideenpolitischen Begriffs, Freiburg/München 1965, in Auseinandersetzung mit Carl Schmitt: Hans Blumenberg: Säkularisierung und Selbstbehauptung (= erw. und überarb. Neuausg. von ‹Die Legitimität der Neuzeit›), FfM 1974; zur Debatte über Säkularisierung: Armin Adam, Säkularisierung? Anmerkungen zu einer deutschen Debatte, in: Mathias Hildebrandt, Manfred Brocker, Hartmut Behr (Hrsg.): Säkularisierung und Sakralisierung in westlichen Gesellschaften, Wiesbaden 2001.

Kirche und Staat in England: Ein Klassiker zum politischen Denken der frühen Neuzeit ist J. N. Figgis: The Divine Right of Kings (1896), verschiedene Ausgaben; ein Sammelband über Heinrich VIII. mit weiterführender Literatur: A. Fox, J. A. Guy: Reassessing the Henrican Age, Oxford 1986. Zum Anglikanismus und zur englischen Reformation: S. C. Neill: Anglicanism 1977; Arthur Geoffrey Dickens: The English Reformation, London 1964. P. Holmes: Resistance and Compromise. The Political Thought of the Elizabethan Catholics, Cambridge 1982. Über die intellektuelle Beziehung zwischen Frankreich und England: J. H. M. Salmon: The French Religious Wars in English Political Thought, Oxford 1959. Der grosse Theoretiker des 17. Jahrhunderts ist Thomas Hobbes mit seinem Leviathan, Frankfurt 1984. Dazu Armin Adam: Allmacht, Nichtwissen, Ohnmacht. Thomas Hobbes' Politische Theologie, in: Rüdiger Voigt (Hrsg.): Der Leviathan, Baden-Baden 2000, und ders.: Despotie der Vernunft? Hobbes, Rousseau, Kant, Hegel, Freiburg, 2. Auflage 2002. J. Morril: The Religious Context of the English Civil War, in: Transactions of the Royal Historical Society 34. Eine sehr gute und lesbare Kirchengeschichte: John H. Moorman: A History of the Church in England, mehrere Auflagen.

Zur Toleranz: Joseph Leclerc SJ: Geschichte der Toleranz im Zeitalter der Reformation, Stuttgart 1965; ein Klassiker: John Locke: Brief über Toleranz, Hamburg 1957.

Die Literatur zu den Fragen der Religion und des Staat-Kirche(n)-Verhältnisses in den Vereinigten Staaten ist unübersehbar. So muss die Auswahl recht willkürlich bleiben: Sydney E. Ahlstrom: A Religious History of the American People, New Haven, London 1972; Elwyn A. Smith: Religious Liberty in the United States, Philadelphia 1972. Den nicht-aufklärerischen Hintergrund der amerikanischen Verfassung betont Michael McConnnell: Theological Foundations of the Religion Clauses of the First Amendment to the United States Constitution, in: Jorge Rodriguez (Hrsg.): Secolarismo e libertà religiosa, Città del Vaticano 1998. Einen Überblick über den Einfluss des Religiösen in der Gegenwart gibt Klaus-M. Kodalle (Hrsg.): Gott und Politik in USA, Frankfurt/M. 1988.

Zur Institution des Papsttums: Georg Denzler (Hg.): Das Papsttum in der Diskussion, Regensburg 1974; Hans Küng: Unfehlbar? Eine Anfrage, Einsiedeln 1970.

VII. Moderne

Zur Diskussion um die Möglichkeit Politischer Theologie: Carl Schmitt: Politische Theologie. Vier Kapitel zur Lehre von der Souveränität; Erik Peterson: Monotheismus als politisches Problem. Ein Beitrag zur Geschichte der politischen Theologie im Imperium Romanum, Leipzig 1935. Vgl. zur Diskussion A. Schindler (Hrsg.): Monotheismus als politisches Problem? Erik Peterson und die Kritik der politischen Theologie, Gütersloh 1978; Jacob Taubes (Hrsg.): Der Fürst dieser Welt. Carl Schmitt und die Folgen, München 1983.

Zur Rechtsprechung in religiösen Fragen in den USA: Winnifried P. Sullivan: Paying the Words Extra. Religious Discourse in the Supreme Court of the United States, Cambridge, Mass. 1994.

Zum Begriff der Politischen Religionen: Eric Voegelin: Die Politischen Religionen (1938), München 1993; Hans Maier (Hrsg.): «Totalitarismus» und «Politische Religionen». Konzepte des Diktaturvergleichs, 2 Bände, Paderborn 1996f.

Klaus Breuning: Die Vision des Reiches. Der Katholizismus zwischen Reich und Diktatur (1929–34), München 1969.

Zur Barmer Synode: W. D. Hauschild u. a. (Hrsg.): Die lutherischen Kirchen und die Bekenntnissynode von Barmen, Göttingen 1984; zeitgeschichtlich näher ist Heinrich Hermelink (Hrsg.): Kirche im Kampf, Tübingen 1950. Eine schöne Einführung zu Karl Barth gibt Hans Urs von Balthasar: Karl Barth. Darstellung und Deutung seiner Theologie, 2. Aufl. Köln 1962. Eine Deutung Karl Barths vor dem Horizont des Anti-Liberalismus der 20er Jahre gibt Georg Pfleiderer: Karl Barths praktische Theologie. Zu Genese und Kontext eines paradigmatischen Entwurfs systematischer Theologie im 20. Jahrhundert, Tübingen 2000.

Zur so genannten Politischen Theologie und Befreiungstheologie: Johann Baptist Metz: Kirche und Welt im Lichte einer ‹politischen Theologie›, in: ders.: Zur Theologie der Welt, Mainz/München 1968; Johann Baptist Metz: Kirche im Prozess der Aufklärung, Mainz/München 1970; J. B. Metz: Kirche und Welt im eschatologischen Horizont, in: ders: Zur Theologie der Welt, Mainz, München 1968; Gustavo Gutiérrez: Theologie der Befreiung. München, Mainz 1973; Helmut Peukert (Hrsg.): Diskussion zur ‹politischen Theologie›, München, Mainz 1969; Hans Maier: Kritik der politischen Theologie, Einsiedeln 1970.

Zwei wichtige Werke zur Gegenwartsdiskussion: Peter L. Berger: Der Zwang zur Häresie. Religion in der pluralistischen Gesellschaft, Freiburg u. a. 1992; George Lindbeck: The Nature of Doctrine – Religion and Theology in a Postliberal Age, Westminster 1984.

Register

175

Sachregister